세계사의 정석 : 경제편

ICHIDO YONDARA ZETTAI NI WASURENAI SEKAISHI NO
KYOKASHO KEIZAIHEN
一度読んだら絶対に忘れない世界史の教科書 経済編

by Keiichi Yamasaki 山﨑圭一

Copyright © 2020 Keiichi Yamasaki
Original Japanese edition published in 2019 by SB Creative Corp.
Korean translation rights arranged with SB Creative Corp., Tokyo through
Korea Copyright Center Inc., Seoul.

역자 **오시연**(吳始衍)
동국대학교 회계학과를 졸업했으며 일본 외국어전문학교 일한통역과
를 수료했다. 번역 에이전시 엔터스코리아에서 출판기획 및 일본어 번
역가로 활동하고 있다.
옮긴 책으로 『삶의 무기가 되는 자본론』, 『엄마가 믿는 만큼 크는 아이』,
『천 개의 죽음이 내게 말해준 것들 』, 『절반만 먹어야 두 배 오래 산다』,
『당신의 뇌는 최적화를 원한다』, 『무엇을 아끼고 어디에 투자할 것인
가』, 『'아니'라고 말하고 싶을 때 읽는 대화법』 등 다수가 있다.

편집, 교정_ 권은희(權恩喜)

세계사의 정석 경제편

저자/야마사키 게이치
역자/오시연
발행처/까치글방
발행인/박후영
주소/서울시 용산구 서빙고로 67, 파크타워 103동 1003호
전화/02·735·8998, 736·7768
팩시밀리/02·723·4591
홈페이지/www.kachibooks.co.kr
전자우편/kachibooks@gmail.com
등록번호/1-528
등록일/1977. 8. 5
초판 1쇄 발행일/2022. 5. 30

값/뒤표지에 쓰여 있음

ISBN 978-89-7291-767-0 03900

세계사의 정석
경제편

야마사키 게이치

오시연 옮김

돈의 흐름으로 읽는 세계사 이야기

2018년 봄, 나는 유튜브 채널 「히스토리아 문디(Historia Mundi)」에 올린 동영상 수업 '세계사 20화 프로젝트'의 핵심 내용만 추려서 『세계사의 정석』이라는 책을 출판했다.

유럽, 중동, 인도, 중국이라는 네 지역을 주인공으로 삼아 연도를 사용하지 않고 고대에서 현대에 이르는 세계사를 '하나의 이야기'로 풀어본 입문서였다.

연대와 지역이 장마다 바뀌는 일반적인 역사 교과서보다 훨씬 알기 쉽다는 호평을 받으며 감사하게도 베스트셀러 반열에 올랐다. 그리고 이번에는 『세계사의 정석』 속편 격인 '경제편'을 출간하게 되었다.

문화사, 종교사 등 세계사에는 다양한 테마가 있는데, 그중에서도 경제를 선택한 이유는 돈과 물자의 흐름을 알면 '수평적' 관점으로 역사를 볼 수 있기 때문이다.

세계사는 각 지역이 어떤 길을 걸어왔는가라는 '수직적' 연결 관점과 동시대의 동서양에 어떤 역사적인 관련이 있는가라는 '수평적' 연결 관점, 이 두 관점으로 살펴보아야 깊이 있게 이해할 수 있다.

수직적 관점은 고대에서 현대에 이르는 역사를 가능한 한, 하나의 일직선으로 읽어나가는 방법으로 전작은 수직적 관점에서 집필되었다. 수평적 관점은 동시대의 각 지역이 연결된 모습을 눈여겨보는 세계사이다.

전 세계를 인간의 몸에 비유한다면 돈은 혈액이다. 혈액이 우리 몸의 여러 장기들을 돌고 돌면서 연결시키듯이 돈도 세계 각지를 돌면서 여러 지역을 하나로 이어준다. 또 혈액의 흐름이 정체되면 병이 생기듯이 돈의 흐름이 정체되면 대규모 전쟁이 일어나기도 한다.

그러므로 '혈액 순환'인 경제활동(돈의 흐름)에 초점을 맞추면 각 지역이 '연결되는 모습'이 선명하게 드러난다.

이 책에서 설명하는 수평적 세계사의 특징을 구체적으로 말하자면 다음 세 가지를 들 수 있다.

① 고대에서 현대를 10개의 시대로 쪼개고 각 지역이 동시대에 어떻게 연결되었는지를 이야기 형식으로 설명한다.
② 이야기의 주인공은 '돈의 흐름'이며,
③ 연도를 사용하지 않는다.

전작을 읽은 독자는 '수평적 관점에서 읽는 세계사'로, 이 책부터 읽는 독자는 '돈의 흐름으로 알아보는 세계사'로 이 책을 즐기면 되겠다.

연도를 사용하지 않는 역사책이라는 점에 의구심을 품는 독자도 있을 것이다. 그러나 이 책을 끝까지 읽으면 경제를 배경으로 한 사건이나 국가 간의 연결고리와 인과관계가 오히려 또렷이 드러나서 이야기 자체에 집중할 수 있게 될 것이다.

이 책을 통해서 여러분이 역사를 즐겁게 배우고 교양을 쌓아가는 데에 도움이 되기를 바란다.

야마사키 게이치

차례 Contents

제1장 화폐의 탄생
고대 오리엔트, 그리스, 은 왕조(선사시대부터 기원전 4세기)

제2장 연결되는 고대 제국
로마 제국과 진, 한 왕조(기원전 3세기–3세기)

제3장 이슬람과 인도양
이슬람의 탄생과 수, 당 왕조(4세기–10세기)

제4장 화폐경제의 진행
상업 르네상스와 몽골 제국(11-14세기)

제5장 세계를 누비는 은
대항해 시대와 명 왕조(15-16세기)

제7장 확대하는 제국

산업의 발전과 제국주의(19세기)

제8장 공황에서 분단으로

두 번의 세계대전과 세계공황 (20세기의 시작—제2차 세계대전)

제9장　강대국의 줄다리기

냉전 시대의 경제(제2차 세계대전~1980년대)

제10장 하나로 연결된 세계
세계화와 경제위기(1990년대─현대)

세계사를 보는 관점에는
수직과 수평이 있다!

 전작에서 보여준 수직적 세계사

"머리말"에서도 언급했듯이, 전작인 『세계사의 정석』에서는 고대부터 현대에 이르는 세계사를 '수직'으로 풀었다.

지역과 연대가 계속 변하는 일반적인 세계사 책과 달리 오른쪽의 그림과 같이 유럽, 중동, 인도, 중국 등 세계사의 무대를 크게 4개로 나누어 최대한 지역별로 관점을 바꾸지 않고 세계사를 수직적으로 볼 수 있게 한 것이다.

유럽에서 시작해서 중동, 인도, 중국, 하나로 이어진 세계, 근대, 현대에 이르는 시간을 구슬을 꿰듯이 이어서 지역과 왕조, 국가 등 '주인공'을 최대한 고정하여 '하나의 이야기'로 세계사를 설명했다.

그런데 실제로 세계사는 수직 외에도 수평으로도 연결되어 있다.

수평적 연결이란 '같은 시대의 동서 국가 간에 무슨 일이 일어났으며, 어떤 연관성이 있었는가'를 살펴보는 것이다. 세계사는 수직적 연결과 수평적 연결 모두를 아는 것, 즉 수직과 수평의 관점을 겸비하는 것이 중요하다.

그러면 수평적 연결을 알려면 어떻게 하면 되느냐 하면, 돈의 흐름(경제)을 주인공으로 한 이야기를 읽는 것이 한 가지 방법이 될 수 있다.

인류의 출현

문명의 탄생

유럽	중동	인도	중국
에게 문명 그리스 헬레니즘 로마 공화정 로마 제정 게르만족의 이동 프랑크 왕국 카롤루스 대제 십자군 백년 전쟁	오리엔트 문명 고(古) 바빌로니아 아케메네스 왕조 파르티아 사산 왕조 이슬람의 성립 우마이야 왕조 아바스 왕조 셀주크 왕조 일한국 오스만 왕조	인더스 문명 불교의 성립 마우리아 왕조 쿠샨 왕조 굽타 왕조 바르다나 왕조 가즈니 왕조 고르 왕조 델리 술탄 왕조 무굴 제국	황하 문명 은 주 진 전한 후한 삼국 5호16국 수 당 송 남송 원 명 청

하나로 연결된 세계(대항해 시대, 유럽 제국의 해외 진출)

유럽과 미국	중동과 인도	중국
산업 혁명 시민 혁명 국민 국가의 발전 제국주의 두 번의 세계대전	오스만 제국의 동요 인도의 식민지화 여러 지역의 민족 운동	아편전쟁 열강의 중국 분할 신해혁명 만주 사변 중일 전쟁

냉전 구조의 형성과 현대의 세계

그림 0-1 '유럽에서 현대까지', 모든 구슬들을 꿰어보자!

세계사는
돈의 흐름으로 배워라!

 제2탄은 수평으로 보는 역사

'돌고 도는 것이 돈'이라는 말이 있다. 말 그대로 돈은 세상을 돌아다니며 각 지역을 연결한다.

전작에서는 유럽, 중동, 인도, 중국이라는 네 무대로 지역을 나누었지만, 각 지역이 아무런 상관 없이 존재한 것이 아니라 그 지역들 간에는 끊임없이 사람들이 왕래하면서 돈과 물건이 함께 이동했다.

학생들이 배우는 정치경제에 관한 교과서를 펼치면 '경제는 물자 생산에서 소비에 이르는 모든 과정과 그 과정에서 발생하는 사회적인 다양한 관계를 가리킨다'라고 나온다.

즉, 물건을 포함한 인간의 모든 활동이 '경제활동'이라는 것이고, 그 중심에는 '돈'이 있다는 말이다. 돈이 생겨난 이후, 돈을 얻어서 풍요롭게 사는 것은 인간과 국가의 최대 관심사였다. 때로 더 많은 부를 얻기 위해서 전쟁을 일으키거나 식민지를 확장하기도 했다.

그래서 돈의 흐름(경제활동)에 조명을 비추면 세계사의 수평적 연결이 또렷하게 보이는 것이다.

오른쪽의 그림을 보자. 이 책에서는 수평적 역사를 설명하기 위해 전작에서 이야기한 수직적 흐름을 10개의 연대로 엮어서 가로로 나누었다. 그리고 그 연대별로 돈과 물건의 흐름을 주인공으로 삼아 이야기로 풀어나갔다.

이 이야기를 한올 한올 실로 이어감으로써 각 지역의 수평적 관계를 이해할 수 있다는 말이다.

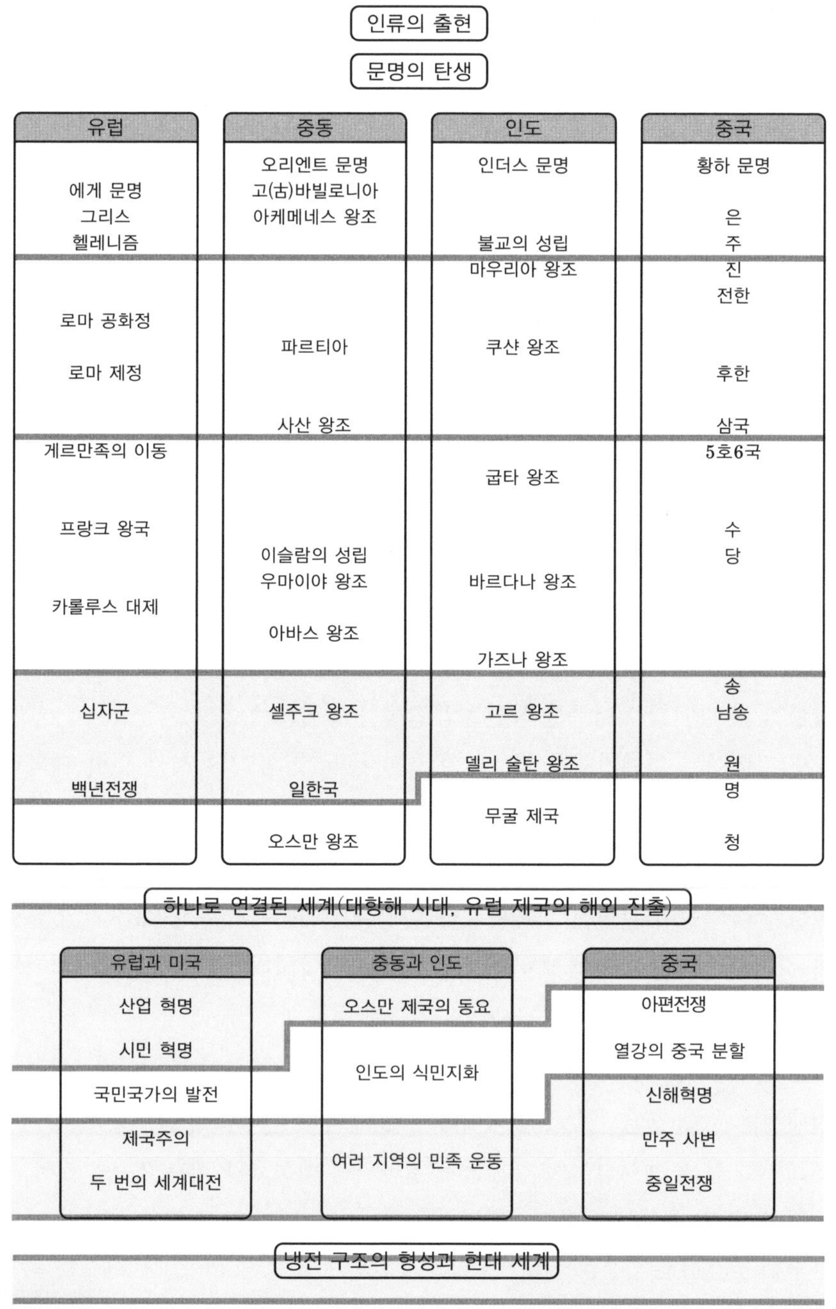

인류의 출현

문명의 탄생

유럽	중동	인도	중국
에게 문명 그리스 헬레니즘	오리엔트 문명 고(古)바빌로니아 아케메네스 왕조	인더스 문명 불교의 성립	황하 문명 은 주
로마 공화정 로마 제정	파르티아 사산 왕조	마우리아 왕조 쿠샨 왕조	진 전한 후한 삼국
게르만족의 이동 프랑크 왕국 카롤루스 대제	이슬람의 성립 우마이야 왕조 아바스 왕조	굽타 왕조 바르다나 왕조 가즈나 왕조	5호6국 수 당
십자군 백년전쟁	셀주크 왕조 일한국 오스만 왕조	고르 왕조 델리 술탄 왕조 무굴 제국	송 남송 원 명 청

하나로 연결된 세계(대항해 시대, 유럽 제국의 해외 진출)

유럽과 미국	중동과 인도	중국
산업 혁명 시민 혁명 국민국가의 발전 제국주의 두 번의 세계대전	오스만 제국의 동요 인도의 식민지화 여러 지역의 민족 운동	아편전쟁 열강의 중국 분할 신해혁명 만주 사변 중일전쟁

냉전 구조의 형성과 현대 세계

그림 0-2 수직적 역사를 가로로 열 조각으로 나눈다

19

이 책의 구성에
관하여

 세계사를 가로로 나눈 다음 서쪽에서 동쪽으로 이동한다

이 책은 세계사를 크게 10조각으로 나누고, 각 조각별로 서쪽에서 동쪽으로 관점을 옮기면서 그 조각 안에 위치하는 역사적 사건의 '경제적 배경'을 설명한다.

전작과 마찬가지로 이야기를 잊지 않고 기억하기 쉽도록 연대를 거의 사용하지 않았지만, 여기에서는 각 시대를 수평으로 조각냈기 때문에 '세기'별로 나누었다(한 사건이 세기를 걸치는 경우도 있으므로 완벽하게 나눈 것은 아니다).

제1장에서 제4장까지는 유럽, 중동, 인도, 중국 등 지역별로 발전하는 경제 상황과 그 사이를 이어주는 상인들의 활동을 중심으로 살펴본다.

제1장에서는 화폐경제가 각 지역에서 탄생하고, 제2장에서는 로마 제국과 중국의 한 왕조라는 대국이 등장하여 유라시아 대륙에 위치한 나라들의 경제적인 교류가 깊어진다. 제3장에서는 이슬람 문화가 탄생하면서 인도양에서 이슬람 상인들이 활발한 경제활동을 벌인다. 제4장에서는 중세 후기의 유럽과 중국의 송, 원 왕조에서 화폐경제가 더욱 발달한다. 그밖에 동남아시아와 일본에 미친 경제적 영향에 관해서도 언급한다.

전작에서처럼 이 책에서도 대항해 시대를 다룬 제5장이 핵심이다. 대항해 시대에는 유럽, 중동, 인도, 중국이라는 네 지역이 하나로 연결된다. 스페인과 포르투갈 등의 뱃사람들이 세계를 연결하면서 멕시코와 페루의 은광에서 채굴한 은이 전 세계에 유통되었다. 은은 세계를 누비며 각 지역의 물가와 사회 구조에 중요한 영향을 끼쳤다.

선사		제1장 고대 오리엔트, 그리스, 은 왕조

각 지역을 서쪽에서 동쪽으로 살펴본다

유럽 　중동 　중국

기원전4		
기원전3		제2장 로마 제국과 진, 한 왕조
3		
4		제3장 이슬람의 탄생과 수, 당 왕조
10		
11		제4장 상업 르네상스와 몽골 제국
14		
15		제5장 대항해 시대와 명 왕조

유럽 　중동 　인도 　중국 　일본

세계를 누비는 은

16		
17		제6장 네덜란드, 영국의 번영과 대서양 혁명
18		
19		제7장 산업의 발전과 제국주의
20		
		제8장 두 번의 세계대전과 세계공황
1945		
		제9장 냉전 시대의 경제
1990		
		제10장 세계화와 경제위기

그림 O-3 　가로로 나눈 시대의 경제 상황을 수평적으로 살펴본다

제6장 이후부터는 경제적 패권을 장악한 국가들이 등장하여 세계 경제의 중심 역할을 하게 된다.

제6장에서는 패권이 스페인에서 네덜란드, 영국으로 옮겨가는 모습과 미국의 독립 혁명, 프랑스 혁명 등 '대서양 혁명'을 다룬다. 주식회사와 손해보험 시스템, 재산권 보장 등 근대 이후의 경제구조가 형성된 시대이기도 하다. 제7장은 제국주의 시대이다. 산업의 발전은 세계의 식민지화를 불렀다. 제8장은 두 차례에 걸친 세계대전과 그 사이에 발생한 세계공황을 설명한다. 제9장은 제2차 세계대전 후부터 소련이 붕괴되는 시기를 다룬다. 미국과 소련이라는 초대강국 간의 줄다리기로 흔들리는 세계의 양상을 이해할 수 있을 것이다.

그리고 마지막 제10장에서는 1990년대부터 현재까지를 다루어 세계화의 진행과 세계로 파급된 경제위기의 양상을 설명한다.

이 책을 통해서 물물교환, 동전에서 지폐, 캐시리스와 가상화폐에 이르기까지 시시각각 변하는 '돈' 그 자체의 변화무쌍한 모습도 또 하나의 '이야기'로서 즐길 수 있을 것이다.

책에서 다루지 않은 지역에 관하여

이 책은 고등학교 세계사 시간에 배우는 사건의 배경을 경제의 측면에서 설명했다.

따라서 정치경제 시간에 배우는 '경제학설'에 관한 설명이나 구조 자체에 관한 설명은 생략한 부분이 많다.

그러나 이 책을 읽고 경제적인 배경을 알게 되면 정치경제 시간에 배우는 내용을 깊이 있게 이해할 수 있을 것이다. 또한 여러분이 지금까지 배운 세계사의 배경에 대해서 새로운 발견을 함으로써 '수직적 역사'도 즐겁게 읽을 수 있을 것이다.

화폐의 탄생

고대 오리엔트, 그리스, 은 왕조
(선사시대부터 기원전 4세기)

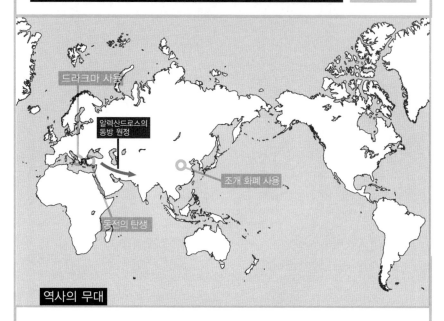

역사의 무대

화폐가 탄생하고
화폐를 둘러싼 드라마가 시작된다

　이 장에서는 주로 농경과 목축이 시작되고 화폐가 탄생하기까지의 이야기를 다룬다. 농경과 목축으로 창출된 생산물을 화폐처럼 사용한 시대를 거쳐 고대 오리엔트에서 금속으로 만든 동전이 탄생한다. 그것이 그리스에 전해져 '드라크마'라는 동전이 널리 쓰이게 되었다. 화폐는 썩지 않아서 그 가치를 오랫동안 보존할 수 있으므로 화폐를 모을 수 있는 부자는 '풍요로운 채로', 화폐를 모으지 못한 빈자는 '가난한 채로' 고착되면서 빈부격차가 확대되었다.

유럽

산이 많고 토지가 좁은 그리스의 지형으로 인해서 그리스인은 지중해 각지에 정착하여 식민지를 세웠다. 오리엔트로부터 동전이 전파된 그리스에는 고대의 대표적인 동전 '드라크마'가 탄생한다.

중동

중동에서는 세계 최초로 농경과 목축 등의 '생산경제'가 시작된다. 물품화폐부터 귀금속을 거쳐 동전도 중동에서 사용되기 시작한다. 거대제국을 이룩한 뒤에는 동전이 국가의 통합을 촉진하는 역할을 한다.

중국

은 왕조는 은을 입수할 수 없어서 중국의 남부 해안에서 산출되는 희소한 조개껍데기를 화폐로 사용했다. 희소성이 있으면 귀금속이 아니어도 화폐의 역할을 할 수 있음을 보여준다.

제1장 【고대 오리엔트, 그리스, 은 왕조】 개요도

농경과 목축이 시작되고
경제의 역사가 시작된다

'잉여 생산물'이 경제의 시작이었다

이 책에서의 '경제' 이야기는 농경과 목축이 시작된 시기부터 출발한다.

농경과 목축을 하기 전에는 식량을 찾아서 이동하고 수렵과 채집 활동으로 음식을 모으는 획득경제가 중심이었다. 물론 수렵과 채집으로 고기와 과일을 모으거나 그것들을 교환, 분배하는 것도 '경제'라고 할 수 있다. 그러나 고기와 과일은 조금만 시간이 지나면 상하기 때문에 오랫동안 보존할 수 없다. 즉 모을 수가 없다.

농경과 목축의 생산경제에 의해서 생산한 곡물이나 가축은 고기와 과일보다는 장기 보존이 가능했다. 그래서 사람들은 저장지 근처에서 정착하기 시작했다. 축적이 가능해짐에 따라 남는 생산물(잉여 생산물)은 분배와 교환, 교역의 대상이 되었고, 그것을 빌리거나 빌려주는 일련의 경제가 본격적으로 시작될 수 있었다(이렇게 곡물과 가축 등을 화폐처럼 사용하는 것을 '물품화폐'라고 한다). 또한 축적할 수 있는 사람과 그렇지 못한 사람 간의 빈부격차도 생겨났다.

메소포타미아에서는 은이 돈으로 쓰였다

가장 먼저 이런 농경과 목축 등의 생산경제가 발달한 곳은 오리엔트 지역이다. 이곳은 서아시아 주변의 티그리스 강, 유프라테스 강 유역의 메소포타미아 지역에서 시리아, 팔레스타인 지방, 나일 강 유역의 이집트에 이르는 비옥한 초승달 지대(Fertile Crescent)를 가리킨다.

메소포타미아에서는 티그리스 강과 유프라테스 강과 같은 큰 강의 가장자리에서 강물을 끌어와서 토지를 비옥하게 하는 관개사업을 벌여 밀 등의 곡물을 재배했다. 평평하고 탁 트인 지형의 특성상, 곡식이 잘 열렸지만 다른 민족의 침입을 자주 받았기 때문에 많은 왕조들이 흥망성쇠를 겪어야 했다.

메소포타미아는 건조한 지역이므로 강에서 일정 거리 이상 떨어지면 농사를 지을 수 없다. 이런 주변 지역에서는 건조함에 강한 양이나 낙타를 키우는 유목민들이 생활했다. 유목민들은 강 주변에 사는 사람들과 양이나 암염(巖鹽)을 주고 곡물과 교환했다. 원래 이 교환에는 양, 곡물, 암염 등 물품화폐를 이용했지만, 점차 은의 무게를 측정하여 자루에 넣어 물건을 교환할 때에 사용하게 되었다.

곡물이나 가축은 몇 년밖에 보존할 수 없다는 한계가 있지만, 은은 영원토록 보존할 수 있으며 몇 년간 모아서 '저축'을 할 수도 있다. 귀금속으로 쓸 만큼 광택이 나고 반영구적인 가치가 있는 은은 누구에게나 그 가치를 인정받으면서 통화로서의 지위를 얻었다. 은이 통화로 인정받게 되자 더 많은 사람들이 은을 사용하기 시작했다.

메소포타미아의 고대 왕조 중에서도 유명한 고(古)바빌로니아 왕국에서는 '눈에는 눈, 이에는 이'라는 복수법으로 유명한 함무라비 법전이 탄생했다. 그 중에는 '시장은 강도살인으로 죽은 사람에게 약 500그램의 은을 지불해야 한다', '상류층 시민이 일반 시민의 눈에 상처를 냈을 경우, 약 500그램의 은을 지불해야 한다'와 같이 '돈으로 해결하는' 조문이 의외로 많은데, 이를 통해서 은이 화폐로 널리 사용되었음을 알 수 있다. 은은 '통화로 사용하기 좋다'라는 희소성 때문에 20세기까지 널리 쓰였다(금은 저축용이었다).

오리엔트의 교차점이 된 지중해 동쪽 연안

지중해 동쪽 연안에 있는 시리아와 팔레스타인 지방은 메소포타미아와 이집트를 연결하는 교역로이자 지중해 방면을 오가는 출입구로서, 각 지역을 연결하는 '교차점' 역할을 했다. 바다와 사막으로 둘러싸인 복잡한 지형 탓에 큰 나라를 형성하기는 어려웠지만, 아랍인과 페니키아인 등이 교역에서 중요한 역할을 했다.

시리아의 아랍인은 육상에서 활발하게 중계무역을 벌였다. 아랍인은 메소포타미아에서부터 이집트까지 '혈관'처럼 촘촘한 육상 교역로를 만들었다고 한다.

페니키아인은 오리엔트 세계에서 지중해의 '현관'으로서, 지중해에서 교역 활동을 했다. 해상 교역의 특성상, 소량이지만 값비싼 금속자원과 귀중품이 주요 교역품이 되었으며, 은, 철, 주석, 흑연, 호박, 상아 등을 실은 배가 지중해에서 오리엔트로 부지런히 오갔다.

🌾 파라오들의 장식품이 된 금

이집트에는 남부 누비아 지방을 중심으로 금이 산출되었다. 누비아(금의 나라)라는 명칭은 고대 이집트어로 '금'을 뜻하는 눕(Nub)에서 유래했다. 이름만 보더라도 알 수 있듯이 이집트는 금의 산지였다. 그런데 금은 주로 강대한 권력을 지닌 파라오들이 장식품으로 독점했으므로 화폐로 원활하게 보급되지는 못했다. 그래서 민중은 여전히 곡물을 물품화폐로 사용했다.

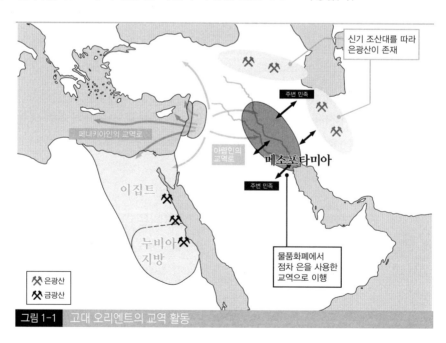

그림 1-1 | 고대 오리엔트의 교역 활동

오리엔트에서 시작된
화폐의 기나긴 역사

 경제사에 한 획을 그은 동전의 탄생

오리엔트 지방의 국가들이 흥망성쇠를 겪는 동안 경제사에 엄청난 영향을 미친 변화가 일어났다. 소아시아 반도의 국가, 리디아 왕국에서 **동전(경화)**이 탄생한 것이다. 사금이 풍부하게 채집되는 리디아에서는 사금을 자루에 넣어서 사용할 때마다 무게를 달아 통화로 사용했다. 그러다가 리디아의 마지막 왕 **크로이소스**가 금의 중량을 미리 재서 소분한 다음 녹여서 원형으로 굳히고 조각을 새겨서 동전을 만들었다.

 돈에 신용이라는 가치가 덧입혀진 순간

처음에는 '무게가 똑같다'라고 해도 사람들은 미심쩍어하며 일일이 무게를 재서 사용했을 것이다. 그러나 '리디아에서 만든 동전은 모두 무게가 똑같다'는 공통 의식이 형성되자, 리디아가 발행한 동전의 무게를 누구도 의심하지 않고 결제할 때 사용하게 되었다. 금에 단순한 금속 이상의 가치, 즉 신용이 덧입혀진 순간이었다.

사람들은 금이나 은 등의 금속 자체보다는 동전으로 거래하는 편이 편리하다는 것을 깨달았고 그때부터 동전을 활발하게 사용하기 시작했다. 거래 시간이 단축되고 상업 규모가 확장되었다. 공통된 통화를 사용함으로써 리디아는 쉽게 국민을 하나로 통합할 수 있었다. 어느새 리디아의 동전은 금이라는 속성보다는 '신용'을 상징하는 가치 있는 재화로 인식되었다.

지금도 국가가 종이나 저렴한 금속에 '신용'이라는 가치를 덧입혀서 돈으로 유통한다는 점에서는 리디아의 동전과 다르지 않다. 그렇기 때문에 사람들은 돈의 본질이 '신용'에 있다고 인식하게 된다.

거대제국이 이용한 동서의 힘

리디아가 주조한 동전을 통치 수단으로 능숙하게 활용한 것이 **아케메네스 왕조 페르시아**이다. 아케메네스 왕조는 과거의 국가와 비교가 되지 않을 정도로 확장된 영토와 다양한 민족을 끌어안고 있었다. 여러 민족들을 지배하고 그들이 반란을 생각하지 못하도록 관리하려면 정교한 체제가 필요한 법이다.

아케메네스 왕조는 제국을 유지하기 위해서 속주를 다스리는 일종의 태수인 사트라프(Satrap)를 파견했고, 각 민족의 전통과 관습을 존중하는 관용의 통치정책을 펼쳤다. 그때 금화나 은화 등의 동전이 큰 역할을 했다. 통치국의 화폐를 사용하게 함으로써 다양한 민족들이 일체감을 느끼게 한 것이다.

또한 아케메네스 왕조는 세금 징수제도를 통일한 국가로도 알려졌다. 그전에는 각 민족이 왕에게 '공물'로 세금을 납부했지만, 아케메네스 왕조는 각 지방의 경제 사정을 감안하여 납세액을 설정했다. 이처럼 '경제'는 거대한 아케메네스 왕조를 하나로 뭉치게 한 중요한 요소였다.

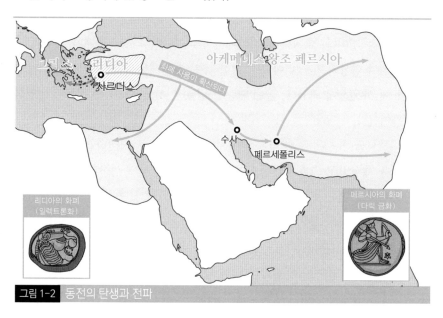

리디아의 화폐
(일렉트론화)

페르시아의 화폐
(다릭 금화)

그리스　리디아
사르디스
화폐 사용이 확산되다
아케메네스왕조 페르시아
수사
페르세폴리스

그림 1-2 동전의 탄생과 전파

화폐경제를
크게 발전시킨 그리스

 ## 지중해 연안에 식민지를 세운 그리스

아케메네스 왕조가 화폐를 이용하여 제국으로서 통일감을 부여했을 무렵, 리디아를 기준으로 볼 때 에게 해의 '맞은편'에 위치한 그리스에서도 화폐가 사용되기 시작했다.

산지가 많고 평야가 적은 그리스는 인구가 증가하면서 경작할 토지가 부족해졌다. 그래서 그리스인들은 그리스 밖으로 나가 지중해 연안에 도시를 세우는 식민 활동에 열중하여 지중해 곳곳에 식민시(植民市)를 건설했다. 지금의 마르세유인 마살리아, 나폴리인 네아폴리스, 이스탄불인 비잔티온 등 지중해를 둘러싸고 촘촘한 식민시 네트워크가 구축되면서 그리스 본토에서는 올리브유와 포도주, 이집트와 흑해 연안에서는 곡물, 유럽에서는 금속을 가져와서 활발한 교역 활동을 벌였다. 이 상공업 활동을 가능하게 해준 것이 바로 그리스의 화폐였다.

 ## 아테네의 국방을 지탱한 화폐와 교역

그리스의 대표적 폴리스(도시국가)인 아테네는 그리스 세계에서 눈에 띄는 성장을 이루었다. 오리엔트의 거대제국인 아케메네스 왕조 페르시아라는 강력한 적이 그런 아테네를 공격해왔다. 아테네는 그리스에서 가장 번영한 도시국가였지만, 거대한 아케메네스 왕조와는 국력 면에서 비교가 되지 않았다. 그런데도 아테네는 페르시아 전쟁의 판도를 뒤집은 마라톤 전투와 살라미스 해전에서 승리를 거둘 수 있었다. 이것은 아테네의 경제 발전 덕분이었다.

아테네가 자랑하는 군대의 핵심은 '중장보병'이다. 원래 그리스에서는 소수

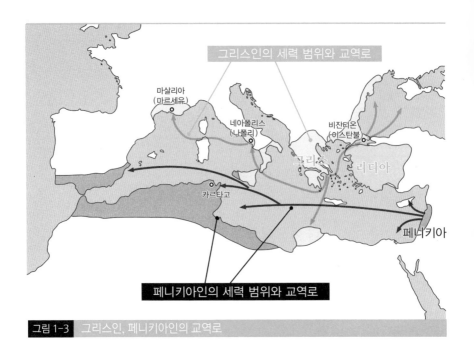

그림 1-3　그리스인, 페니키아인의 교역로

의 부유한 귀족이 말을 타고 승부를 가리는 식으로 전투를 치렀다. 그런데 리디아에서 전해진 화폐가 보급되고 유럽 북쪽에서는 동과 주석 등 금속이 유입되었다. 그러자 잉여 농작물을 화폐로 바꿔서 저축하고 값이 싸진 동과 주석으로 만든 청동 무기와 보호구를 사는 사람들이 생기면서 이들이 중장보병으로 전투에 가세하게 되었다. 화폐와 교역이 아테네 국방의 토대를 쌓은 것이다.

뿐만 아니라 살라미스 해전 직전에 아테네 바로 남쪽에 있는 라우레이온 은산이라는 거대한 은광이 발견되었는데, 이것도 아테네에 행운으로 작용했다. 이 은을 자금으로 당시의 최첨단 군선인 삼단노선(그리스어로 트리에레스[trieres]라고 한다. 노 젓는 자리를 3단으로 마련하여 추진력을 높였다/역주) 200척을 건조한 것이 살라미스 해전을 대승으로 이끈 핵심적인 요인이 되었기 때문이다.

아테네가 라우레이온 은산에서 캐낸 은으로 주조한 대표적인 화폐가 드라크마라는 동전이다. 특히 아테네의 '4드라크마 은화'는 알렉산드로스 대왕이

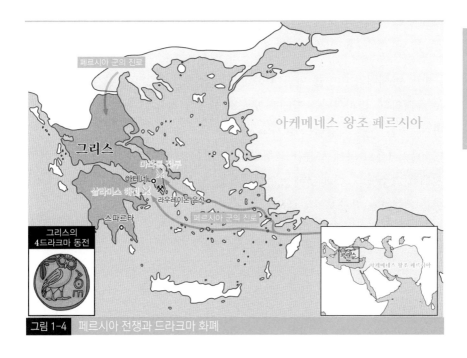

그림 1-4　페르시아 전쟁과 드라크마 화폐

아테네를 정복하면서 그리스 문화권 전체에서 쓰이게 되었다. 그리스에서 드라크마는 민족의 긍지를 상징했다. 근대에 그리스가 오스만 제국으로부터 독립했을 때에도 드라크마가 채택되어 유로화가 도입될 때까지 그리스의 화폐로 사용되었다. 현재 그리스가 발행하는 1유로화는 기원전 5세기에 사용된 아테네 4드라크마 동전과 같은 디자인이다.

발언력을 획득한 시민들

수많은 전쟁을 겪으며 아테네 민주정은 크게 발전했다. 중장보병으로 싸운 시민들과 삼단노선의 노잡이로 전쟁에 참전한 하층 시민들은 '목숨을 걸고 싸웠으니 우리도 말을 하게 해달라!'며 서서히 발언력을 키워갔고, 결국 모든 성년 남자 시민에게 참정권이 주어졌다. 아테네는 동맹 도시들로부터 페르시아에 대항하기 위한 공물이라는 명목으로 막대한 돈을 거두어 그 돈으로 파르테논 신전을 건축하는 등 대규모 공공사업을 벌였다.

🌾 화폐경제를 거부한 스파르타

반면 아테네와 어깨를 나란히 하던 도시국가 스파르타는 철저한 군국주의로 유명하다. 스파르타는 강건을 모토로 삼고 엄격한 규율을 중시했다. '저축할 수 있는 돈은 사람들을 부자와 빈자로 갈라놓아 시민의 결속을 약화시킨다'라는 이유로 화폐 사용을 금하고, 타국과의 교역도 통제하는 일종의 쇄국정책을 고수했다. 이 때문에 스파르타는 전쟁에서는 강했으나 그 지배력을 그리스 전역으로 확산시키는 데에는 실패했다.

🌾 그리스 시대의 종말과 경제

페르시아 전쟁에서는 스파르타도 아테네와 협력하여 그리스를 지켰다. 그러나 전쟁이 끝나자, 아테네를 맹주로 한 델로스 동맹과 스파르타를 맹주로 한 펠로폰네소스 동맹이 패권 다툼을 벌이면서 그리스 세계 전역이 전란에 휩싸이게 되었다.

이때 개입한 것이 페르시아 전쟁에서 패배한 아케메네스 왕조 페르시아였다. 그리스를 적으로 간주하는 페르시아로서는 아테네와 스파르타에 의한 그리스의 내분이 지속되어야 유리했기 때문이다. 아테네가 우세할 때는 스파르타에 자금을 원조하고, 스파르타가 우세할 때는 아테네에 자금을 원조하는 식으로 그리스인이 서로 싸우도록 부채질했다.

화폐경제를 혐오했던 스파르타에도 화폐경제가 유입되자, 소수의 부자에게 부가 집중되면서 빈부격차가 확대되었다. 그 결과 전사로 육성될 시민 계층이 몰락하면서 스파르타는 예전의 강력함을 잃어갔다.

그리스 전역에 폴리스의 이익보다 개인의 이익을 중시하는 분위기가 만연했고 사회는 중심을 잃고 비틀거렸다. 중장보병으로서 나라를 지켰던 시민들 중 상당수가 토지를 잃고 몰락했으며 돈으로 고용되어 싸우는 용병이 그 자리를 대신했다. 그렇게 국방력이 약해진 그리스는 신흥국 마케도니아에 흡수되었다.

알렉산드로스가 전파한 그리스 화폐

 돈에도 남아 있는 알렉산드로스의 흔적

마케도니아는 황폐해진 그리스를 집어삼켰다. 그리스 전역을 지배한 아버지의 업적을 이어받은 **알렉산드로스**는 동방 원정을 통해서 아케메네스 왕조 페르시아를 멸망시키고 인도에 이르는 대제국을 세웠다. 그가 그리스의 드라크마 화폐를 제국 내에 유통시킨 덕분에 그리스의 화폐는 아시아에도 널리 전파되었다(훗날 이슬람 세계의 통화에는 '드라크마'를 어원으로 한 디르함[Dirham]이라는 단위가 일반적으로 쓰이게 되었다. 지금도 2개국에서 디르함을 단위로 사용하고 있다).

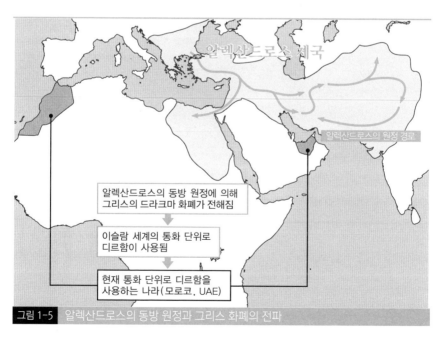

알렉산드로스의 동방 원정에 의해 그리스의 드라크마 화폐가 전해짐

이슬람 세계의 통화 단위로 디르함이 사용됨

현재 통화 단위로 디르함을 사용하는 나라(모로코, UAE)

그림 1-5　알렉산드로스의 동방 원정과 그리스 화폐의 전파

조개껍데기를 돈으로 사용한 은 왕조

돈을 뜻하는 한자에 '조개 패'가 쓰인 이유

　돈의 기원이라고 하면 메소포타미아의 은과 리디아의 금화가 유명한데, 고대 중국에서도 '돈의 기원'을 찾아볼 수 있다. 중국의 고대 왕조인 은나라는 조개껍데기를 화폐로 사용했다.

　화폐로 쓰였던 '개오지'라는 조개류는 동남아시아 등의 열대 바다에서 산출되었다. 중국의 황하 유역인 은나라에서는 산출되지 않았으므로 충분히 희소가치가 있었다. 돈과 관련된 한자인 재(財), 매(買), 화(貨) 등에 조개 패(貝)가 들어가는 이유이다.

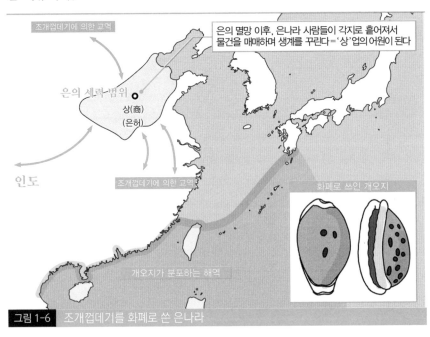

조개껍데기에 의한 교역

은의 멸망 이후, 은나라 사람들이 각지로 흩어져서 물건을 매매하며 생계를 꾸린다 = '상'업의 어원이 된다

은의 세력 범위

상(商)
(은허)

인도

조개껍데기에 의한 교역

화폐로 쓰인 개오지

개오지가 분포하는 해역

그림 1-6 　조개껍데기를 화폐로 쓴 은나라

연결되는 고대 제국

로마 제국과 진, 한 왕조
(기원전 3세기 - 3세기)

제2장 로마 제국과 진, 한 왕조 큰 줄기

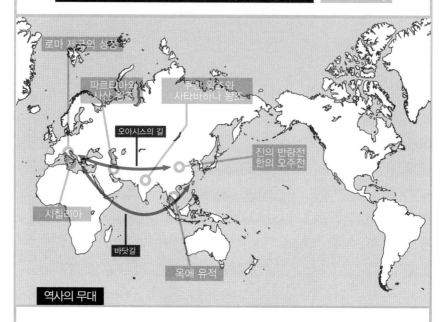

로마 제국의 성장

파르티아와
사산 왕조

쿠샨 왕조와
사타바하나 왕조

오아시스의 길

진의 반량전
한의 오주전

시칠리아

바닷길

옥에 유적

역사의 무대

동서의 대국이
교역로를 통해서 이어지다

　이 시대의 서쪽 주인공은 로마 제국이다. 지중해를 둘러싼 거대한 제국으로 성장한 로마는 화폐경제를 발달시켰지만 연이은 전쟁으로 사회구조의 공동화가 발생했다. 동쪽의 주인공은 중국의 진 왕조와 한 왕조이다. 이 두 왕조는 중국의 동전을 통일하고 화폐경제를 발전시켰다. 동서의 두 대국 간의 교역이 활발해지면서 그 사이에 위치한 중동과 인도의 왕조도 함께 번영을 누렸다. 동서 간의 교류가 번성했음은 로마의 동전이 아시아의 여러 곳에서 발견된다는 점에서도 알 수 있다.

제2장
연결되는 고대 제국

유럽 로마 황제들은 자신의 초상을 새긴 동전을 통치 수단으로 활용했다. 로마의 확장세가 멈추자 사회구조의 '공동화'가 발생했다.

중동 파르티아와 사산 왕조 등 이란의 대국이 등장했다. 이들은 동서를 연결하는 비단길을 활용하여 번영했다.

인도 인도는 육상 교역로인 '오아시스 길'과 해상 교역로인 '바닷길'의 이음목에 위치하여, 남북의 각 왕조가 로마와의 교역을 통해서 번영을 누렸다.

중국 중국을 통일한 진 왕조와 한 왕조가 화폐를 통일하고, 중국을 통합시켰다. 한나라의 화폐는 그후로도 700년 가까이 유통되었다.

제2장 【로마 제국과 진, 한 왕조】개요도

그리스의 화폐경제를 도입하여 성장하는 로마

 '면'으로 확대되는 로마

알렉산드로스가 동서에 걸친 대제국을 건설했을 무렵, 이탈리아 반도에서는 도시국가인 로마가 성장하고 있었다.

그리스는 국토가 좁아서 대규모로 농사를 지을 수 없었으므로 상업 교역을 중시해왔다. 그러나 로마는 농업에 중점을 둔 국가였다. 로마의 성장 과정은 로마가 지배하는 토지와 근접한 적의 토지를 빼앗아 지배영역에 편입시킴으로써 '면'으로 서서히 확대하는 것이 특징이었다.

로마가 성장하는 과정에서 화폐경제도 유입되었다. 이탈리아 남부의 네아폴리스(현재의 나폴리. '네아폴리스'를 빠르게 말하면 현지 발음에 가까운 '나폴리스'가 된다)는 그리스인이 세운 식민지였으므로, 로마보다 먼저 그리스의 드라크마 화폐를 사용하고 있었다.

로마는 네아폴리스를 자신들의 지배영역으로 편입한 후에 화폐경제를 도입했다.

초기의 로마 화폐는 로마의 건국 신화와 말이 끌고 가는 전차 등 로마의 확장과 건국, 전쟁에 관한 장면을 새긴 것이 많다.

로마에서 화폐는 국가의 이념을 공유하고 나라를 하나로 통합하는 '광고'와 같은 역할을 했다.

 로마의 도약은 시칠리아를 점령한 뒤부터

이탈리아 반도를 통일한 로마는 강적과 맞붙게 되었다. 바로 지중해에 강력한 세력을 구축한 페니키아인들이 세운 카르타고였다.

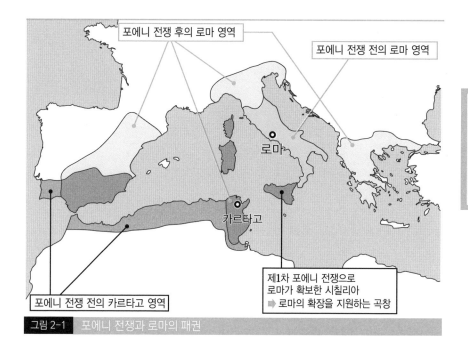

포에니 전쟁 후의 로마 영역

포에니 전쟁 전의 로마 영역

로마

카르타고

제1차 포에니 전쟁으로
로마가 확보한 시칠리아
➡ 로마의 확장을 지원하는 곡창

포에니 전쟁 전의 카르타고 영역

그림 2-1 포에니 전쟁과 로마의 패권

카르타고와 로마는 모두 세 차례의 전쟁을 치렀는데 그것이 바로 포에니 전쟁이다.

제1차 포에니 전쟁 당시 로마는 시칠리아라는 이탈리아 반도 밖에 있는 영토를 처음으로 확보했다. 시칠리아는 로마의 첫 번째 속주(이탈리아 반도 밖에 있는 지역)인 셈이다.

로마는 시칠리아를 확보함으로써 엄청난 도약을 할 수 있었다. 밀과 오렌지, 올리브와 포도 등을 생산하는 중요한 농업 산지인 시칠리아는 '로마의 곡창'으로 훗날 제국의 발전을 뒷받침하는 역할을 했다.

밀과 레몬, 올리브 등 시칠리아의 산물은 모두 이탈리아 요리에 빠져서는 안 되는 재료가 되었다.

로마는 제2차 포에니 전쟁과 제3차 포에니 전쟁에서도 카르타고를 격파하는 데에 성공했고, 지중해의 패권을 장악한 국가로 성장했다.

점차 제국으로
변모한 로마

 확장과 공동화가 동시 진행된 로마의 딜레마

로마는 포에니 전쟁을 치른 뒤에도 순조롭게 지배영역을 확대했다. 그런데 그것이 로마를 내부에서부터 약화시키는 딜레마에 빠지게 했다.

세력을 확장한 로마는 시칠리아, 이집트, 갈리아(현 프랑스) 등 농업 생산력이 높은 지역을 차례로 속주로 만들었다. 이후 그 지역에서 생산된 저렴한 곡물을 대량으로 로마에 공급했다.

이탈리아 반도에서 살던 농민들은 로마 군에서 핵심적인 역할을 했기 때문에 그들 대부분이 중장보병으로 징발되어 전장으로 내몰렸다. 때로는 몇 년간 농경지를 떠나 종군해야 했다. 농지는 매일 관리하지 않으면 금세 황폐해진다. 농민들은 전쟁에서 돌아올 때마다 처음부터 잡초를 뽑고 땅을 갈아엎어야 했다. 결과적으로 이탈리아 반도의 경작지에서 수확되는 작물의 원가가 상승하게 되었다.

그런 상황에서 속주에서 생산한 저렴한 곡물이 대량으로 유입되었으므로, 당연히 이탈리아 반도의 농민들은 '가격경쟁'에서 불리해졌다. 그들은 점차 농경지를 방치하고 농사일에서 손을 떼게 되었다.

이렇게 방치된 경작지를 부유층이 사들였다. 그들은 중소 농민이 포기한 토지를 저렴하게 구입해서 전쟁에서 확보한 노예들에게 농사일을 시키는 방식의 대농장을 경영했다. 이것을 라티푼디움이라고 한다. 로마는 전쟁을 하는 족족 승리하며 영토를 넓혔으므로, 전쟁에서 사로잡은 노예들은 얼마든지 공급할 수 있었다. 당연히 노예에게 드는 비용이 저렴하므로 노예가 생산하는 생산물도 저렴하게 공급되었다.

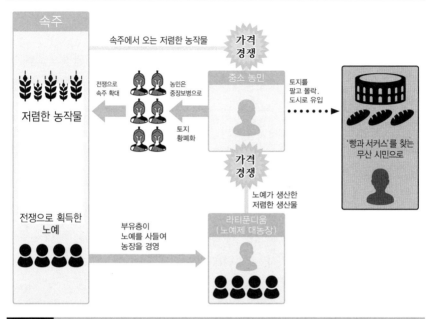

그림 2-2   로마 사회의 공동화

속주에서 유입되는 싼 농작물, 노예가 생산하는 저렴한 생산물과도 가격경쟁을 해야 하는 이탈리아 반도의 농민들은 한층 고통에 시달려야 했다. 결국 이탈리아 반도의 '기간산업'을 지키던 농민들은 경쟁에 패해 일자리를 잃었고, '도시로 가면 먹고살 수 있겠지'라는 희망을 품고 양식을 구하기 위해서 도시로 몰려들었다.

로마의 권력자들은 '실업 농민'의 불만이 폭발하지 않도록 식량과 오락거리, 이른바 빵과 서커스(Bread and Circus)를 주어 반란을 방지하는 정책을 취했다.

또한 중소 농민은 중장보병으로서 전쟁에도 나가야 했으므로, 중소 농민이 몰락하여 토지를 포기하고 도시로 가버리는 것은 징발할 병사의 수가 감소한다는 뜻이기도 했다. 로마의 군사력은 줄어들었고 돈으로 용병을 고용하는 사례가 증가했다. 얼핏 보면 로마는 아무 문제 없이 세력을 확장하여 지중해를 지배하는 강대국으로 올라선 것처럼 보였지만, 내부에서는 이렇게 '기간산업의 공동화(空洞化)'가 진행되고 있었다.

로마는 국왕이 없는 '공화정'에서 한 명의 황제가 통치하는 '제정'으로 이행한 국가이다. 그 과정에서 소수의 권력자들이 국가를 통치하는 삼두정치라는 체제가 시행되었는데, 이 삼두정치 기간에 로마의 화폐에는 획기적인 변화가 일어났다. 바로 제1차 삼두정치를 연 폼페이우스와 카이사르가 행한 일이었다.

원래 로마의 화폐에는 수만 종류의 도안들이 새겨져 있었다. 그런데 폼페이우스는 자신의 이름을, 카이사르는 자신의 초상을 화폐에 새기게 했다. 이는 화폐에서 처음 있는 일이었다.

살아 있는 사람의 이름과 초상을 화폐에 각인하는 행위는 공화정 체제의 로마에서는 있을 수 없는 일이었다. 오히려 그때까지의 로마는 개인에게 권력을 집중시키기를 거부하고 살아 있는 사람을 화폐에 새기는 일을 금했을 정도였다.

카이사르는 시민의 반감을 사지 않도록 자신을 권력자가 아닌 로마 신관의 모습으로 표현하게 했다. 그러나 카이사르가 일단 '선을 넘자' 그 이후의 로마 황제들은 황제로서의 자신의 초상화를 거리낌 없이 표현했다.

로마 황제들 중에는 화폐의 한쪽 면에는 선대 황제의 초상을, 그 뒷면에는 자신의 초상을 새기게 하여 제위 계승의 정통성을 내세운 황제도 있었다. 또한 뒷면에 자신의 업적이나 로마 신화의 신들을 새기는 등 로마 황제들은 화폐에 여러 가지 방법을 동원하여 자신의 권력을 표현함으로써 스스로를 홍보했다.

로마에서도 가장 많이 유통된 것은 은화였다. 4그램 정도의 은이 들어간 데나리우스라는 은화가 대표적인 화폐였다. 금화도 주조되었지만 가치가 너무 높아서 일반적으로는 '저축용'으로 쓰였기 때문에 유통이 원활하지 않았다. 그러나 제정 후기 콘스탄티누스 대제는 순도가 높은 솔리두스라는 금화를 주조했다. 중세의 달러라고 불리는 솔리두스는 그 가치를 인정받아 중세에도 광범위하게 사용되었다.

세력 확장을 멈추고
쇠퇴하기 시작한 로마

 노예에서 소작인으로의 변화

　로마 제국이 무한대로 확장한 것은 아니었다. 로마 제정 초기에 확장세가 주춤하면서 군인황제 시대와 전제군주제 시대가 되자, 국경을 유지하기에도 힘에 부쳤다. 그리고 제국의 경제에도 변화가 찾아왔다.

　전쟁으로 영토를 확장하지 않게 되니 당연히 노예를 확보할 수도 없었다. 그런 상황에서 노예들이 도망가거나 사망하면 노예제의 대농장 '라티푼디움'을 유지하기가 힘들어진다. 그러므로 부유층은 몰락한 농민 출신인 도시의 하층 시

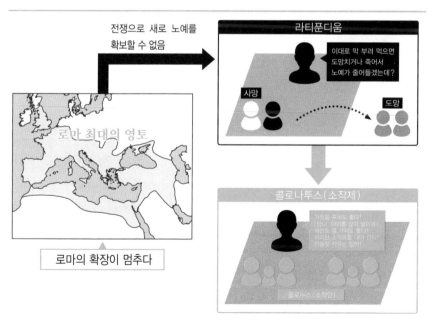

그림 2-3　라티푼디움에서 콜로나투스로

민과 노예를 소작인으로 부렸다. 강도 높은 노동에 시달리던 노예들이 도망가거나 죽지 않도록 처우를 다소 개선한 것이다. 소작인들은 자유로운 몸으로 가정을 꾸리고 아이를 낳을 수도 있었지만(오히려 소작인이 태어나서 증가하는 것은 부유층에게도 좋은 일이었다) 거주 이전의 자유는 없었다. 즉 소작인은 '반노예'와 같은 형태로 소유자의 것이었다. 이런 반노예 상태의 소작인을 '콜로누스'라고 하며 콜로누스를 부리는 콜로나투스라는 토지 제도가 라티푼디움 대신에 자리를 잡았다. '반노예 상태의 소작인'은 훗날 중세 사회의 '농노'의 전신이라고 할 수 있다.

 ## 동전을 늘려서 사용한 로마

로마의 세력 확장이 멈추자 화폐경제에도 변화가 생겼다. 그때까지 로마는 영토를 확장하면서 많은 은광이 발견되어 질 좋은 은화를 주조할 수 있었다. 그러나 로마의 확장이 멈추자 기존의 은광을 계속 채굴해야 했으므로 자연히 은이 고갈되어갔다.

로마는 여전히 거대한 국가였으므로 엄청난 유지비와 군사비가 들었다. 그래서 로마는 은화의 크기를 줄이거나 은의 함량을 낮춰서 은화의 숫자를 늘렸다. 결국에는 은의 함량이 5퍼센트에 불과한, 거의 동으로 만든 이름뿐인 은화도 등장했다.

원래 로마의 은화는 순은에 가까웠고 금속으로서의 은의 가치 자체가 화폐의 가치로 이어졌다. 은의 함량이 점점 줄어들자 '금속으로서의 동전의 가치는 떨어졌지만 액면 가치는 여전히 순은으로 만든 은화와 동일하게' 시중에 유통되었다. 달리 말하면 로마 제국이 부여한 신용에 의해서 그 금속이 가진 본래의 가치보다 큰 액면으로 유통된 것이다.

그러나 이렇게 질이 낮은 동전을 오랫동안 발행하자 서서히 은화의 신용이 떨어졌다. 같은 물건을 과거보다 많은 동전을 내고 사야 하는 물가 상승(인플레이션)이 일어나 로마의 경제가 혼란에 빠진 것도 로마가 쇠퇴한 요인들 중의 하나로 꼽을 수 있다.

교역 경로를 확보한 이란의 왕조

 로마와 중국 사이에서 발전한 두 왕조

이제 중동으로 눈을 옮겨보자. 중동에서는 오늘날의 이란에 파르티아와 사산 왕조라는 국가가 잇달아 세워졌다.

유목민의 국가인 파르티아는 로마와 항쟁을 벌이면서 **로마와 중국 사이**에 '통행로'를 놓고 비단 무역을 중계하여 이익을 취했다.

훗날 파르티아는 사산 왕조로 대체된다. 사산 왕조도 동서 교역로를 확보하여 세력을 구축했다.

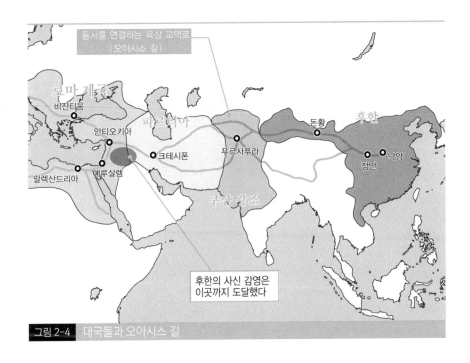

동서를 연결하는 육상 교역로
(오아시스 길)

로마 제국
비잔티움
안티오키아
알렉산드리아
예루살렘
파르티아
크테시폰
푸르사푸라
쿠샨 왕조
돈황
후한
장안
낙양

후한의 사신 감영은
이곳까지 도달했다

그림 2-4 대국들과 오아시스 길

육상 교역과 해상 교역으로
빛난 두 왕조

 로마로부터 금은이 유입된 쿠샨 왕조

쿠샨 왕조는 중국과 로마 사이에 있었던 나라로 육상과 해상의 교역로를 통해서 로마와 활발하게 교역을 했다. 인도의 산물이었던 향신료와 상아, 비단 등은 로마에서 귀하게 여겨졌기 때문에 로마는 쿠샨 왕조의 산물을 수입하는 데에 많은 돈을 썼다. 로마의 화폐 가치를 하락시킨 금은(金銀) 부족 현상은 인도와의 교역으로 화폐가 유출되었기 때문이기도 하다.

쿠샨 왕조는 로마 화폐를 참고하여 같은 중량의 금화와 은화를 대량으로 발행했다.

 사타바하나 왕조와 그리스인의 활약

로마와 중국을 연결하는 대동맥은 파르티아 왕조와 쿠샨 왕조를 경유하는 육상 교역로와 해상 교역로의 두 갈래였다. 이 길은 각각 오아시스 길과 바닷길이라고 불리기도 했다.

남인도의 사타바하나 왕조는 인도양으로 돌출된 형태인 '인도 아대륙'을 동서로 가로지르는 영토를 다스렸으므로 자연히 '동서의 연결목'이 되었다. 사타바하나 왕조는 북인도의 쿠샨 왕조와 마찬가지로 향신료, 보석, 향료, 비단을 매매하여 번영했다. 인도양의 교역로에서는 그리스계 상인들이 활약했다. 그리스는 로마의 지배 아래에 있었지만 해상 교역의 전통과 조선 기술을 갖춘 덕분에 로마의 교역로를 꽉 잡고 있었다. 그리스인이 썼다고 전해지는『에레트레아 항해지(*Períplous tis Erythrás Thalássis*)』라는 책은 인도양 연안의 도시들과 교역로를 상세하게 묘사한 귀중한 사료이다.

바닷길의 교차점이 된 동남아시아

 동남아시아에서 발견한 로마의 금화

　동남아시아는 예부터 바닷길의 교차점 역할을 했다. 육두구(넛맥) 같은 향신료를 비롯해 백단과 침향 등의 향료, 상아와 코뿔소의 뿔 등 귀중한 산물이 많아서 중국 황제들은 동남아시아의 진귀한 산물을 얻고 싶어했다. 동남아시아에서 가장 일찍 건국된 부남의 외항인 옥에오라는 항구 유적에서는 중국의 후한 왕조에서 생산된 거울과 인도의 불상, 로마의 금화로 만든 메달 등이 출토되어 동남아시아가 동서를 이어주는 '바다의 교차점'이었음을 알 수 있다.

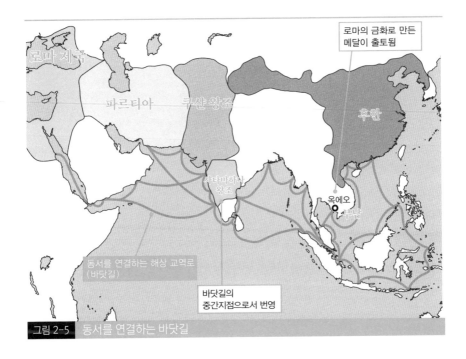

그림 2-5　동서를 연결하는 바닷길

49

중국에서도 동전의 역사가 시작되다

 동화가 경제의 중심이 된 중국

은 왕조가 멸망한 뒤, 중국은 주 왕조를 거쳐 춘추 전국 시대라는 기나긴 혼란의 시대를 맞는다. 주 왕조는 농업의 신을 선조로 모시는 왕조로, 농업 생산이 경제의 중심이었다.

주 왕조의 권위가 약화되고 전국 시대가 되자 각국은 앞다투어 철제 농기구를 사용하고 물을 끌어다가 생산력을 높여서 다른 나라를 제압하려고 했다. 도시와 상업도 그에 맞추어 발전했다. 각국은 도시의 경제력에 힘입어 다양한

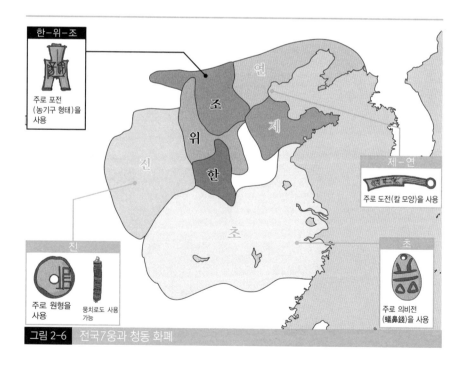

한-위-조
주로 포전
(농기구 형태)을
사용

연
조
위 제
한

제-연
주로 도전(칼 모양)을 사용

진

초

진
주로 원형을
사용
뭉치로도 사용
가능

초
주로 의비전
(蟻鼻錢)을 사용

그림 2-6 　전국7웅과 청동 화폐

청동제 화폐를 발행했다. 오리엔트와 그리스, 로마에서는 금화와 은화가 중심이었지만, 중국에서는 청동으로 주조한 '동화(銅貨)'가 주요 화폐로 유통되었다.

화폐도 통일한 진시황제

진나라 **시황제**는 혼란스러운 전국 시대를 평정하는 데에 성공했다. 진나라는 원전(円錢)이라는 가운데에 구멍이 뚫린 원형 화폐를 사용했다. 이 형태의 돈은 가운데 구멍에 끈을 꿰어서 휴대가 쉽고, 100개를 한 뭉치로 묶어놓으면 100개를 단위로 해서 오늘날의 지폐처럼 사용할 수 있어서 편리했다. 다른 나라들은 칼이나 농기구 형태 등 진나라에 비하면 다소 편의성이 떨어지는 화폐를 사용했고, 화폐경제의 발전에서도 진에 뒤쳐졌다. 시황제의 통일 배경에는 화폐의 모양에 따른 우월성도 한몫을 했다.

중국을 통일한 시황제는 전국 시대에는 나라마다 달랐던 단위와 도로, 문자 등을 통일했다. 화폐도 시황제의 통일사업 중 하나였으며 중국 전역에서 시황

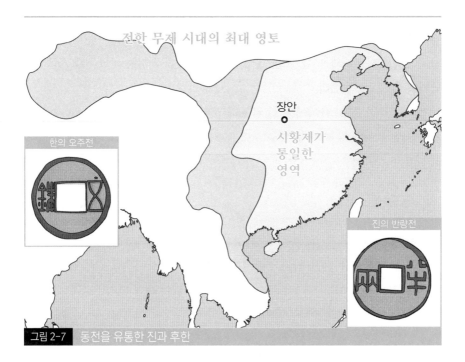

전한 무제 시대의 최대 영토

장안

시황제가
통일한
영역

한의 오주전

진의 반량전

그림 2-7 동전을 유통한 진과 후한

제가 만든 화폐가 유통되었다.

이때 유통된 통화를 반량전(半兩錢)이라고 하는데, 동으로 주조했다.

'일량(一量)'은 무게의 단위로, 약 16그램이다. 반량은 동전의 무게가 8그램이라는 뜻으로 무게가 그대로 화폐의 단위가 된 것이 특징이다. 화폐의 단위에 '무게'가 쓰였다는 점에서 영국의 '파운드'가 연상된다.

 장기간 유통된 전한의 오주전

전국을 통일했지만 단명한 진나라와 달리 전한, 후한으로 불리는 한 왕조는 오랫동안 정권을 유지했다. 전한의 **무제**는 오주전(五銖錢)이라는 화폐를 만들었다.

진나라의 반량전처럼 오주도 무게를 측정하는 단위로 약 3.35그램이다. 오주전은 전한 왕조 시대에 250억 개 이상이 발행되었고 로마의 은화와 마찬가지로 도중에 질이 떨어지거나 중량이 변화하기도 했지만, 700년 가까이 유통되어 당나라 초기까지 사용되었다. 무제는 고조선과 베트남, 중앙아시아 방면으로 지배영역을 넓혔다. 이런 군사행동을 뒷받침하려면 막대한 군사비가 들기 마련인데, 무제는 철, 소금, 술을 국가가 독점판매하는 전매제를 시행하여 국가의 수익으로 취했다.

전한과 후한 왕조 사이에는 신 왕조라는 단명한 왕조가 있었다. 은나라처럼 조개껍데기 화폐를 부활시키는 등 극단적인 복고정치를 펼쳐 경제가 혼란에 빠졌지만 후한이 성립되자 경제는 다시금 안정을 되찾았다.

후한 왕조는 어려서 단명한 황제가 연이어 제위에 오르면서 정치적으로는 불안정했다. 그러나 경제적으로는 멀리 로마와 인도, 동남아시아로 이어지는 광범위한 경제권을 확보했다. 주력 상품인 비단을 팔기 위해서 로마와 직접 연결되는 교역로를 찾기 위해서 **감영**이라는 인물을 사신으로 파견했다. 감영은 파르티아의 방해로 로마에 도착하지 못하고 돌아와야 했지만 후한 왕조는 동남아시아, 인도와 활발한 교역을 했다.

제 3 장

이슬람과 인도양

이슬람의 탄생과 수, 당 왕조
(4-10세기)

제3장 이슬람의 탄생과 수, 당 왕조

화폐경제의 쇠퇴
장원제

비잔틴 제국의 번영

아바스 왕조의 수도
바그다드

수의 대운하

'바다의 교차점' 동남아시아

인도양이
이슬람의 현관이 되다

이슬람의 성립

역사의 무대

이슬람의 현관이 된
인도양

　강성했던 로마 제국이 분열하여 그 힘을 잃고 유럽에서는 화폐경제가 일시적으로 쇠퇴한다. 한편 중동에서는 이슬람이 성립되면서 이슬람 상인들이 활약한다. 특히 아바스 왕조가 인도양에 가까운 바그다드로 수도를 옮기면서 이슬람 상인의 활동 범위가 인도양 전체로 크게 확대되었다. 중국의 수 왕조는 남북을 잇는 대운하를 건설했고 뒤를 이은 왕조들은 이 사업의 수혜를 톡톡히 누렸다. 동남아시아는 중국 상인과 이슬람 상인이 왕래하는 활기찬 '바다의 교차점'이 되었다.

제1장 고대 오리엔트, 그리스, 은 왕조

제2장 로마 제국과 진, 한 왕조

제3장 이슬람의 탄생과 수, 당 왕조

| 유럽 | 중동 | 동남 아시아 | 중국 | 일본 |

제4장 상업 르네상스와 몽골 제국

제5장 대항해 시대와 명 왕조

제3장
이슬람과 인도양

유럽	중세 혼란기에 서유럽에서는 화폐경제가 일시적으로 쇠퇴하고 물품경제로 되돌아갔다. 또한 장원제가 성립되어 '농노'라는 계층이 등장했다. 한편 동쪽의 비잔틴 제국은 안정적으로 번영을 누렸다.
중동	이슬람이 탄생하여 우마이야 왕조와 아바스 왕조와 같은 대국이 등장한다. 아바스 왕조가 수도를 바그다드로 옮기고 인도양에서는 이슬람 상인들이 활약했다. 이 시대에 회계 기법이 크게 진보했다.
중국	수 왕조가 건설한 대운하는 이후의 다른 왕조에서도 물류의 '대동맥'으로 활용되면서 중국 경제의 기반을 놓았다. 왕조가 장기간 이어진 당 왕조 아래에서 화폐경제가 한층 발전했고 어음이 사용되기 시작했다.

제3장 【이슬람의 탄생과 수, 당 왕조】 개요도

서유럽의 혼란과
비잔틴 제국의 번영

 화폐경제가 쇠퇴한 중세의 혼란기

로마 제국이 분열된 이후 유럽은 중세라는 기나긴 시대로 들어섰다. 중세 전반의 유럽은 게르만족을 비롯한 다양한 민족들이 이동하는 무대가 되어 여러 국가들이 생겨났다가 사라지는 일종의 '혼란기'였다.

게르만족이 세운 나라들 중에서 가장 강력했던 프랑크 왕국이 탄생한 후에야 화폐경제가 부활했지만, 민중들은 여전히 자급자족하면서 물건을 주고받는 방식으로 경제활동을 했다. 마치 화폐경제 이전의 세상으로 '돌아간' 듯했다. 사람들은 활발하게 교역했지만, 로마 제국 시대에 존재한 광범위한 교역망은 위축되었고 가까운 지역에서의 교역이 중심이 되었다.

각종 부담에 짓눌린 농노들

로마 제국 말기의 토지 제도였던 '콜로나투스'를 바탕으로 중세에는 장원제가 형성되었다. 주군에게 토지를 받은 신하가 그 토지를 장원으로 경영한 것이다.

장원의 경작은 농노라고 불리는 농민들의 몫이었다. 그들은 태어나서 죽을 때까지 각종 세금에 짓눌려 살아야 했다.

영주가 가진 토지에서 농노가 무료로 일하는 것을 '부역'이라고 하는데, 거기에서 얻은 생산물은 전부 영주의 몫이었다. 농노에게도 토지가 할당되었지만 그 땅에서 난 생산물의 일부를 '공납'이라는 명목으로 바쳐야 했다. 결혼이나 사망 시에는 결혼세와 사망세, 빵 굽는 가마니 사용료 등 농노에게는 각종 세금이 부과되었다. 또한 교회에도 수확물의 10퍼센트를 세금으로 내야 했다. 이 세금은 '십일조'라고 불렸다.

비잔틴 제국의 번영

서유럽이 중세 전반의 혼란기에 빠져 있을 무렵 동유럽에서부터 서아시아에 걸친 비잔틴 제국(동로마 제국)은 번영기를 맞이했다.

비잔틴 제국의 수도인 콘스탄티노플(오늘날의 이스탄불)은 유럽과 아시아의 이음매에 위치한다. 유럽과 아시아의 각 도시를 연결하는 교차점이었으므로 각국의 문화와 정보가 그곳에 모였고, 비잔틴 제국 황제의 통제하에 상업과 화폐경제가 발전했다.

비잔틴 제국 최전성기의 유스티니아누스 대제는 중국에서 누에의 알을 입수하여 양잠을 장려했고 비단을 주요 산업으로 삼았다. 유스티니아누스 시대의 비잔틴 제국은 지중해를 에워싼 대제국을 건설하여 현재의 영국 부근까지 장거리 교역선을 파견했다고 한다.

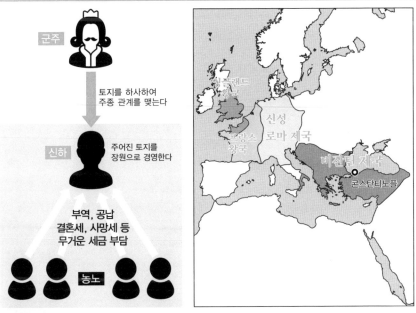

그림 3-1 봉건제, 장원제와 중세 유럽의 국가들

거대 종교는
경제적인 이유에서 탄생했다

빈부격차가 세계적인 종교를 낳았다

이슬람은 세계 3대 종교 중 하나로 꼽히며, 현재 서아시아와 동남아시아를 중심으로 신자가 무려 18억 명에 달한다. 이 거대 종교의 성립에는 경제적인 배경이 있었다.

파르티아 이후, 서아시아에서는 농사를 짓던 이란인들이 세운 사산 왕조 페르시아라는 나라가 성립되었다. 사산 왕조도 파르티아와 마찬가지로 동서 교역로를 확보하여 한때는 인도의 쿠샨 왕조를 거느리며 번영을 이룩했다.

콘스탄티노플

항쟁지
상인 통행 불가

비잔틴 제국

사산

비잔틴

사산 왕조

크테시폰

메디나

동서의
산물이 집중
↓
아라비아 반도의
서해안이 발전

빈부격차의 확대
↓
'만민은 신 앞에 평등'을
제창하는
이슬람교의 탄생

상인의 우회로

메카

'바닷길'을 통한 산물

그림 3-2 　이슬람을 낳은 대국의 항쟁

사산 왕조의 서쪽에는 사산 왕조처럼 번영을 누리던 비잔틴 제국이 존재했다. 그리고 사산 왕조와 비잔틴 제국은 경쟁국으로서 격렬하게 대립했다. 양국의 대립이 장기간 이어지면서 동서를 연결하는 '오아시스 길'은 단절되고 말았다.

그래서 전투를 피하는 우회로로 이용된 것이 아라비아 반도 서부의 헤자즈 지방이다. 이 지방은 오아시스 길의 우회로일 뿐 아니라 바닷길의 경유지이기도 했다. 유럽과 인도, 동남아시아, 중국의 산물이 이곳에 집중되었다. 그리고 헤자즈 지방에서 중심 도시로 번성한 곳이 메카이다.

마을이나 국가가 풍요로워지면 빈부격차가 벌어지기 마련이다. 메카도 예외가 아니었다. 교역으로 얻은 부를 독점하는 자가 나타났고 부자와 빈자 사이에서 사회적인 분단이 발생했다.

그런 사회적인 배경에서 등장한 사람이 **무함마드**이다. 신의 계시를 받은 무함마드는 이슬람을 창시하여 신 앞에서 만민은 평등하다고 설파했다. 부를 독점하는 쪽인 풍요로운 상인들은 '평등'을 외치는 무함마드를 박해했지만, 점차 그의 가르침이 퍼져나가 결국 아라비아 반도 전역이 그것을 따르게 되었다.

불평등한 세금으로 멸망한 우마이야 왕조

무함마드가 죽은 후에도 무함마드의 후계자인 정통 칼리프라고 불리는 지도자가 이슬람 세력을 확장했다. 그리고 우마이야 왕조라는 세습 왕조가 성립되면서 이슬람은 한층 더 세력을 넓혔다.

우마이야 왕조는 본거지인 시리아의 다마스쿠스를 거점으로 이베리아 반도에서부터 서인도에 이르는 거대한 영역을 지배했지만 불평등한 세제에 불만을 품은 사람들이 늘어나며 결국 멸망하고 말았다. 우마이야 왕조는 같은 이슬람 교도여도 아랍인에게는 세금을 적게 물리고 그외 지역의 민족에게는 인두세(人頭稅)와 토지세를 징수했다. 이런 식으로 민족 간 차등 정책을 시행하자, 평등을 제창하는 이슬람의 이념에 반한다는 불만이 커지면서 혁명이 일어났다.

세계 경제의 중심이 된 이슬람 세계

지중해와 인도양을 연결한 아바스 왕조

아바스 왕조는 세제 평등을 내세운 혁명을 통해서 성립한 왕조이다. 종교와 민족을 불문하고 모든 사람이 토지세를 납부하고 이슬람 외의 이교도에게는 토지세에 인두세도 추가하는 세제 일원화가 이루어졌다.

세제 외에도 아바스 왕조는 이슬람 세계에 경제적으로 커다란 변화를 일으켰다. 과거 우마이야 왕조의 수도인 시리아의 다마스쿠스에서 바그다드로 수도를 옮긴 것이다.

아래의 지도를 보면 알 수 있듯이, 바그다드는 인도양의 '부채 손잡이' 부분에

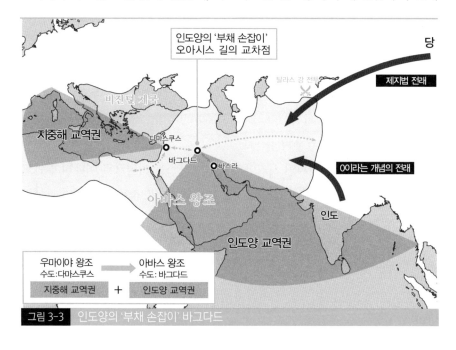

그림 3-3 인도양의 '부채 손잡이' 바그다드

해당한다. 뿐만 아니라 파르티아와 사산 왕조 같은 이란의 왕조가 교역로로서 정비해온 '오아시스 길'이 통과하는 지점이기도 하다.

그때까지 다마스쿠스는 지중해에 면한 시리아의 도시였으므로 상인들은 지중해를 중심으로 교역을 해왔다. 그러던 것이 시리아로부터 이라크로 이슬람의 중심이 이동하자, 이슬람의 '현관문'이 지중해에서 인도양으로 달라진 것이다. 그 결과로 지중해와 인도양의 경제권이 연결된 광대한 이슬람 경제권이 등장하게 되었다.

바그다드의 당시 인구는 150만 명이 넘었고, 바그다드는 당나라의 수도인 장안에 비견될 만한 세계의 중심 도시로 성장했다. 이슬람 문학의 최고봉인 『천일야화』에도 바그다드가 주요 무대로 등장한다. 우리가 잘 아는, 배를 탄 신드바드 역시 인도양을 무대로 활약한 바그다드 상인으로 나온다.

회계 기법을 발전시킨 '숫자'와 '종이'

아바스 왕조에는 인도와 중국으로부터 두 가지 '혁신적인' 것이 전수되었다. 바로 인도에서 탄생한 숫자 0의 개념과 당나라와의 전쟁으로 입수한 제지법(製紙法)이다.

인도에서 0의 개념과 숫자의 기록법이 유입되자 이른바 '아라비아 숫자'가 탄생했다. 기존의 로마 숫자는 0을 나타내는 숫자가 없었기 때문에 자릿값을 표시하기가 어려웠지만, 0이 있으면 자릿값을 수의 위치로 나타낼 수 있었다. 큰 금액이나 수량을 기록하고 계산할 수 있게 되면서 상거래가 더욱 활성화되었다.

또한 종이를 만드는 방법도 중국에서 들여왔다. 아바스 왕조는 탈라스 전투라는 당나라와의 전쟁에서 승리를 거두고 당나라에서 제지 장인들을 포로로 잡아와서 그 기술을 입수했다.

숫자와 종이는 다양한 회계 기법을 발전시켰고 아바스 왕조의 경제 규모는 더욱 커졌다. 부기(簿記)와 어음, 수표 등 오늘날까지 이용되는 여러 회계 기법들이 아바스 왕조에서 유래되었다는 설이 유력하다.

이슬람 상인과 중국 상인이 만난 동남아시아

두 종류의 배가 동남아시아를 왕래하다

아바스 왕조의 무슬림 상인(이슬람 교도를 무슬림이라고 한다)이 활발하게 인도양으로 진출하는 한편으로, 당나라 상인도 해상 교역에 적극적으로 나서기 시작했다. 중국 남부의 양주와 광주에서 남쪽으로 배들이 출항했다. 무슬림 상인은 세로로 길쭉한 삼각형 돛을 이용하는 다우 선(Dhow)이라는 배를, 중국 상인은 사각형의 돛을 여러 개 단 정크 선(Junk)이라는 배를 사용했다.

동남아시아의 항구는 다우 선과 정크 선이라는 두 양식의 배들이 드나드는 '바다의 교차점'으로서 활기를 띠었다.

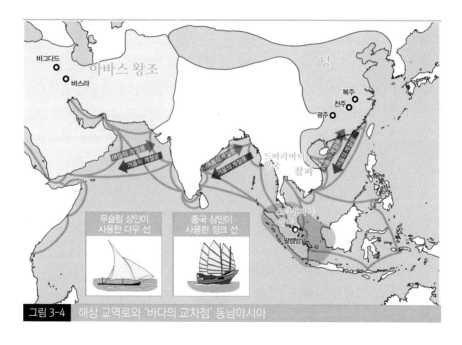

그림 3-4 해상 교역로와 '바다의 교차점' 동남아시아

중국 경제에 큰 영향을 준 수, 당 왕조

 양제가 건설한 물류의 대동맥

후한이 멸망한 뒤, 중국에는 오랜 분열의 시대가 찾아왔지만, 수 왕조는 중국을 재통일하는 데에 성공했다. 37년이라는 짧은 역사로 막을 내렸지만 훗날 중국 경제에 커다란 영향을 미친 왕조라고 할 수 있다.

수나라의 제2대 황제인 **양제**는 대운하를 건설했다. 양제는 '황허(황하)와 양쯔 강을 운하로 연결하면 편리하겠다'라고 생각했다. 이것은 과거의 황제들도 고려한 적은 있었지만, 이를 실행하기 위해서는 막대한 예산과 일손이 필요하기 때문에 누구도 착수하지 못한 대사업이었다. 양제는 자신의 생각을 행동

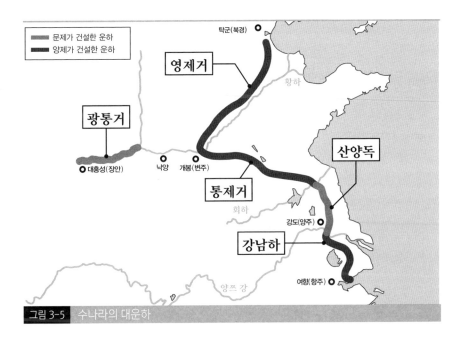

그림 3-5　수나라의 대운하

에 옮겼다. 그러나 어마어마한 예산과 노동력이 소요되었기 때문에 국가의 재정이 기울었고 결국 반란이 일어나서 수나라는 멸망하고 말았다. 그런 이유로 양제는 훗날 '사상 최대의 폭군'이라고 불리게 되었다.

대운하 건설은 수나라의 명을 재촉했지만, 대운하는 정치의 중심이었던 중국 북부와 경제의 중심이었던 중국 남부를 연결하는 물류의 대동맥이 되면서 광대한 중국을 하나로 묶어주었다.

그 뒤를 이은 왕조들은 이 운하의 수혜를 톡톡히 누렸으니 관점을 달리하면 폭군이 '악역'을 자처하여 운하를 건설한 덕분에 다음 왕조들은 편안히 정권을 유지할 수 있었던 셈이다.

국제적 문화를 꽃피운 당나라

당 왕조는 중국 북부에서부터 오늘날의 우즈베키스탄에 이르는 광대한 영역을 보유한 국가로, 오아시스 길의 동쪽 절반을 확보하고 있었다. 수도인 장안은 오아시스 길의 종착지였다. 이곳에 서방의 문화와 산물이 유입되고, 바닷길로 동남아시아와 일본에서 오는 공물이 운반되어 국제적으로 다양한 문화가 꽃을 피웠다.

당의 재정난과 화폐경제의 진전

약 300년의 역사를 가진 당 왕조이지만, 후반은 긴 침체와 쇠퇴의 터널을 지나야 했다. 전반기에는 주변 국가들도 강대한 당 왕조를 순순히 따랐지만 후반이 되어 당의 힘이 쇠퇴하자 적대세력과 반란세력이 빈번하게 등장했다. 그 세력과 싸우기 위한 군사 비용이 점차 증가하면서 당은 재정난에 허덕이게 되었다.

이에 따라서 당의 세제도 변화했다. 전기에는 토지를 균등하게 배정하고 그에 따라 일정금액의 곡물과 노동을 부과하는 조용조(租庸調)였지만, 재정난에 빠진 후기에는 국가가 예산을 먼저 세우고 그 예산을 '누진과세'처럼 납세 능력에 따라서 각 가정에 할당하여 징수하는 '양세법(兩稅法)'으로 개편되었다.

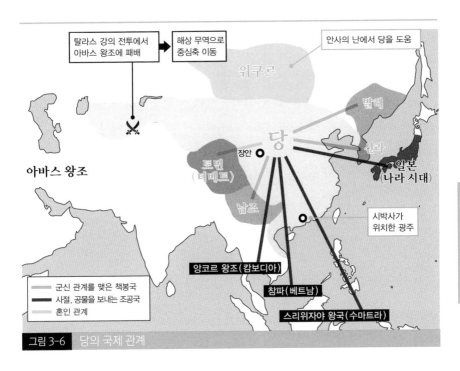

그림 3-6 당의 국제 관계

군사비는 계속 증가했으므로 예산은 점점 늘어났고 민중의 세금 부담도 가중되었다. 또한 그 세금도 화폐로 징수한다는 원칙을 세웠다.

농민들은 곡물을 생산해서 상인에게 팔고 돈을 받아 세금을 납부했는데, 상인들은 당연히 곡물을 저렴하게 구입하려고 들었다. 농민들은 세금 증대로 고통을 받았지만 상인들은 자신들의 배를 불렸다. 이러한 돈의 흐름을 통해서 화폐경제가 지역 구석구석에 정착되었다.

당은 재정난을 해결하기 위해서 소금 전매제를 시행했으나, 시중 가격의 10배나 되는 이익을 얻었기 때문에 소금 밀매가 횡행했다. 민중을 조이고 감시하는 당 정부에 대항하여 반란을 일으키는 밀매업자도 등장하면서 당 말기의 경제는 혼란에 빠졌다.

 바닷길의 종착지였던 당나라

당나라의 쇠퇴는 해상 무역에도 영향을 미쳤다. 원래 당의 무역은 '주변 국가들의 조공품'과 '그에 대한 답례품'이라는 형태의 국가 대 국가의 교역으로 국가의 통제하에 이루어졌다. 그런데 당이 약해지면서 통제가 느슨해졌고 상인들은 자율적으로 무역에 참여하게 되었다.

또한 '오아시스 길'을 통한 육상 교역도 탈라스 강 전투에서 당나라가 이슬람 세력에 패배한 이후로 점차 쇠퇴했다. 그러자 상인들의 눈은 해상 무역으로 쏠리게 되었다.

해상 무역의 거점인 양주와 광주는 '바닷길'의 종착지로서 번영했다. 그곳은 동남아시아와 이슬람권에서 온 상인들로 북적거렸다. 당은 시박사(市舶司)라는 무역을 감독하는 관청을 설치하고 외국인 상인의 출입 수속과 징세, 화물 검사와 금지 품목 단속 등 오늘날의 세관과 같은 역할을 담당하게 했다. 당나라 말기의 외국인 거주자는 12만 명에 달했다고 한다.

'종이로 돈을 가져가는' 어음의 사용

당나라 시대에는 수나라가 건설한 대운하의 효과를 톡톡히 누리며 먼 곳에서 온 상품들의 거래가 활발하게 이루어졌다. 북서부의 산물인 말이나 암염이 남방으로, 남방의 산물인 차가 북방으로, 그외 여러 산물들이 먼 곳까지 운반되어 거래되었다.

이와 함께 화폐경제도 사회 곳곳으로 스며들었는데, 당시의 주요 결제 수단인 동으로 만든 주화는 무거웠기 때문에 대량으로 운반하기 위해서는 운송료가 추가되었으므로 이런 원거리 거래에는 효율적이지 않았다. 그 해결책으로 고안된 것이 바로 '비전(飛錢)'이라는 어음이었다. 상인은 도시의 대상인에게 돈을 맡기고 수령증의 절반을 목적지까지 가져갔다. 목적지에는 남은 반쪽이 보내져 있었다. 그 두 개를 맞추어서 일치하면 상인은 돈을 맡긴 대상인의 지점으로부터 현금을 인출할 수 있었다. 어음을 직접 물건을 사는 '지폐'로도 사용할 수 있었는지는 확실하지 않지만, '서면으로 돈을 운반한다'라는 개념은 송나라 시대에 본격적인 지폐의 등장을 가져왔다.

초원을 연결하는
또 하나의 '동서의 길'

 유목민에 의한 이동과 교역

　유라시아 대륙을 연결하는 길로 오아시스 길과 바닷길 외에 또다른 길이 있다. 바로 몽골 고원에서부터 알타이 산맥, 카자흐 초원, 러시아 남부의 초원지대를 거치는 초원의 길이다. 이곳에서는 많은 유목민들이 거주했으며 유목민의 이동과 교역을 통해서 동서의 물품들이 운반되었다. 진과 한나라 시대에는 흉노와 선비, 당나라 때는 돌궐과 위구르, 그리고 훗날 몽골이 흥망성쇠를 겪었다. 그리고 오아시스 길에서는 국적 없이 교역에 종사하는 '상업 민족'이었던 소그드인 상인이 활약했다.

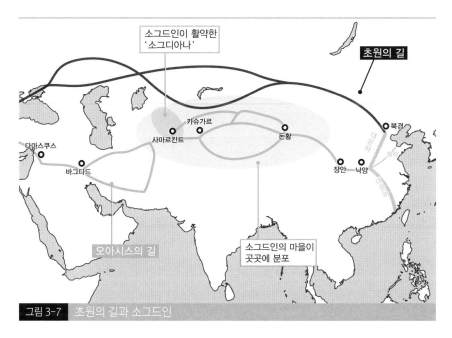

소그드인이 활약한
'소그디아나'

초원의 길

다마스쿠스

바그다드

카슈가르

사마르칸트

돈황

북경

장안　낙양

오아시스의 길

소그드인의 마을이
곳곳에 분포

그림 3-7　초원의 길과 소그드인

일본에서도
화폐 역사가 시작되다

 활발하게 유통되지 않은 와도카이친

화폐가 존재하지 않았던 조몬 시대와 야요이 시대를 거쳐 아스카 시대가 되자, 일본에도 화폐가 등장했다. 덴지 천황 시대에 발행된 무몬 은전(銀錢)이나 덴무 천황 시대에 발행된 부본전(富本錢)이 유명하지만 실질적으로 유통된 것은 아니었다.

본격적으로 유통된 화폐는 나라 시대의 초기에 발행된 와도카이친(和同開珍)이다. 유통은 되었지만 실제로는 잘 쓰이지 않았다. 정부는 일반 백성이 일정량의 주화를 모으면 관직을 수여하는 법령까지 시행했으나 백성들은 오히려 주화를 저축하기만 해서 화폐의 유통에 걸림돌이 되고 말았다. 새로운 율령에 따라 정비된 세제에서도 쌀이나 옷감, 특산물 등 현물로 세금을 납부하도록 했기 때문에 화폐경제가 발전하지 못했다.

결국 나라 시대 초기에 와도카이친이 발행된 이후 헤이안 시대 중기에는 겐겐타이호(乾元大寶)가 발행되는 등 약 250년간 12종의 화폐가 발행되었지만, 옛 수도가 있었던 중서부의 긴키 지방에서만 유통되는 데에 그쳤다. 원재료인 동도 부족했기 때문에 마지막에는 크기가 점점 작아지고 품질도 조악한 화폐가 주조되었다.

또한 대외경제 측면에서는 나라 시대부터 헤이안 시대 초기까지 중국으로 파견된 견수사와 견당사가 주체가 되어 교역이 이루어졌다. 그러다가 헤이안 시대 중기가 되자 견당사가 중단되고 민간인의 교역이 활발해졌다. 그들 중에 당의 화폐를 일본에서 사용하는 사람들이 늘어나면서 이후 일본에서는 중국에서 건너온 동전이 사용되었다.

제4장

화폐경제의 진행

상업 르네상스와 몽골 제국
(11-14세기)

제4장 상업 르네상스와 몽골 제국 큰 줄기

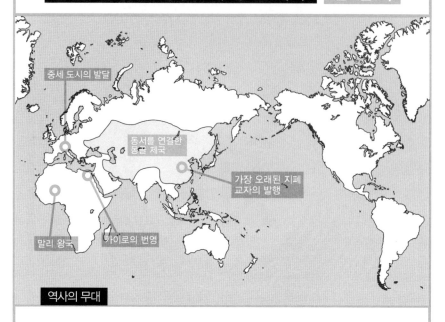

중세 도시의 발달

동서를 연결한 몽골 제국

가장 오래된 지폐 교자의 발행

말리 왕국

카이로의 번영

역사의 무대

중세 도시의 발달과
화폐경제의 확대

　화폐경제가 각 지역으로 확대되었다. 유럽에서는 중세 도시가 발달했고, 중동의 이슬람 세계에서는 이집트 상인이 활약했다. 중국에서는 송 왕조와 원 왕조 시대에 화폐경제가 한층 더 발전하여 지폐가 탄생했다. 몽골 제국이 세워지자 세계가 더욱 밀접하게 이어졌고 상인들이 동서를 오갔다. 그러나 세계가 밀접하게 연결되자 중국에서 발생한 흑사병이 유럽으로도 전파되었다. 중세 후기에는 기후가 악화되었고, 유라시아 대륙에서는 '14세기의 위기'라고 불리는 혼란이 벌어졌다.

유럽   중동   중국   일본

제4장
화폐경제의 진행

유럽

십자군 원정 이후의 유럽은 화폐경제가 부활하며 도시와 상업이 활성화되는 '상업 르네상스(상업의 부활)' 시대를 맞았다. 그러나 중세 후기에는 중국에서 전해진 흑사병과 기후 악화의 영향으로 '14세기의 위기'라는 혼란에 빠졌다.

중동

이집트의 카이로를 수도로 한 아이유브 왕조와 맘루크 왕조가 이슬람 세계의 중심이 되었다. 카리미 상인이라고 불리던 상인들이 인도양과 유럽을 연결했다.

중국

북송, 남송 왕조에서는 상업이 비약적으로 발달하여 화폐 수요가 급증했다. 화폐 수요를 충족하고 원활한 유통을 위해서 지폐가 발행되기 시작했다. 원 왕조에서는 지폐가 남발되면서 경제에 혼란이 초래되었다.

제4장   【상업 르네상스와 몽골 제국】 개요도

화폐경제가 부활하고 도시가 발전한 중세 전성기

십자군 원정에 불을 붙인 상업 르네상스

유럽의 기나긴 중세의 전환점이 된 것은 기독교 제국이 이슬람 세력에 대항한 십자군 원정이다.

중세 전반의 혼란기가 일단락되고 서유럽이 안정을 찾자, 비교적 온화한 기후가 지속되면서 농업 생산력이 높아졌다. 인구도 비약적으로 증가하여 상업이 발달하고 도시가 성장하는 '상업 르네상스(상업의 부활)'가 일어나면서 각 국가들에도 국외로 원정군을 보낼 여유가 생겨났다.

한편 이슬람 세력은 동유럽의 비잔틴 제국을 압박하면서 기독교도의 성지이기도 한 예루살렘을 독점하려고 했다. 이런 상황에서 유럽의 국왕들은 로마 교황의 부름에 응답하여 예루살렘을 탈환하기 위한 군사들을 파병했다. 이것이 바로 십자군이다.

결과적으로 십자군은 예루살렘을 탈환하지 못하고 실패로 끝났지만, 유럽에 다양한 경제적인 영향을 주었다.

세계유산으로 남은 중세 도시들

십자군은 대규모 군사원정이므로 많은 병사들이 동원되었고 이로 인해서 막대한 양의 물자 보급이 필요했다. 사람과 물자가 대규모로 이동하면 당연히 그 경로가 되는 육로와 해로가 정비되며 군수물자의 구입에 화폐가 사용된다. 지금의 영국과 독일에서 시리아, 팔레스타인에 이르는 넓은 지역을 산물들이 오가게 되었다. 십자군에 의한 인간과 물자의 활발한 교류, 교통 정비, 화폐경제의 부활, 원거리 무역의 발달 등이 '중세 도시'라고 불리는 여러 도시들을 낳았다.

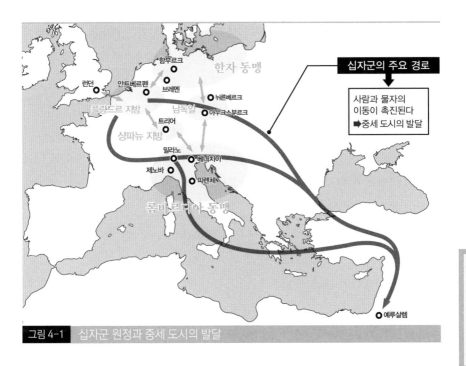

십자군의 주요 경로

사람과 물자의 이동이 촉진된다
➡ 중세 도시의 발달

그림 4-1 십자군 원정과 중세 도시의 발달

주요 경제권으로는 뤼베크와 함부르크 등으로 잘 알려진 독일 북부의 한자 동맹, 프랑스의 상파뉴 지방, 아우크스부르크 등의 독일 남부 도시들, 밀라노, 피렌체, 베네치아 등 이탈리아 북부의 롬바르디아 동맹 등이 있다. 현재 이들 중세 도시 중 상당수가 유럽의 대표적인 도시로서 세계유산으로 지정되어 있다.

중세 도시의 상인과 수공업자

도시에서는 다양한 직종의 상인들이 모여서 세운 길드(조합)가 조직되었다. 상인 길드는 대상인을 중심으로 한 조합으로 중세 도시의 행정권을 쥐고 있었다. 장인 길드라는 수공업자들의 조합도 조직되었다.

상인은 판매자, 수공업자는 생산자이므로 상인은 수공업자에게 되도록 저렴한 가격에 생산품을 구입하려고 한 반면, 수공업자는 자신이 만든 상품을 비싸게 판매하려고 했으므로, 둘은 종종 이해관계를 둘러싸고 대립하고는 했다. 훗날 장인 길드도 도시의 행정에 관여할 권리를 얻어 시정에 참여했다.

길드는 도시의 시장을 독점하고 자신들의 기득권을 지키기 위해서 자유 경쟁을 금하고 조합에 가입하지 않은 상공업자나 외지에서 온 상공업자의 활동을 금지하고 통제했다.

길드에는 엄격한 상하관계가 존재했으며 상인 길드에 속한 상인은 사용인을, 장인 길드에 속한 장인은 직인과 제자를 지도하고 부렸다.

이런 도시의 대상인들 중에는 독일 남부, 아우크스부르크의 대부호인 푸거 가문과 이탈리아 중부, 피렌체의 대부호인 메디치 가문 등 귀족과 맞설 정도로 엄청난 부자도 등장했다.

원래 푸거 가문은 농업을 하는 틈틈이 직물을 짜는 직인 가문이었지만, 베네치아에서 직물 재료를 구매하면서 다른 생산물들도 함께 매매하게 되었다. 향신료를 거래하여 재물을 쌓은 뒤에 은광산과 동광산을 경영해서 '유럽의 광산왕'이라는 명칭을 얻었으며 금융업에까지 손을 뻗었다. 한편 메디치 가문도 금융업으로 부와 명예를 거머쥐었다. 푸거 가와 메디치 가는 모두 금전적으로 로마 교황청을 지원했으므로, 그 권세가 하늘을 찔렀다.

 '유대 상인들'

'금융'을 지배한 또다른 사람들은 유대인이다. 유대인은 '예수 그리스도를 핍박하여 십자가에 매단' 민족으로 간주되어 기독교가 중심 세력이었던 유럽에서는 박해의 대상이었다.

유대인은 봉건제와 장원제 사회에서 토지를 소유하는 것이 금지되었고 상공업 길드에도 가입할 수 없었으므로 가게 없이 행상을 하거나 고리대금업으로 이자를 받는 역할을 맡아야 했다. 이런 이미지가 '세계 각국에 네트워크를 구축하여 금융업으로 돈벌이를 하는' '유대 상인'이라는 이미지를 만들었다.

십자군 원정 무렵에는 이미 유대인은 '고리대금업자'라는 이미지가 존재했지만, 중세 도시가 발전하며 유대인들이 가진 돈에 대한 수요가 증가함에 따라 그 이미지는 한층 더 강화되었다.

화폐경제의 침투로 달라진
영주와 농노의 관계

농촌에도 침투한 화폐경제

농촌에서는 비교적 온화한 기후가 지속된 덕분에 토지를 '봄에 씨를 뿌리는 농지', '가을에 씨를 뿌리는 농지', '토지를 쉬게 하고 생산력을 회복하는 농지'라는 3종류로 나누어 돌려가며 운용하는 삼포제(三圃制) 농법과 소를 이용해 밭을 가는 농법으로 인해 농업 생산력이 눈에 띄게 향상되었다.

여기에 도시의 발전과 더불어 '화폐경제의 발달'이라는 요소가 가세했다. 도시에서는 따뜻한 모직물로 짠 옷이나 은으로 장식한 갑옷, 맛있는 음식, 음식을 더욱 맛있게 하는 향신료, 보석 등 각지에서 운반된 다양한 생산물들이 거래되었다.

영주는 그런 사치품들을 손에 넣기 위해서 '화폐를 가지고 싶어했다.' 결국 농노를 지배하던 영주는 생산물이 아닌 화폐로 세금을 받기를 원했다. 그래서 납세 방식을 생산물에서 화폐로 바꾸는 영주가 속출했다.

영주와 농노의 미묘한 입장 변화

농노는 농노대로 생산물을 상인에게 판매하고 돈을 받아서 세금을 납부했는데, 수중에 남은 자신들이 가질 수 있는 생산물도 점차 돈으로 바꾸게 되었다. 농업 생산력이 향상되었으므로 농노가 손에 쥐는 돈의 액수도 점차 커졌다. 또한 화폐는 농작물과 달리 썩지 않아 '가치 보존'이 가능하므로 자손에게 물려줄 수도 있었다.

이로 인해서 영주와 농노 사이에 미묘한 입장 변화가 일어났다.

약자에 속하는 농노도 차곡차곡 돈을 모아 경제력을 키움으로써 영주에게 세금을 납부하는 대신에 대가를 요구하는 등 '조금은 강경하게 대처할 수' 있게 된 것이다. 더 많은 세금을 내는 대신, 농노는 영주에게 자신의 토지를 소유하고 매매할 수 있도록 해줄 것을 요구했다. 그때까지 영주의 강력한 지배하에 유지되던 '장원제'가 삐걱거리기 시작했다.

페스트의 유행과 봉건 반동

중세 후기에 접어들자 기후가 악화되었고, 백년전쟁 등 국가 간의 전투가 빈발했다. 게다가 흑사병이라고도 불리는 페스트라는 감염병이 유행했다(몽골 제국이 넓은 영토를 지배하면서 중국으로부터 전파되었다고 전해진다). 유럽 인구의 3분의 1이 목숨을 잃은 '14세기의 위기'를 맞아 수입이 감소하고 재정적으로 궁핍해진 영주층이 다시금 농노를 강하게 압박하여 세금을 징수하려고 했다. 이것을 봉건 반동이라고 하는데, 이런 시도에 대해서 농노들은 반란을 일으켜 대항했다. 영국의 와트 타일러의 난, 프랑스의 자크리의 난('자크'는 당시 농민에게 흔한 이름이었으며, 따라서 '자크리'는 농민 집단을 가리키는 말이다/역주) 등 역사에 남을 만큼 규모가 큰 반란을 비롯해서 크고 작은 농민 반란이 빈번하게 일어났다. 농노가 감세와 자유를 주장하며 영주에게 '더욱 강력하게' 대항하자, 장원을 소유한 영주의 지위는 점차 위축되었다. 제후와 기사 등 장원 영주가 몰락하면서 그 위에 군림하는 왕의 지배력은 더욱 강화되는 중앙집권화가 진행되었다.

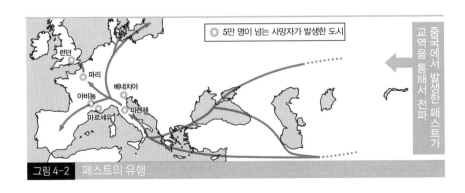

그림 4-2 페스트의 유행

이슬람 경제의 중심이 된 카이로

✚ '후추와 향료의 상인' 카리미 상인

유럽 세계가 십자군 원정에 나섰을 무렵, 십자군의 목적지인 이슬람 세계에서는 셀주크 왕조, 아이유브 왕조, 맘루크 왕조 등 여러 왕조들이 교대로 기독교도와 전쟁을 치렀다.

아이유브 왕조와 맘루크 왕조는 이집트의 카이로를 수도로 한 왕조이다. 이 시기의 이집트는 농사를 짓기에 적합한 기후 덕분에 나일 강 유역에서 안정적으로 농산물을 수확했다. 그리고 새로운 상품작물로 사탕수수의 재배와 수출이 활발하게 이루어지면서 부가 이집트로 유입되었다. 아라비아어로 설탕을

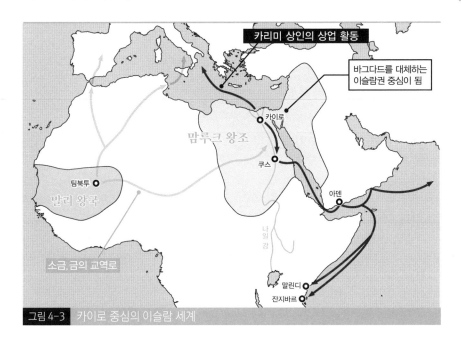

그림 4-3 카이로 중심의 이슬람 세계

수카(Sukkar)라고 하는데 이것이 훗날 영어 슈가(sugar)의 어원이 되었다.

아바스 왕조 시대에 이슬람의 중심은 바그다드였지만 이 시대에는 카이로가 이슬람의 중심이었다. 인도양을 향하는 항로도 바그다드를 경유하는 길은 '지선'이 되었고, 카이로에서 나일 강을 경유하여 홍해를 통해 소말리아 반도의 바다를 통과하는 길이 '간선'이 되었다.

카리미 상인들은 아이유브 왕조와 맘루크 왕조의 보호하에 왕래했다. '후추와 향료의 상인'으로 불린 그들은 아라비아 반도 남단의 아덴 항에서 인도 상인이 운반해온 향신료와 중국산 비단, 도자기를 사들여서 홍해를 북상하여 이집트로 가서 육로로 나일 강 운하에 도달한 다음 알렉산드리아와 나아가 지중해의 베네치아, 제노바의 상인들에게 물건을 판매하여 이익을 얻었다.

황금의 나라, 말리 왕국

당시 이슬람 세계는 사하라 사막 남쪽까지 뻗어 있었다. 그중에서도 남아프리카에 위치한 나이저 강 연안의 말리 왕국은 이슬람에서도 가장 풍요로운 나라로 알려졌다.

황금의 나라로 불린 말리 왕국은 사하라 사막에서 채취한 암염과 기니아 만근처에서 '당근처럼 난다'라고 할 정도로 많이 산출된 금을 교역함으로써 부를 쌓았다. 암염은 멀리 유럽까지 운반되어 금과 교환되었으므로 말리 왕국에는 금이 끝없이 유입되었다.

말리 왕국의 왕 **만사무사**는 수천 명의 수행인을 대동하고 메카로 성지 순례를 가던 도중에 맘루크 왕조의 수도인 카이로에서 엄청난 양의 황금을 사용하고 기부해서 카이로의 금 시세가 폭락하여 12년 동안이나 회복이 되지 않았다고 한다.

그리고 말린디와 잔지바르 등의 동아프리카 항구 마을에도 이슬람 상선이 내항하며 이슬람교가 전파되었다. 이때 토착어와 아라비아어가 융합되어 탄생한 스와힐리어가 지금도 쓰이고 있다.

세계에서 가장 오래된 지폐가
탄생한 송 왕조

 상업이 비약적으로 발전한 송, 원 왕조

이번에는 중국으로 이동해보자. 당나라가 멸망한 뒤 중국은 일시적인 분열 상태를 겪었지만, 이후 건국된 송과 원 왕조 시대에 상업이 비약적으로 발전했다. 중국 남부가 개발되고 양쯔 강의 하류 지역은 풍요로운 곡창지대가 되었다. 농업 생산력을 디딤돌 삼아 도시의 경제도 함께 발전했다.

 세계에서 가장 오래된 지폐 '교자'

송 왕조 전반기인 북송의 수도, **개봉**은 황하와 대운하의 교차점 부근에 위치하여 동서남북의 산물이 집중되는 거대 상업 도시였다. 당의 장안에서는 동시(東市)와 서시(西市)라는 시장에서만 장사를 할 수 있었고 사람들의 야간 외출이 금지되었지만, 개봉에는 곳곳에 상점이 들어섰고 심야에도 영업이 허용되었다. 그 무렵 유럽에서 형성된 길드처럼 상인과 수공업자들의 동업조합인 '행(行), 작(作)'이 조직되었다.

화폐경제도 한층 발달해서 동으로 만든 주화가 대량으로 주조되었다. 석탄을 분해 증류해서 만든 코크스(해탄이라고도 한다/역주)를 연료로 사용하여 더 강한 화력으로 동을 정련하고 동전을 주조할 수 있게 되었던 것도 동전 생산량의 증가에 일조했다.

당나라 때보다 동전이 많이 사용되었으나, 동전을 가지고 다니는 것은 힘든 일이었으므로 당나라의 '비전'과 같은 교자(交子)라는 목판으로 인쇄한 어음이 통용되었다. 송나라에서는 교자를 정부가 발행하여 정식 지폐로 유통했다.

이렇듯 민간 경제는 발전했지만 국가로서 북송 왕조는 거란족과 탕구트족

같은 북방 민족의 침입에 항상 노출되었으므로 군사비가 증대하여 재정난에 시달렸다. 게다가 북방의 거란족, 탕구트족의 나라에 매년 많은 양의 은이나 비단을 보내어 그들의 공격을 잠재우는 '평화를 돈으로 사는' 정책을 펼쳤으니 재정난은 점점 더 심화될 수밖에 없었다.

남송 왕조의 안정과 발전

북송은 북방 민족인 여진족의 공격을 받고 황제가 포로가 되어 멸망했다. 이후 북송의 황제의 친족이 남쪽으로 피신하여 왕조를 다시 세웠는데 이것이 남송이다.

여진족에 대한 남송의 입장은 북송의 거란족과 탕구트족에 대한 입장보다도 더욱 낮아졌고, 북송 시대에 거란족에게 보냈던 은과 비단의 2.5배나 되는 엄청난 은과 비단을 여진족에게 지불하며 '평화를 구입하게' 되었다.

평화를 사는 것은 경제적으로는 크나큰 손실이었지만 남송은 쌀 생산이 가능한 풍요로운 남쪽을 차지한 왕조였다. 중국은 '남부의 생산력으로 생산력이 낮은 북부 사람들까지 먹여 살리는' 경제 구조였으므로 남북이 분단되고 나서 절반인 '남쪽'만 차지한 것은 오히려 경제 면에서는 유리하다고 볼 수도 있다.

남송의 정치는 비교적 안정적이어서 다양한 문화가 꽃을 피웠다. 그리고 북송의 교자에 이어 '회자(會子)'라는 지폐가 유통되었다.

유럽에 전해진 3대 발명

북송, 남송을 통해서 상인들의 교역 활동이 활발해지자 아시아 각지의 물품들이 송으로 몰려들었다. 광주, 천주, 영파, 항주 등에는 무역을 관리하는 시박사가 설치되었고, 청자와 백자 같은 도자기, 차와 서화 등이 인기를 얻어 수출되었다.

또한 송대의 3대 발명으로 꼽히는 활자 인쇄, 나침반, 화약은 몽골의 동서 네트워크를 거쳐 유럽으로 전해졌고 유럽인들은 이 발명품을 실용적으로 개량했다. 이것을 '르네상스의 3대 발명'이라고 한다.

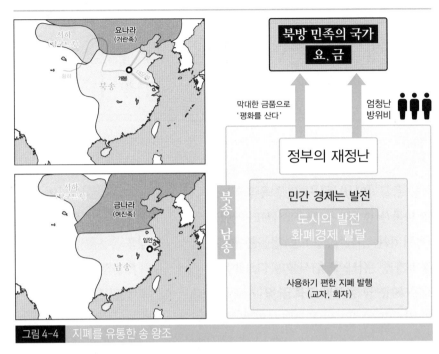

북방 민족의 국가
요, 금

막대한 금품으로
'평화를 산다'

엄청난
방위비

정부의 재정난

민간 경제는 발전

도시의 발전
화폐경제 발달

사용하기 편한 지폐 발행
(교자, 회자)

북송
남송

요나라
(거란족)

서하
(탕구트족)

북송

황하

개봉

서하
(탕구트족)

금나라
(여진족)

임안

남송

그림 4-4 　지폐를 유통한 송 왕조

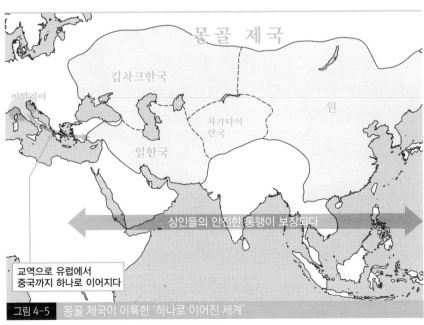

몽 골 제 국

킵차크한국

차가타이
한국

원

이탈리아

일한국

상인들의 안전한 통행이 보장되다

교역으로 유럽에서
중국까지 하나로 이어지다

그림 4-5 　몽골 제국이 이룩한 '하나로 이어진 세계'

세계를 연결한 칭기즈 칸의 후손들

몽골 제국과 원 왕조

몽골 고원에서 번성했던, 초원의 '푸른 늑대'의 화신으로 불린 **칭기즈 칸**과 그 일족은 순식간에 중동에서부터 한반도에 이르는 대제국을 세웠다. 중국의 금 왕조와 남송 왕조도 몽골에 흡수되었다. 칭기즈 칸의 후손들은 자신들의 정복지를 중심으로 러시아의 킵차크한국, 서아시아의 일한국, 중앙아시아의 차가타이한국 등의 나라를 세웠다. 중국 일대는 칭기즈 칸의 자손인 **쿠빌라이**가 건국한 원 왕조의 통치를 받았다. 이 네 나라는 '국가'로서 분리되어 있었지만 칭기즈 칸의 아들과 손자들이 세운 나라였으므로, 서로 다투지 않고 몽골 제국의 일부분으로 느슨한 연합 관계를 유지했다.

동서의 상인이 오가는 몽골 제국

몽골 제국은 유라시아 대륙의 동서에 걸쳐 있는 대제국이므로 동서를 오가는 상인들에게는 무척 편리한 곳이었다. 일단 몽골 제국에 입국하기만 하면 지금의 터키에서부터 중국에 이르는 지역을 안전하게 통행할 수 있었기 때문이다. 몽골 제국의 네 나라는 길을 가다가 쉴 수 있는 휴게소, 숙박시설을 정비하여 교역을 하는 상인들에게 편의를 제공했다.

해상 교역도 활발해서 원나라는 항주와 천주에 하역한 각국의 산물들을 대운하를 거쳐 북경으로 운반하는 경로를 확립했다.

이러한 육해상 네트워크를 활용하여 수많은 사람들이 유라시아 대륙을 오갔다. 이슬람 상인(무슬림 상인)뿐만 아니라 유럽인 상인과 선교사들도 왕래했다. 원나라를 비롯한 몽골 제국의 이러한 모습은 베네치아 출신의 상인 **마르코**

폴로의 『세계의 서술(*Divisament dou Monde*)』(동방견문록)과 모로코에서 태어난 이슬람교도인 **이븐 바투타**의 『이븐 바투타 여행기(*Rihlatu Ibn Batūtah*)』에서 상세하게 표현되었다.

뿐만 아니라 유럽인 상인, 특히 이탈리아 북부의 상인들에게 몽골 제국은 '지중해의 맞은편'까지 가까워진 존재였다. 그들은 몽골 제국의 네트워크를 통해서 운반된 중국이나 인도, 페르시아의 물품을 쉽게 입수할 수 있었을 것이다. 이탈리아 상인들은 이런 상품을 열심히 팔아서 부를 축적했다. 이탈리아 북부에서 가장 먼저 르네상스 시대가 꽃을 피울 수 있었던 데에는 이런 점도 작용했을 것이다.

인플레이션을 초래한 원의 지폐 '교초'

원나라도 북송의 교자, 남송의 회자와 같은 교초(交鈔)라는 지폐를 사용했다. 송나라 시대의 교자와 회자는 어디까지나 동으로 만든 동전 대신으로 쓰였고, 동전과 교환할 수 있는 태환지폐(정부나 발권 은행이 금속으로서 가치를 지닌 정화[正貨]로 바꾸어주는 지폐)로 사용된 데에 비해서 원나라는 새로운 동전을 거의 발행하지 않았으므로 원의 교초는 실제로는 동전과 교환할 수 없는 불환지폐(금속으로서 가치를 지닌 화폐와 교환할 수 없는 지폐)였다. 즉 원나라의 신용을 믿고 유통하는 지폐라고 할 수 있었다.

지폐는 가볍고 인쇄하기만 하면 가치가 생기는 편리한 것이지만, 쉽게 위조할 수 있고 지폐를 과다 발행하면 가치가 떨어져서 인플레이션을 초래하는 결점이 있다.

교초에는 액면에 '위조범은 사형에 처한다'라고 적혀 있었으며 실제로도 엄벌에 처했지만, 그래도 교초를 위조하는 사람이 끊이지 않았다. 또한 원 왕조의 황제들과 그 일족 및 신하들이 티베트 불교를 맹신하면서 티베트 불교 양식의 호화로운 사찰을 건립하고 장식하는 비용을 조달하기 위해서 교초를 마구 찍어냈기 때문에 심각한 인플레이션이 발생했다. 결국 경제가 혼란에 빠지고 민중은 생활고에 시달렸다. 그 점이 원의 멸망을 재촉한 원인 중의 하나로 꼽힌다.

일본의 최대 수입품은 동전이었다

국교는 없지만 활발한 교류

송나라와 원나라의 경제 발전은 바다 너머 일본에도 큰 영향을 끼쳤다. 일본과 송나라 사이에 정식 국교는 없지만 민간은 활발하게 교역을 했다. 특히 헤이안 시대 말기에 권력을 쥐었던 **다이라노 기요모리**는 일본과 송의 무역에 적극적이었다고 한다.

일본에서는 금과 진주, 수은, 유황, 도검, 부채 등이 수출되었는데 송으로부터 가장 많이 수입한 물건은 바로 '동전'이었다. 헤이안 시대 중기의 일본에서는 화폐가 주조되지 않아 '현물경제'로 돌아간 상태였으나, 헤이안 시대 말부터 송과의 무역이 활성화되자 상인들은 화폐를 수입하여 그대로 일본 내에서 유통시켰다. 가마쿠라 시대에는 공식적으로 송의 화폐 사용이 인정되어 본래 쌀로 납부하던 세금도 화폐로 납부할 수 있게 되었다(송의 화폐는 일본뿐 아니라 동남아시아, 이란, 아프리카에서도 유통되었다. 송에서 지폐가 발행된 배경에는 주변 국가들이 무역으로 송나라의 화폐를 사들여서 정작 자국에서 유통되는 동전이 부족해졌던 것도 한몫했다).

원과 일본과의 관계는 원구(원나라 군이 일본을 공격한 일을 가리킨다/역주)나 몽고 침략이라는 말로 알 수 있듯이 긴장감을 유지했지만, 일본을 침공한 쿠빌라이도 민간인들의 무역은 용인했다. 무역이 활발하게 이루어진 덕분에 일본도 원의 유라시아 네트워크의 끝단에 연결될 수 있었다.

가마쿠라 막부의 지도자급 무사들은 몽골 제국의 습격을 막기 위해서 지속적으로 방위 비용을 들여야 했고 종국에는 빚더미에 앉기도 했다. 이것은 가마쿠라 막부의 기반을 뒤흔든 경제적인 요인으로 작용했다.

제 5 장

세계를 누비는 은

대항해 시대와 명 왕조
(15-16세기)

제5장 대항해 시대와 명 왕조 큰 줄기

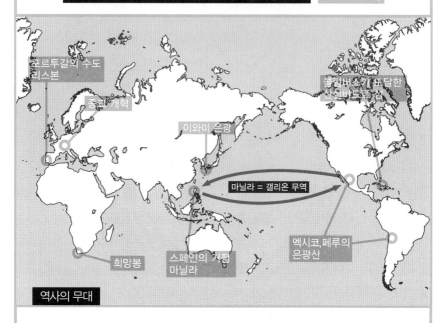

포르투갈의 수도
리스본

종교 개혁

이와미 은광

콜럼버스가 도달한
산살바도르 섬

마닐라 = 갤리온 무역

희망봉

스페인의 거점
마닐라

멕시코,페루의
은광산

역사의 무대

세계가 크게 변화한
은의 시대

　이 장에서는 대항해 시대를 거쳐 세계가 하나로 이어지는 모습을 살펴본다. 스페인과 포르투갈이 세계 각지를 연결하자 신대륙의 은이 전 세계로 퍼진다. 은이 세계를 누비면서 여러 나라들의 사회 구조가 변했다. 그리고 종교 개혁과 르네상스 등 유럽의 종교와 문화에 일어난 변혁으로 인해서 경제구조도 달라졌다. 이와미 은광을 중심으로 한 은의 거대 산지인 일본도 세계에 '은의 섬'으로 알려지면서 은의 시대에 가세했다.

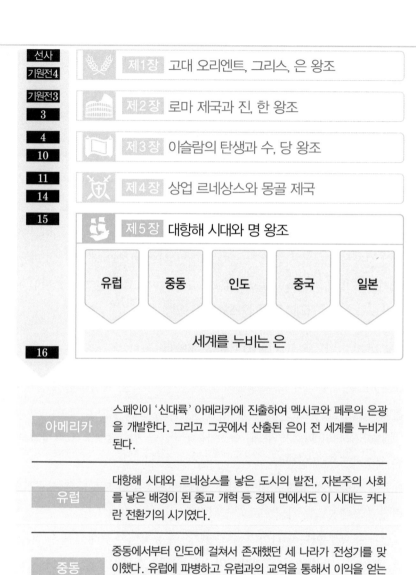

선사 기원전4	🌾 **제1장** 고대 오리엔트, 그리스, 은 왕조
기원전3 3	🏛 **제2장** 로마 제국과 진, 한 왕조
4 10	🏳 **제3장** 이슬람의 탄생과 수, 당 왕조
11 14	🛡 **제4장** 상업 르네상스와 몽골 제국
15	⛵ **제5장** 대항해 시대와 명 왕조

유럽	중동	인도	중국	일본

세계를 누비는 은

아메리카	스페인이 '신대륙' 아메리카에 진출하여 멕시코와 페루의 은광을 개발한다. 그리고 그곳에서 산출된 은이 전 세계를 누비게 된다.
유럽	대항해 시대와 르네상스를 낳은 도시의 발전, 자본주의 사회를 낳은 배경이 된 종교 개혁 등 경제 면에서도 이 시대는 커다란 전환기의 시기였다.
중동	중동에서부터 인도에 걸쳐서 존재했던 세 나라가 전성기를 맞이했다. 유럽에 파병하고 유럽과의 교역을 통해서 이익을 얻는 나라도 등장했다.
중국	명 왕조는 정화가 지휘하는 대선단을 파견하여 조공 무역을 시행함으로써 사상 최대의 경제권역을 이루었다. 훗날 은이 유입되면서 사회 구조가 변화를 맞았다.

제5장 【대항해 시대와 명 왕조】개요도

르네상스의
'후원자'가 된 대부호

 유럽에 일어난 세 가지 커다란 변화

중세라고 불린 시대가 끝나자, 유럽은 '근세'라고 불리는 단계로 접어들었다. 근세의 시작을 알리는 사건이 르네상스라는 문화의 변혁과 대항해 시대라는 유럽 국가들의 잇따른 해외 진출, 그리고 종교 개혁이라고 불린 기독교 혁신 운동 등이다.

 문화와 함께 자연과학과 사회과학도 발전하다

르네상스는 이탈리아 북부에서 시작되었는데, 수많은 예술가들의 후원자를 자처하며 자금을 제공한 것이 이탈리아 북부의 상인들이었다. 특히 로마 교황을 배출하기도 한 피렌체의 대부호 메디치 가문은 **미켈란젤로와 라파엘로** 등 많은 예술가들을 후원했다.

나중에 서술할 대항해 시대가 되자, 이탈리아 북부의 도시들은 경제적으로 쇠퇴했고 르네상스는 각국으로 확산되었다.

그림과 문학뿐 아니라 과학기술도 진보하여 중국에서 전해진 활자 인쇄, 나침반, 화약의 3대 발명이 '르네상스의 3대 개량'을 통해서 유럽에 보급되었다. 자연과학과 사회과학이 진보하여 경제를 과학적으로 고찰하는 사고방식이 생겨났고, 천문학자 **코페르니쿠스**가 저술한 『화폐론(*Monetae cudendae ratio*)』이라는 책에서는 돈에 관해 금속 자체의 가치와 화폐의 액면 가치 사이에 차이가 발생할 경우, 실질적인 가치가 더 낮은 쪽의 화폐가 유통되고 질 높은 금화와 은화 등은 비상시를 위해서 보관되면서 시중에는 유통되지 않는다는, 이른바 '악화가 양화를 구축(驅逐)한다'라고 쓰여 있다.

향신료를 찾아 아시아로 간 포르투갈

 ## 경제의 판을 뒤흔든 대항해 시대

르네상스, 대항해 시대, 종교 개혁 가운데 경제적인 측면에서 가장 큰 영향을 미친 것이 대항해 시대이다. 제4장에서 설명한 몽골 제국은 육상 교역으로 세계를 하나로 연결했는데, 대항해 시대의 유럽 국가들은 해상 교역을 통해서 세계를 급속도로 연결했다.

그때까지만 해도 바다라고 하면 지중해와 인도양만 떠올렸던 당시 유럽인들의 인식에 대서양과 태평양이라는 두 바다가 더해지면서 본격적으로 세계가 하나로 연결되기 시작했다.

 ## 향신료 수요의 증가

아시아의 풍요로운 부에 관한 관심, 특히 향신료에 관한 관심도 유럽인들을 바다로 뛰어들게 만든 요소였다. 중세 말기부터 육식을 하는 식단이 자리를 잡자 고기의 변질을 막고 누린내를 없애는 데에 사용되는 향신료의 수요가 증가한 것이다. 또 마르코 폴로의 『세계의 서술』이 일본을 황금의 섬, 지팡구(Zipangu)로 소개한 것도 아시아의 부에 대한 관심을 높였다.

본래 유럽인은 오아시스 길을 통해서 동지중해로 유입된 아시아의 상품을 이탈리아의 도시를 거쳐서 입수했다. 그러나 동지중해의 육로에서 영토 확장을 꾀하는 오스만 제국이 성장하면서 아시아를 오가는 길이 가로막히자, 아시아의 산물을 손에 넣기가 힘들어졌다. 뿐만 아니라 이탈리아 상인이 상품에 자신들의 이윤을 얹어서 가격을 올렸으므로 향신료는 대단히 고가의 상품이었다.

그래서 유럽 국가들은 아시아와 직접 교류할 수 있는 해로를 개척하기로 했다. 유럽 서쪽 끝부분에 위치한 포르투갈이 선봉장으로 나섰다. 별명이 '항해왕자'인 엔히크와 국왕 주앙 2세 등 왕족의 지원을 받아 수많은 탐험가들이 항로를 개척하러 나섰다. 아프리카 남단의 희망봉에 도달했던 바르톨로메우 디아스와 인도의 캘리컷에 도달하여 후추를 가지고 유럽으로 돌아온 바스코 다가마, 인도로 향하던 도중에 조난을 당해 표류 끝에 우연히 브라질에 도착하여 그곳을 포르투갈령으로 선언한 포르투갈의 카브랄 등 여러 항해가들이 이름을 남겼다.

'점과 선'을 연결한 포르투갈

바스코 다 가마의 항해보다 앞서서 스페인은 콜럼버스의 항해를 후원하여 '신대륙'에 도착했다(콜럼버스는 그곳을 인도라고 착각했다). 서쪽을 향한 스페인과 동쪽으로 가려고 한 포르투갈 사이에 조약이 체결되면서 스페인은 '신대륙', 포르투갈은 '아시아'로 서로의 세력 범위가 결정되었다. 그 때문에 아시아를 주요 영역으로 할당받게 된 포르투갈은 바스코 다 가마의 항해가 성공을 거두기를 고대했다.

포르투갈의 세력 범위가 된 아시아에는 이슬람교도들의 바다였던 인도양과 중국의 영향을 강하게 받는 동남아시아 국가들이 존재했다. 이슬람권과 중국 문화권에서 무슬림 상인과 중국 상인과 대항하면서 무역 거점을 만들어야 했으므로, 포르투갈은 함대를 보내서 항구의 마을을 점령하든가 거주권을 인정받도록 요청하는 수밖에 없었다. 인도의 고아, 말레이 반도의 말라카, 스리랑카는 군사적으로 점령했고, 중국의 마카오는 명 왕조로부터 주거권을 인정받았다.

본국인 포르투갈은 유럽에서도 인구가 적은 나라였으므로 대규모 군사행동으로 인구가 많은 아시아 국가들을 정복할 수는 없었다. 거점과 교역로를 유지하며 각각의 항구들을 연결하여 무역을 통한 이익을 얻는 것이 포르투갈의 무역 전략이었다. 포르투갈의 무역 전략은 '점과 선'이라고 할 수 있다.

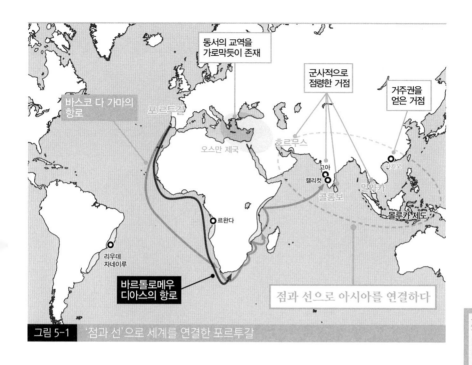

그림 5-1 '점과 선'으로 세계를 연결한 포르투갈

아시아를 연결한 포르투갈 상인

포르투갈의 수도 리스본에는 아시아에서 가져온 향신료와 비단이 쌓였고 한 때는 세계 상업의 중심 도시가 되었다. 아시아의 산물을 포르투갈로 가지고 돌아오는 원거리 무역뿐 아니라 마카오에서 사들인 중국산 비단을 포르투갈 인이 말라카와 인도로 가져가서 판매하는 등 **포르투갈인은 아시아의 거점들을 연결하는 무역도 수행했다.** 일본에 조총(철포)을 전했다고 알려진 인물은 이런 아시아 무역에 종사하던 포르투갈인이 중국의 배를 타고 표류하다가 일본에 도달했을 것이라고 추정된다.

이후에 일본도 포르투갈의 교역로로 편성되어 나가사키 현의 히라도와 나가 사키에 상인들이 묵는 상관이 설치되었고, 일본 서쪽 지역의 다이묘들이 권장 한 남만무역(南蠻貿易)이 활성화되었다.

신대륙을 발견한 스페인의 도약

 대서양 항로를 개척한 스페인

한편 **콜럼버스**는 스페인의 대항해 시대의 선봉장으로 나섰다.

콜럼버스는 본래 이탈리아 북부 제노바 출신으로 스페인 사람이 아니었지만, 지구는 둥글며 서쪽으로 대서양을 가로지르면 아프리카를 돌아가지 않고도 더 빨리 인도에 도달할 수 있다는 그의 주장이 스페인 왕실에서 받아들여져 스페인의 지원을 받게 되었다.

당시 이미 포르투갈은 바르톨로메우 디아스가 희망봉에 도달했기 때문에 스페인은 포르투갈과의 경쟁에서 승리하기 위해서 콜럼버스에게 도전할 기회를

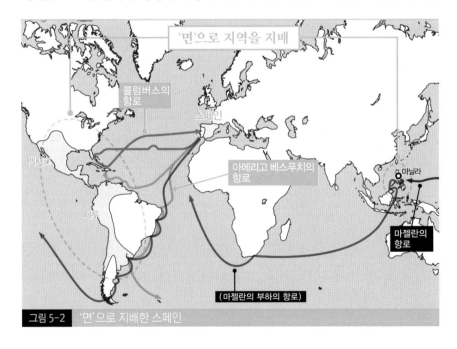

그림 5-2   '면'으로 지배한 스페인

준 것이기도 했다. 콜럼버스는 두 달이 넘는 항해 끝에 '신대륙'에 도달하여 그 땅을 '인도'라고 주장했다(그 뒤에도 콜럼버스는 신대륙을 향해 4번의 항해를 했지만 인도에 도달했다는 확증은 발견되지 않았다). 그러나 이탈리아의 항해자 **아메리고 베스푸치**가 남아메리카를 조사하다가 그 땅이 인도가 아니라 실은 신대륙임을 입증했다. 사람들은 '아메리고'의 공적을 기념하기 위해서 신대륙을 그의 이름을 따서 '아메리카'라고 부르게 되었다.

이어서 스페인 왕실은 세계 일주의 항로 개척에도 도전했다. 이때 선택된 사람이 포르투갈 출신의 항해자 **마젤란**이다. 마젤란 일행은 서쪽 항로를 택해 태평양을 건너서 필리핀에 도달했지만, 필리핀의 한 섬의 왕과 싸우다가 전사하고 말았다. 그러나 남은 부하들이 유럽으로 귀환했기 때문에 세계 일주를 '완성했다'는 영예는 마젤란에게 돌아갔다.

 지구를 제멋대로 '분할한' 조약

포르투갈 왕실과 스페인 왕실은 서로 친척이었으며 왕실 자체의 관계는 나쁘지 않았지만 대항해 시대의 항로 개척 문제를 두고는 치열하게 경쟁했다. 그러다가 두 나라는 자신들이 발견한 토지에서 분쟁이 일어나지 않도록 세력 범위를 정하게 되었다. 콜럼버스의 항해로 서쪽에 육지가 있다는 것을 알게 되자, 두 나라는 토르데시야스 조약이라는 세력 범위를 정하는 조약을 체결했다. 이 조약에 따르면 현재 리우데자이네루 부근에 동서로 지구를 나누는 선을 긋고 그 선을 기준으로 서쪽이 스페인의 세력권, 동쪽이 포르투갈의 세력권으로 나뉜다.

이후 마젤란 일행이 지구가 구체임을 확인하자 또 하나의 선을 지구에 그어야 할 필요가 생겼다. 그것이 아시아에서의 세력권을 정한 사라고사 조약이다. 이 조약의 내용을 살펴보면 세력권을 표시하는 선은 일본을 지나며 일본을 갈라놓고 있다. 포르투갈과 스페인 양국이 '제멋대로' 세력권을 정했음을 알 수 있다.

그 결과 포르투갈과 스페인, 양국의 세력 범위가 확정되었다.

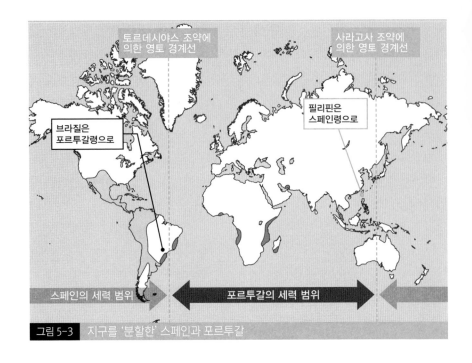

토르데시야스 조약에
의한 영토 경계선

사라고사 조약에
의한 영토 경계선

필리핀은
스페인령으로

브라질은
포르투갈령으로

스페인의 세력 범위   포르투갈의 세력 범위

그림 5-3   지구를 '분할한' 스페인과 포르투갈

포르투갈은 아시아와 브라질을 세력권으로 하고, 스페인은 '신대륙'과 포르투갈
이 스페인의 영유권을 추가로 인정한 필리핀을 세력권으로 삼았다.

 신대륙을 '면'으로 지배한 스페인

포르투갈은 '점과 선'으로 지배하는 전략을 펼쳤지만, **스페인의 해외 진출 전
략은 신대륙을 '면'으로 지배하는 것**이었다. 스페인은 신대륙에 '콘키스타도르
(conquistador)'라고 불린 정복자들을 이끌고 와서 영토를 정복한 뒤에 그 땅을
경영해서 이익을 얻었다. 콘키스타도르였던 **코르테스**는 아스테카 왕국을, **피
사로**는 잉카 제국을 멸망시켰다.

이렇게 해서 손에 넣은 정복지를 스페인은 엥코미엔다(encomienda)라는 제도
로 통치했다. 정복자들에게 원주민을 할당하여 지배하게 하고, 그 노동력을
부릴 수 있게 하는 대신에 원주민을 보호하고 그들을 기독교로 개종시킬 의무
를 부여한 제도였다.

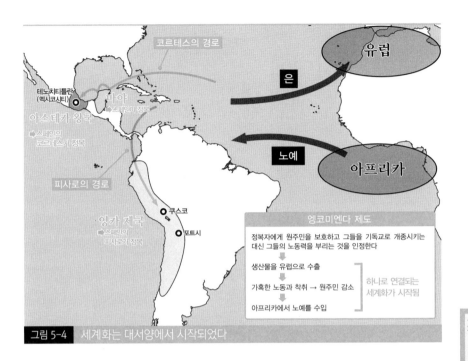

그림 5-4 세계화는 대서양에서 시작되었다

코르테스의 경로

테노치티틀란 (멕시코시티)

아스테카 왕국

스페인의
코르테스가 정복

마야
스페인이 정복

은

유럽

노예

아프리카

피사로의 경로

잉카 제국
스페인의
피사로가 정복

쿠스코

포토시

엥코미엔다 제도

정복자에게 원주민을 보호하고 그들을 기독교로 개종시키는
대신 그들의 노동력을 부리는 것을 인정한다

⬇

생산물을 유럽으로 수출

⬇

가혹한 노동과 착취 → 원주민 감소

⬇

아프리카에서 노예를 수입

} 하나로 연결되는
세계화가 시작됨

말로는 원주민을 보호한다고 했지만 정복자들은 가혹한 방식으로 그들을
지배했다. 광산에서 강제노동을 시키고 사탕수수 농장에서 혹사시켰다. 또한
유럽에서 전파된 감염병에 걸려서 많은 원주민들이 목숨을 잃었다. 원주민 중
10명에 9명은 죽었다는 기록이 남아 있을 정도였다.

원주민이 감소하자, 그 부족한 인력을 메우기 위해서 아프리카로부터 많은 노
예들이 끌려오게 되었고 유럽과 아메리카 대륙, 아프리카 대륙이 연결되어 하나의
경제권을 형성했다.

스페인 사람들은 특히 은광을 적극적으로 운영했다. 볼리비아의 포토시와
멕시코에서 대규모 은광이 발견되었다.

은화가 화폐의 중심이었던 유럽인들에게 대규모 은광이 발견된 신대륙은
그야말로 '돈이 지천에 깔린' 땅으로 보였을 것이다. 또한 사탕수수 대농원도
경영함으로써 스페인의 해외 진출은 무역뿐 아니라 경영이라는 요소도 포함된
자본주의적인 성격을 띠게 되었다.

대항해 시대에
변화하는 생활상

🚢 상업의 중심이 대서양 연안으로 옮겨가다

포르투갈과 스페인이 해외로 진출함에 따라 아시아의 향신료와 비단, 아메리카의 은과 설탕이 유럽에 유입되자, 유럽 사람들의 관심은 대서양 연안으로 쏠렸다. 기존의 해상 무역의 중심이었던 이탈리아 연안의 도시들은 대서양 무역에 가세하려면 지브롤터 해협을 통과해야 하는 '추가적인 노력'이 필요했으므로 아무래도 경쟁에 불리했기 때문이다.

이렇듯 지중해에서 대서양으로 상업의 중심이 이동하는 것을 '상업 혁명'이

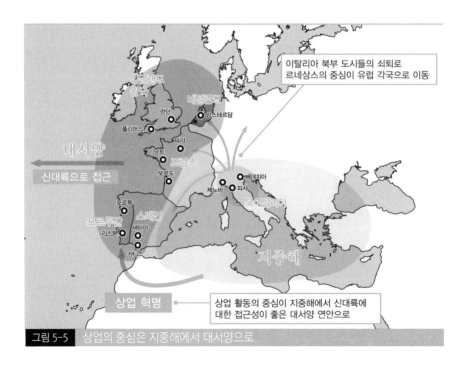

이탈리아 북부 도시들의 쇠퇴로
르네상스의 중심이 유럽 각국으로 이동

상업 활동의 중심이 지중해에서 신대륙에
대한 접근성이 좋은 대서양 연안으로

그림 5-5 상업의 중심은 지중해에서 대서양으로

라고 한다. 이 상업 혁명으로 영국과 프랑스, 네덜란드 등 대서양 연안에 있는 국가들이 혜택을 입게 된다.

대항해 시대가 바꾼 새로운 생활양식

뿐만 아니라 대항해 시대로 얻게 된 신대륙의 생산물은 사람들의 생활과 음식문화를 바꾸는 '생활 혁명'을 불러일으켰다. 멕시코에서 재배되던 옥수수는 세계적으로 주요한 식량이자 가축의 사료가 되었다(지금도 세계 사료의 절반은 옥수수가 원료이다). 토마토는 스페인과 이탈리아 요리에 빼놓을 수 없는 재료가 되었고, 안데스 고지가 원산지인 감자는 낮은 기온에 메마른 토양에서도 재배가 가능했기 때문에 동유럽과 아일랜드인들이 즐겨 먹었다. 그리고 고추는 동남아시아와 한반도, 중국의 쓰촨 지방에서 널리 쓰이는 향신료가 되었다. 카리브 해 주변의 풍토병으로 추정되는 매독은 콜럼버스 일행이 유럽으로 옮겨온 것으로 전해진다.

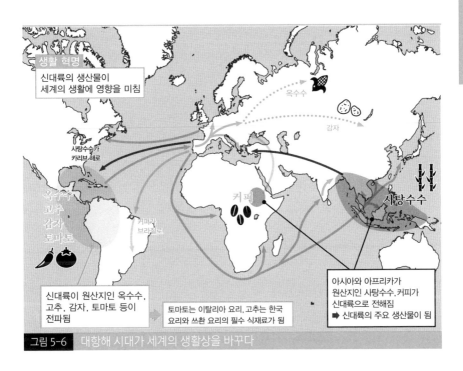

생활 혁명
신대륙의 생산물이
세계의 생활에 영향을 미침

옥수수

감자

사탕수수가
카리브 해로

옥수수
고추
감자
토마토

커피

커피가
브라질로

사탕수수

신대륙이 원산지인 옥수수,
고추, 감자, 토마토 등이
전파됨

토마토는 이탈리아 요리, 고추는 한국
요리와 쓰촨 요리의 필수 식재료가 됨

아시아와 아프리카가
원산지인 사탕수수, 커피가
신대륙으로 전해짐
➡ 신대륙의 주요 생산물이 됨

그림 5-6 대항해 시대가 세계의 생활상을 바꾸다

경제도 변화시킨
종교 개혁

 종교 개혁의 경제적 배경

르네상스, 대항해 시대와 더불어 유럽 사회에 불어닥친 엄청난 변화의 바람이 있다. 바로 **종교 개혁**이다. 독일의 마르틴 루터와 스위스의 칼뱅이 주도한 교회 개혁운동이 벌어지자, 기독교 세계는 가톨릭과 프로테스탄트라는 종파로 갈라지는 엄청난 변혁을 겪었다. 이 같은 종교 개혁이 일어난 배경에는 경제가 깊이 관여되어 있다.

 가톨릭 교회가 면벌부를 판매한 이유

마르틴 루터는 가톨릭 교회의 존재 방식에 이의를 제기하고 독일에서 본격적인 종교 개혁을 일으킨 사람이다. 그는 가톨릭 교회가 판매하던 면벌부를 두고 가톨릭을 강하게 비판하기 시작했다.

면벌부는 '로마 교황 **레오 10세**가 로마에 성 베드로 대성당을 건립할 자금을 모으기 위해서 판매했다'고 한다. 그리고 아우크스부르크의 대부호인 푸거 가문이 그 상황을 부채질했다. 푸거 가문은 독일의 마인츠라는 도시의 대주교에게 엄청난 돈을 빌려주었다.

로마 교황이 임명하는 대주교는, 가톨릭 교회에서 지위가 높은 성직자로 강력한 종교적 권위와 귀족처럼 호화로운 생활이 보장되는 자리였다. 마인츠 대주교는 그 지위를 얻기 위해서 푸거 가문에 자금을 빌렸다. 교황 레오 10세는 그 점을 눈여겨보았다가 '빌린 돈을 갚으려면 수입이 있어야만 했던' 마인츠 대주교에게 면벌부를 판매하게 했다(당시 독일은 여러 소국들로 나뉘어 있었고 영주의 힘도 강하지 않았으므로, 가톨릭 교회가 영내에서 '장사'를 해도 엄격하게 제한하지 않았다).

'죄를 지어도 돈을 내면 영혼을 구제받을 수 있다'는 면벌부는 죄를 용서받기를 원하는 신자들에게 날개 돋친 듯이 팔려나갔고 대주교와 교황은 큰 이익을 얻었다.

이 같은 면벌부 판매에 의문을 느끼며 '순수한 신앙으로만 인간은 죄를 사함을 받는다'라고 제창한 사람이 루터였다.

자본주의의 정신적 배경이 된 종교 개혁

가톨릭을 비판하는 운동을 전개한 또다른 사람이 칼뱅이다. 칼뱅은 스위스에서 종교 개혁 운동을 펼쳤는데, 그는 돈을 모을 수 있고, 이자를 받으면서 다른 사람에게 돈을 빌려줄 수도 있다고 주장했다.

유대교와 기독교의 교리가 담긴 「구약성서」에는 '외국인에게는 이자를 받아도 되지만 동포에게는 이자를 받으면 안 된다'고 나와 있었다. 그 율법에 따라서 가톨릭 교회는 이자를 받는 행위를 금지했다(한편 유대교도는 기독교도의 동포가 아니라는 해석에 따라서 '유대 상인들'은 높은 이자로 고리대금업을 할 수 있었다). 그때까지 이자를 받았던 기독교도의 금융업도 '환전 수수료'나 '상환이 늦은 것에 대한 벌금'이라는 명목을 들어 이자임을 숨기며 운영했다.

칼뱅은 그런 생각에 대해 '신의 가르침에 따라 신에게서 부여받은 일을 근면하게 실행한 결과로 (성실하게 일한 결과로) 돈이 모이는 것은 좋은 일', '부를 부자의 것으로만 삼지 않고 가난한 자를 돕기 위해서 빌려주는 것은 좋은 일'이라고 제창했다. 또한 돈으로 서로 돕는 행위를 촉진하고 전체의 복지를 향상하기 위해서 이자를 허용해야 한다고 주장했다.

이 생각은 돈을 벌고 싶어하는 시민계급, 특히 상공업자와 금융업자들에게 환영을 받으면서 널리 퍼져나갔다. 뒷날 독일의 사회학자 막스 베버는 칼뱅의 생각이 상공업과 금융업이 발달하는 바탕이 되었으며, 자본주의 사회의 초석이 되었다고 논했다.

번영을 구가한 아시아의 세 왕조

 오스만 제국, 사파비 왕조, 무굴 제국

　중동에서 이란, 인도 방면으로 눈을 돌리면 오스만 제국, 사파비 왕조, 무굴 제국이라는 세 개의 거대한 이슬람 왕조가 성립되어 최전성기를 맞이하는 모습을 볼 수 있다. 오스만 제국은 강대한 군사력으로 때때로 유럽에 군대를 보냈다. 사파비 왕조는 유럽 국가들과 외교, 통상 관계를 맺으면서 번영했다. 무굴 제국은 이슬람교도와 힌두교도의 융화를 꾀하기 위해서 세제를 공평하게 개혁했다. 그러나 훗날 세 나라는 모두 유럽 국가들의 압박을 받게 된다.

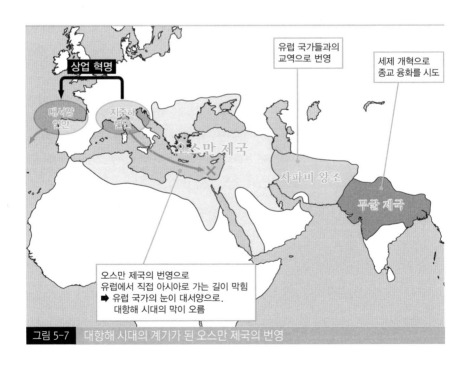

그림 5-7　대항해 시대의 계기가 된 오스만 제국의 번영

대항해 시대보다 앞선
명의 '대항해'

 정화의 남해 원정

몽골 제국의 한 부분이었던 원이 멸망하자, 새롭게 명 왕조가 일어났다. 실은 명 왕조에도 유럽의 '대항해 시대'와 비견할 수 있는 '대항해' 시대가 있었다. 바로 명 초기에 있었던 '정화의 대원정'이다. 명 왕조는 **정화**라는 인물에게 대선단을 이끌고, 동남아시아에서부터 인도, 멀리 아프리카 동부 해안까지 원정을 나가게 했다.

정화의 선단은 길이 120미터나 되는 거대한 배 62척에, 승조원은 2만8,000명에 달하는 엄청난 규모였다. 콜럼버스가 항해에 이용한 배의 길이가 30미터가 채 되지 않았고 3척의 배에 선원은 90명이었음을 감안하면, 정화의 항해가 얼마나 장대했는지 짐작할 수 있다.

다만 항해 규모는 컸지만 명의 항해는 기존의 인도양 항로를 이용하여 명의 권위를 과시하기 위한 성격이 강했으므로 유럽 국가들이 지리적 발견과 그에 따른 이익을 얻은 것과 비교하면 후세에 전하는 명의 '대항해'의 영향은 미미했다고 할수 있다.

 해금정책과 조공 무역

'정화의 대항해'가 이루어진 배경으로는 원나라 말기의 혼란스러웠던 시기 이후 해상의 치안이 불안정해지고 왜구라고 불린 해적 집단이 등장한 것을 들수 있다. 명은 치안을 유지하기 위해서 민간인의 해외 무역을 금하고 국가 간 공물을 주고받는(조공 무역) 것으로 무역체제를 일원화했다. 정화는 이 조공무역을 성공시키기 위해서 각국에 원정을 나간 것이었다.

조공 무역은 주변국이 명과 예속관계를 맺고 명에게 조공을 바치는 형식으로 물품을 수출하는 무역이었다.

주변국은 명 왕조의 신하로서 행동해야 했지만 명은 종주국의 위치에서 '공물'보다 더 많은 '하사품'을 돌려주어야 했다. 조공 무역은 명에게는 주변국가들에 이익을 제공하는 대신에 안전을 보장받을 수 있고, 주변국가들에게는 막대한 '하사품', 즉 수입품을 얻을 수 있다는 서로 이점이 있는 제도였다.

지리적 조건으로 번영한 말라카

정화의 원정으로 동남아시아의 여러 국가들이 명에게 조공을 바치게 되었다. 특히 말레이 반도의 말라카 왕국은 중국과의 조공 무역을 적극적으로 시행했으며 동남아시아와 인도의 여러 나라들과의 중계무역으로 풍요로움을 누렸다. 그러나 말라카 왕국은 포르투갈에 점령당했고, 그후에는 이곳의 '지리적 이점'을 눈여겨본 네덜란드와 영국의 거점이 되었다.

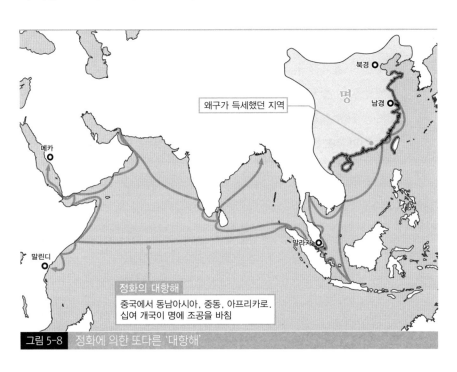

북경

명

남경

왜구가 득세했던 지역

메카

말린디

말라카

정화의 대항해
중국에서 동남아시아, 중동, 아프리카로.
십여 개국이 명에 조공을 바침

그림 5-8 정화에 의한 또다른 '대항해'

가마쿠라, 무로마치와 화폐경제의 발전

 '돈의 사회'가 된 일본

가마쿠라 시대 후기의 일본에서는 무사와 서민에게도 화폐경제가 침투하면서 곳곳에서 정기적으로 시장이 열리고 고금리로 돈을 빌려주는 업자도 속속 등장했다. 또한 각 지방에서 특산물이 생산되어 행상인이 그 특산물을 유통시켰다.

무로마치 시대가 되자 화폐경제화가 더욱 진행되어 세금을 화폐로 징수하는 경우가 늘어났다. 농민이 영주에게 납부하는 연공(年貢)도 돈으로 환산하여 화폐로 납부하는 것이 일반적이었다. 그리고 화폐 수요가 증가하는 가운데 만성적인 화폐 부족 현상이 발생했다.

 대명 무역을 한 아시카가 요시미쓰

일본도 명나라의 조공 무역체제에 가세했다. 무로마치 막부의 3대 쇼군인 **아시카가 요시미쓰**는 조공 무역으로 이익을 얻기 위해서 명과 국교를 맺고 일본왕국으로서의 칭호를 받았다. 막부는 조공 무역으로 명으로부터 '영락통보(永樂通寶)' 등 동으로 만든 주화를 수입하여 유통시켰다.

그러나 화폐 부족 문제는 좀처럼 해결되지 않았다. 급기야 민간이 주조한 사주전(私鑄錢)이라는 위조 화폐까지 횡행했다. 사주전은 동전을 모래나 점토에 찍어서 틀을 만들고 거기에 동을 부어서 주조한 것이었다. 내용을 알 수 없을 정도로 조악한 동전이 주조되는 바람에 제대로 유통이 되지 않을 때도 있었다.

오닌의 난(센고쿠 시대를 연 내란/역주)으로 인해서 막부의 힘이 약해지자 봉건 영주화된 다이묘들이 일본과 명나라의 무역을 맡게 되었다. 그러나 그들도

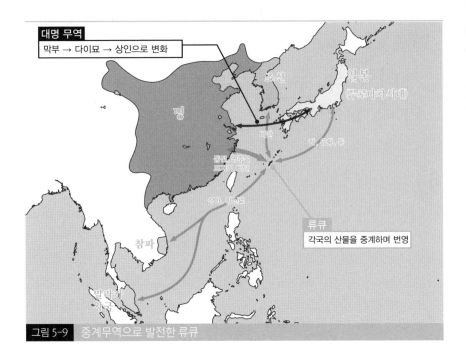

대명 무역

막부 → 다이묘 → 상인으로 변화

류큐

각국의 산물을 중계하며 번영

그림 5-9 중계무역으로 발전한 류큐

쇠약해지고 멸망한 뒤에는 민간 상인들에 의한 무역과 밀수가 주류가 되었다.

또한 센고쿠 시대에 포르투갈과 스페인 선단이 내항하자, 일본 서쪽 지역의 다이묘들을 중심으로 남만무역이 활성화되었다. 센고쿠 다이묘가 남만무역으로 수입한 조총을 일본에서도 생산하게 되었고, 센고쿠 시대 후기에는 조총이 승패를 결정하는 강력한 무기가 되었다.

아시아 교역의 허브가 된 류큐 왕국

일본에서는 무로마치 막부 중기에 류큐가 통일되어 이른바 '류큐 왕국'이 성립되었다. 류큐는 생산물은 적었지만 일본, 조선, 명, 동남아시아의 모든 나라들을 접할 수 있는 동아시아의 교역의 중심지로서 중계무역으로 번영을 누렸다.

류큐의 왕은 명 왕조에게 칭호를 받고 명과의 조공 무역도 활발하게 수행했다. 류큐가 명에게 조공 사절단을 보낸 횟수는 150회 이상이라고 하니 일본의 19회, 말라카 왕국의 23회와 비교하면 류큐 왕국이 명과의 조공 관계를 이용하여 번영했음을 잘 알 수 있다.

크게 달라진
'돈'과 '상품'의 관계

 은이 세계를 누볐던 시대

대항해 시대를 거쳐 스페인이 지배하는 볼리비아와 멕시코에서 채굴된 대량의 은이 유럽으로 유입되자, 세계 경제는 은을 중심으로 돌아갔다. 대항해 시대 이후의 '은이 세계를 누볐던 시대'를 살펴보자.

 화폐의 표준이 된 멕시코 달러

스페인이 지배한 중남미에서 은광산이 잇달아 발견되었다. 스페인은 그때까지 스페인이 발행했던 화폐보다 중량이 8배나 더 무거운 '멕시코 달러'라고 불리는 커다란 은화를 주조해서, 이것을 가지고 유럽으로 돌아갔다. 멕시코 달러는 신대륙과 아시아에서도 유통되었고, 국제무역의 결제 수단으로 오랫동안 사용되었다. 멕시코 달러의 중량인 약 27그램은 훗날 미국의 1달러 은화, 일본 메이지 시대의 1엔 은화와 같은 무게이다. 즉 훗날 화폐의 '표준'이 된 것이다.

그때까지 사람들이 알고 있던 것보다 몇 배나 무거운 은이 유럽으로 흘러들어오자 상품과 은의 가격 관계가 크게 변했다. 은이 더욱 '흔한' 존재가 되면서 상품의 가격이 상대적으로 상승한 것이다. 유럽에서는 물가가 급속히 상승하는 인플레이션이 발생하여 물가가 2~3배나 올랐다고 한다. 이것이 가격 혁명이라고 불리는 사건이다.

대항해 시대의 사회적, 경제적인 영향 가운데 이미 상업 혁명과 생활 혁명에 관해서 설명했는데, 이 가격 혁명은 앞의 두 혁명을 무색하게 할 정도로 엄청난 변화를 유럽에 초래했다.

달라진
지배자들의 '위상'

 영주와 농노의 관계 변화

가격 혁명으로 인해서 사회가 어떻게 변했는지 구체적인 예를 들어보자.

서유럽에서는 은화가 넘쳐나 가격 혁명이 일어났다. 그때까지 영주에게 지배당했던 농노들도 잉여 생산물을 시장에 내다팔면 많은 화폐를 손에 넣을 수 있게 되었다.

영주들은 항상 그래왔듯이 화폐로 세금을 거두었다. 그런데 인플레이션이 발생하면, 올해에 '이봐, 은화 다섯 개를 내놔!'라고 하며 세금으로 거둔 액수와 10년 뒤에 '이봐, 은화 다섯 개를 내놔!'라고 했을 때의 액수의 가치가 크게 달라지는 법이다.

영주는 매년 같은 금액으로 과세를 했지만 농노는 해가 갈수록 여유롭게 세금을 낼 수 있게 되었다. 영주는 그것이 '대항해 시대에 의한 인플레이션' 때문임은 꿈에도 몰랐다. 손에 쥔 세액은 그대로인데 막상 실제로 살 수 있는 물건이 줄어들면서 그들은 서서히 궁핍해졌다.

 영주들이 몰락하고 왕이 실권을 쥐다

이렇게 농노와 영주의 관계가 무너졌고 왕을 제쳐버릴 정도로 강력한 힘을 휘둘렀던 영주는 몰락했다. 이제 그들은 완전히 왕의 권위에 굴복하게 되었다. 중앙집권화가 점점 더 진행되면서 '절대'적인 왕권이 통치하는 국가가 탄생했다. 이렇게 화폐의 유통량과 가치의 관계는 때때로 지배자와 피지배자의 관계를 변화시킨다. 경제학이 발달한 지금도 인플레이션, 디플레이션을 통제하는 것은 매우 어려운 일이며, 정권을 쥔 사람들의 골칫거리이다.

은을 원하는 동유럽의 움직임

 곡물을 팔기 위해 농노제를 강화

서유럽에서는 은이 유입되면서 농노제가 무너졌지만, 동유럽에서는 오히려 농노제가 강화되었다. 완전히 반대 현상이 일어난 것이다. 동유럽이 보기에는 신대륙에서 은이 흘러들어 활발한 경제활동이 이루어지는 대서양 연안의 서유럽은 화폐가 '무한정 솟아나는' 경제 선진국으로 보였을 것이다. 어떻게든 떡고물이라도 얻어서 은화를 많이 소유하려고 했다.

그래서 동유럽의 영주들은 서유럽으로 곡물을 수출해서 돈을 벌고자 곡물을 더 많이 생산하기 위해서 농노제를 강화하고 엄격하게 관리했다. 서유럽 측도 경제발전으로 인해서 인구가 증가하여 곡물에 대한 수요가 늘었으므로 적극적으로 곡물을 수입했다.

서유럽은 상공업에 힘을 쏟고 동유럽은 식량 증산에 힘을 쏟는 유럽의 동서 분업체제가 형성되었다. 이로써 훗날 유럽의 경제 구도가 만들어졌다.

제5장 세계를 누비는 은

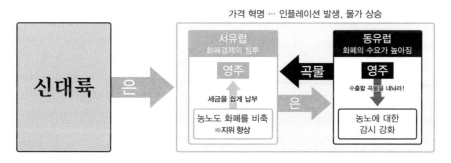

가격 혁명 … 인플레이션 발생, 물가 상승

그림 5-10 유럽을 변화시킨 가격 혁명

마닐라를 '연결 고리'로 이어진 세계

 아시아의 상품과 은을 운반한 갤리언 선

　시야를 확대해서 은의 흐름을 전 세계적으로 살펴보자. 스페인은 멕시코와 볼리비아의 은을 유럽으로 유입시키는 한편, 멕시코의 아카풀코와 필리핀의 마닐라를 연결하는 항로를 열어서 태평양을 가로질러 필리핀에도 은을 유통시켰다. 이때 당시 최대급 선박이 갤리언 선이었으므로, 이 무역을 마닐라 갤리언 무역이라고도 한다.

　마닐라에 유입된 은은 동남아시아의 향신료와 중국의 명주실이나 도자기, 인도산 무명(면포) 등을 살 때에 쓰였고, 반대 경로를 따라 멕시코로 운반되어

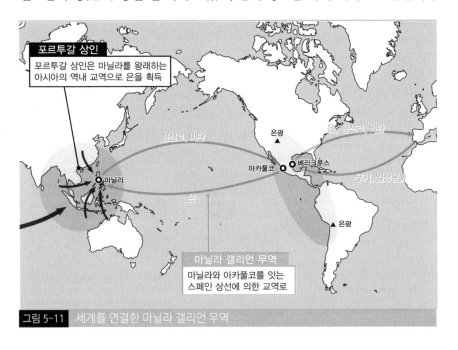

포르투갈 상인
포르투갈 상인은 마닐라를 왕래하는 아시아의 역내 교역으로 은을 획득

마닐라 갤리언 무역
마닐라와 아카풀코를 잇는 스페인 상선에 의한 교역로

그림 5-11　세계를 연결한 마닐라 갤리언 무역

멕시코를 육로로 횡단하여 대서양을 건너서 스페인으로 운반되었다. 마닐라 갤리언 무역은 아메리카가 태평양으로 진출할 때까지 계속되었고 스페인의 경제를 뒷받침했다.

 아시아 각지에서도 은을 찾아 마닐라로

한편 포르투갈은 스페인처럼 은의 생산지를 직접 지배하지는 않았으므로 스페인의 은을 무역으로 획득할 수밖에 없었다. 그래서 포르투갈은 인도, 동남아시아, 중국의 산물을 마닐라로 운반하여 은을 얻는 중계무역에 힘을 쏟았다. 스페인이 소유한 신대륙의 은과 포르투갈이 소유한 아시아의 향신료와 비단 등을 필리핀에서 교환하는 구도가 형성되었다.

당초 명나라는 조공 무역만을 허용했고 민간인의 무역은 인정하지 않는 해금정책을 시행했으므로, 포르투갈인이 중국 상품을 가지고 나가려면 비합법적인 수단을 동원해야 했다. 동중국해 연안의 사람들로 구성된 무장한 밀수 상인들에게 포르투갈 사람들도 가세하여 중국의 생산품을 거래했다. 명나라 후기에는 해금정책이 느슨해져 포르투갈 상인의 출입도 묵인되었다.

일본에 조총을 전한 포르투갈인도 왜구의 두령인 중국인의 배에 타고 있던 중에 일본으로 표류했다고 추정된다. 포르투갈은 일본이라는 새로운 무역 상대를 알게 되었고, 일본이 중남미에 필적할 만큼 풍부한 은의 산지임을 알게 되자, 일본의 다이묘들과 활발하게 무역을 하게 되었다.

 동남아시아, 동아시아 시장의 변화

포르투갈이 본격적으로 중계무역에 뛰어들어 인도의 고아에서부터 말라카, 마카오, 일본의 히라도에 이르는 항로를 확립하자, 그때까지 동남아시아와 동아시아의 중계무역으로 번영을 누렸던 말라카와 류큐는 쇠퇴의 길을 걷게 되었다.

말라카는 포르투갈에 점령되었고 류큐는 사쓰마의 시마즈 가문의 지배하에 들어갔다.

대항해 시대는 '대해적의 시대'였다

 카리브 해에 해적이 등장한 이유

은이 온 세계를 누비며 은과 교환된 세계 각지의 무역품이 전 세계로 퍼져나가자, 해적들이 기승을 부렸다. 은과 귀중한 무역품을 가득 실은 배들이 다녔으므로 그 배를 습격하면 귀중품과 돈을 빼앗을 수 있었다. 특히 식민지에서 출항한 스페인 상선들이 카리브 해 부근에서 해적의 습격을 받는 일이 잦았다. 카리브 해의 해적은 그 시대의 스페인 상선들에 가장 골치 아픈 존재였다.

이 해적 행위에 주목한 것이 프랑스와 영국, 네덜란드였다. 그들은 경쟁국인 스페인의 국력을 약화시키기 위해서 해적을 후원했다. 프랑스는 해적 행위를 합법화했고, 스페인령인 네덜란드는 스페인으로부터의 독립을 목표로 내걸고 스페인의 약화를 꾀했다. 영국 출신인 **프랜시스 드레이크**는 **엘리자베스 1세**의 지원을 받아 세계 일주 항해를 하던 도중에 태평양에 있는 스페인의 거점을 공격한 대표적인 해적이었다. 스페인 상선들은 그를 가리켜 '드라코(드래곤이라는 뜻)' 또는 '엘 드라케'라고 부르며 두려워했다고 한다.

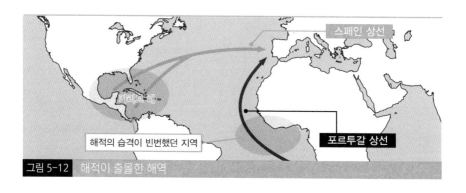

스페인 상선

카리브 해

해적의 습격이 빈번했던 지역

포르투갈 상선

그림 5-12 해적이 출몰한 해역

남에서 북으로,
명 왕조를 돌아다니는 은

 '은'으로 납부하는 명의 세제

세계의 은 유통량이 증가하자 해금정책을 시행하던 명나라에도 서서히 은이 유입되었다. 명나라 초기에는 쌀이나 노동으로 세금을 납부하는 것이 일반적이었지만, 점차 은으로 세금을 징수하는 것이 편리해지자 명은 일조편법(一條鞭法)이라는 세제 개혁을 통해서 은으로 납세 방식을 일원화했다.

명은 '북쪽에는 오랑캐, 남쪽에는 왜구'라는 말이 있을 만큼 북방의 몽골족이나 여진족, 남방의 해적 집단으로 골머리를 앓았다. 만리장성의 보수비용과 해적의 약탈에 대항하기 위한 군사비를 충당하기 위해서 민중의 과세 부담은 점차 늘어났다. 민중은 세금을 은으로 납부해야 했으므로 은이 필요했다.

 현금 수입을 추구한 명나라 민중

그래서 민중은 은을 확보하기 위해서 부업에 뛰어들었다. 농작물을 재배하는 틈틈이 무명실과 명주실을 생산하고 판매했다.

특히 송나라 시대에는 쌀의 주요 산지였던 양쯔 강 하류 지역의 농촌 수공업자들이 '현금 수입'을 얻기 위해서 활발하게 양잠을 하고 목화를 재배했다. 쌀 생산력이 줄어들면서, 쌀 생산의 중심은 양쯔 강 중류로 옮겨갔다.

밀무역을 하는 상인과 포르투갈 상인이 양쯔 강 하류나 중국 남동부 연안으로 은을 가져오면, 농촌의 수공업자는 은을 입수해서 그중 일부로 양쯔 강 중류에서 생산된 쌀을 샀다. 그러자 중국 내부로도 은이 유입되었다. 그 은을 명 정부가 세금으로 징수하여, 북방의 방위비와 만리장성 보수비에 충당함으로써 '중국 남동부에서 내륙으로, 그리고 북으로' 내부에서도 대량의 은이 유통되었다.

제5장
세계를 누비는 은

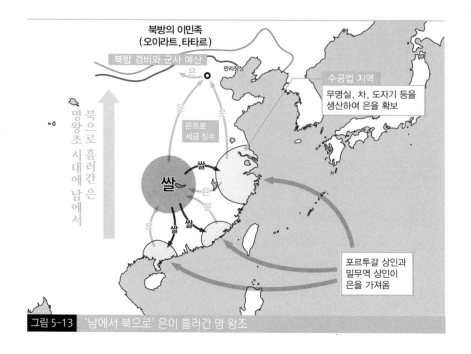

북방의 이민족
(오이라트, 타타르)

북방 경비와 군사 예산

만리장성

수공업 지역
무명실, 차, 도자기 등을
생산하여 은을 확보

은으로
세금 징수

쌀

포르투갈 상인과
밀무역 상인이
은을 가져옴

북으로 흘러간 은 명 왕조 시대에 남에서

그림 5-13 '남에서 북으로' 은이 흘러간 명 왕조

특히 중국산 무명실은 밀무역 상인과 포르투갈 상인이 일본과 동남아시아로 날랐고, 스페인 상인이 필리핀에서 아메리카 대륙, 유럽으로 수출했다.

명나라 말기에는 해금정책이 완화되어 민간인도 무역을 할 수 있게 되었다. 그러자 명으로 유입되는 은의 양이 순식간에 증가했다.

 은의 유입이 초래한 빈부격차

이렇게 많은 은이 유입되면서 생긴 이익은 착취당하는 쪽인 농민의 손에는 들어오지 않았다. 농민은 쌀이나 무명실, 명주실을 팔아서 은을 얻었지만 무거운 세금에 짓눌려 자신들이 얻은 은을 세금으로 내야 했다. 생산물을 팔 때에도 상인에게 헐값으로 넘기는 경우가 흔했고 여러 가지 문제들로 인해서 폭동이 일어나기도 했다. 이익을 얻은 것은 정부와 결탁하여 군수물자를 사들여서 북방으로 보내는 특권을 가진 상인과 세금을 관리하는 부서의 관리인, 고리대금업자들이었다. 그들은 도시에 거주하면서 호화로운 생활을 했다.

경제사에 이름을 남긴 '은의 섬' 일본

 세계적인 규모의 이와미 은광

무로마치 시대부터 센고쿠 시대에 걸쳐 일본과 명나라의 무역과 밀수에 관여했던 중국 상인들, 그리고 포르투갈 상인들이 일본을 오가게 되면서 일본이 세계 유수의 은 생산국이라는 사실이 점차 알려졌다.

당시, 일본은 전 세계 은의 3분의 1을 산출했다는 추정도 있을 정도로 멕시코, 볼리비아 등 중남미에 필적하는 은의 산지였다. 그중에서도 이와미 은광은 당시 일본 최대의 은광으로, 일본에서 수출된 대부분의 은이 이곳에서 채굴된 것으로 추정된다. 현재 이와미 은광은 세계문화유산으로 지정되어 있다.

 '은의 섬'을 노린 상인들

은의 섬 일본에 적극적으로 접근한 것이 중국의 밀무역 상인과 포르투갈 상인이었다. 명나라 시대의 중국은 만성적인 은 부족에 시달렸다. 중국의 밀무역 상인들에 일본의 상인도 가세하여 조직된 왜구 집단은 해금정책에 따른 단속에 대항하고자 무장을 갖췄다.

포르투갈은 은의 획득이라는 면에서는 스페인에게 한 발짝 뒤처졌지만 세력권인 아시아에서 '은의 섬'을 발견한 것이다. 그 은을 손에 넣기 위해서 포르투갈은 일본에 적극적으로 접근했다. 조총을 전래한 이래, 일본의 다이묘들은 조총을 구하려고 열심이었다. 또한 수많은 가신을 거느린 센고쿠 시대의 거대 다이묘와 도시의 대상인들로 인해서 호화로운 비단에 대한 수요도 증가했다.

그래서 포르투갈 상인은 본국에서 조총을 가져오고, 중국에서 명주실을 사들여서 센고쿠 다이묘와 후쿠오카 시 남동부에 있는 하카타, 오사카 만에 면한 사카이의 대상인에게 팔아서 은을 얻는 남만무역을 하게 되었다. 남만무역의 장점을 깨달은 스페인 상인들도 필리핀에서 일본으로 이동하여 남만무역에 뛰어들었다.

은을 쓰는 서일본, 금을 쓰는 동일본

남만무역은 주로 서일본의 다이묘가 활발하게 수행했기 때문에 대외무역의 주축인 서일본은 은을 주로 사용했다. 한편 동일본에서는 다케다 가문이나 호조 가문 등이 지금의 야마나시 현에 있는 가이 금광과 시즈오카 현에 있는 이즈 금광을 채굴했다. 그리고 에도 시대 초기에는 니가타 현 사도 섬에 있는 사도 금광이 개발되었으므로 동일본은 금을 주로 사용했다.

에도 시대의 일본 경제는 '서일본은 은을 사용하고 동일본은 금을 사용했다'라고 이야기되는데, 그 배경에는 서일본의 남만무역과 중국 무역이 자리하고 있었다.

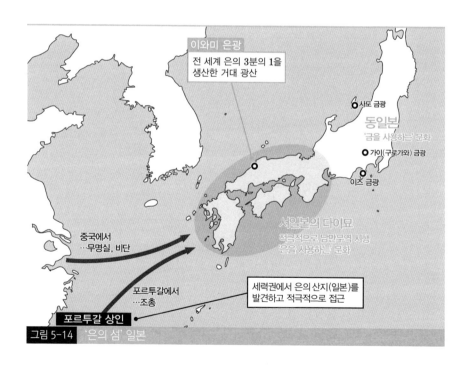

이와미 은광
전 세계 은의 3분의 1을
생산한 거대 광산

사도 금광

동일본
'금을 사용하는' 문화

가이(구로가와) 금광

이즈 금광

서일본의 다이묘
적극적으로 남만무역 시행
은을 사용하는 문화

중국에서
…무명실, 비단

포르투갈에서
…조총

세력권에서 은의 산지(일본)를
발견하고 적극적으로 접근

포르투갈 상인
그림 5-14 '은의 섬' 일본

세계의 은을 거머쥔 '태양이 지지 않는 제국'

전 세계 은의 90퍼센트를 거머쥔 스페인

지금까지 은의 흐름을 살펴보았는데 이런 은의 움직임으로 패권을 장악한 것은 역시 스페인이었다.

스페인은 볼리비아의 포토시 은광, 멕시코의 사카테카스 은광 등 거대한 은 광에서 채굴한 은, 남만무역으로 획득한 일본의 은 등을 필리핀의 마닐라, 멕시코의 태평양 방면에 위치한 아카풀코와 대서양 방면의 베라크루스에 모은 다음 전 세계로 실어날랐다. 스페인은 당시 세계에서 산출되는 은의 **90퍼센트 이상**을 장악했다고 한다.

은을 효율적으로 활용하지 못한 스페인

스페인 전성기의 국왕인 **펠리페 2세** 시대에는 포르투갈 왕가가 단절되어 펠리페 2세가 포르투갈 국왕도 겸했다. 덕분에 스페인은 '태양이 지지 않는 제국'으로 불리며 절정기를 누렸다.

그러나 스페인에 유입된 은은 스페인에 비축되지 않았다. 경쟁국과 싸워서 거대한 제국을 유지하고 세계 곳곳에서 일어나는 해적질로부터 교역로를 지키려면 군사비가 들기 마련이다. 또한 전성기의 스페인은 기독교 국가의 맹주로서 오스만 제국 등 이슬람 세력과 싸워야 하는 사명도 가지고 있었으므로, 이역시 군사비를 키우는 요인이었다.

푸거 가문 등의 금융업자는 스페인의 재정난을 노리고 돈을 빌려주었는데 그 이자를 갚는 것도 스페인의 재정을 압박했다. 펠리페 2세는 차입금 상환을 중지하는 사실상 파산을 선고하기도 했다.

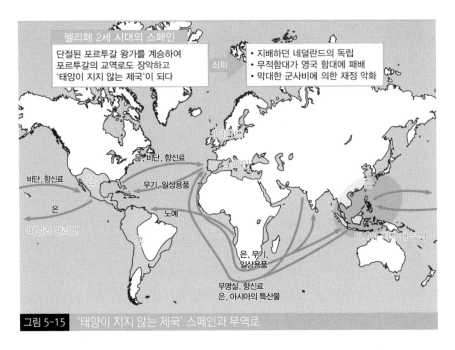

펠리페 2세 시대의 스페인

단절된 포르투갈 왕가를 계승하여
포르투갈의 교역로도 장악하고
'태양이 지지 않는 제국'이 되다

쇠퇴

• 지배하던 네덜란드의 독립
• 무적함대가 영국 함대에 패배
• 막대한 군사비에 의한 재정 악화

비단, 향신료

은, 비단, 향신료

무기, 일상용품

은

노예

은

마닐라 갤리언

은, 무기,
일상용품

무명실, 향신료
은, 아시아의 특산물

아시아 지역내 무역

그림 5-15 '태양이 지지 않는 제국' 스페인과 무역로

이렇게 스페인은 은으로 국내 산업을 부흥시키거나 국민의 생활을 풍요롭게 하거나 해외에 투자하지 못하고 은이 국외로 빠져나가는 것을 보고만 있었다(이 은이 서유럽의 '가격 혁명'과 동유럽의 '농노제 강화'를 유발했다).

스페인을 대체한 네덜란드와 영국

재정난에 시달리던 스페인의 자리를 대신한 것이 네덜란드와 영국이다. 네덜란드는 20년에 걸친 스페인과의 독립전쟁에서 승리하며 네덜란드 연방공화국으로 거듭났다. 영국은 스페인의 무적함대를 격파하고 대국 스페인을 쇠락의 길로 몰아부쳤다.

두 나라는 포르투갈과 스페인의 무역 전략을 승계하는 듯한 모습으로 발전하며 스페인 대신 유럽의 패권을 장악했다.

네덜란드는 포르투갈처럼 '점과 선'의 교역로를 충분히 활용하여 패권을 쥐었고, 영국은 스페인처럼 아메리카 대륙을 면으로 지배해서 식민지를 운영하여 패권을 획득했다.

패권 국가의 교대

네덜란드, 영국의 번영과 대서양 혁명
(17–18세기)

제6장 네덜란드, 영국의 번영과 대서양 혁명

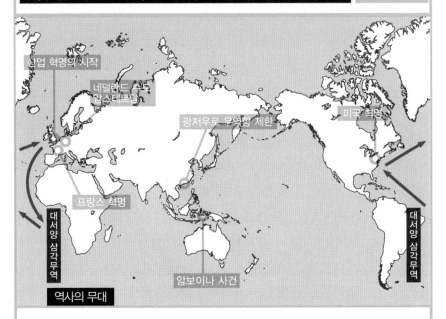

산업 혁명의 시작

네덜란드 수도
암스테르담

광저우로 무역항 제한

미국 혁명

프랑스 혁명

대서양 삼각무역

암보이나 사건

역사의 무대

대서양 삼각무역

경제체계가 발전한
중상주의와 대서양 혁명의 시대

국가를 건국하고 산업을 일으키고 무역으로 이익을 얻는 '중상주의'가 드디어 꽃을 피운 이 시대에, 네덜란드와 영국 등 경제적인 '패권'을 장악한 국가가 등장했다. 주식회사라는 구조와 잉글랜드 은행 창설 등 근대적 경제체계가 점차 양국에서 모습을 드러냈다. 아메리카는 식민지 쟁탈전의 무대가 되었다. 농장을 경영하기 위해서 아메리카에 노예가 유입되었다. 그리고 시대는 '대서양 혁명'의 시대를 맞이했다. 특히 산업 혁명은 훗날 전 세계에 중대한 영향을 주었다.

第6장 네덜란드, 영국의 번영과 대서양 혁명

유럽	아메리카	중동	인도	중국	일본

제7장 산업의 발전과 제국주의

제8장 두 번의 세계대전과 세계공황

제9장 냉전 시대의 경제

제10장 세계화와 경제위기

아메리카 아메리카 대륙은 영국과 프랑스의 식민지 쟁탈전의 무대가 된다. 훗날 영국의 중상주의 정책에 맞서서 식민지들이 독립전쟁을 일으킨다.

유럽 경제의 주도권을 쥔 나라가 네덜란드와 영국으로 옮겨간다. 영국의 산업 혁명은 자본주의 사회를 낳았고 후세에 커다란 영향을 미쳤다.

중동 절정기를 누린 오스만 제국은 서서히 다민족 국가로 분열되기 시작한다. 여기에 영국과 러시아 등의 열강이 그 틈을 비집고 들어온다.

중국 청 왕조 전반의 안정기에 들어서 차와 비단과 같은 주력상품이 유럽에 수출되며 인기를 얻는다. 경기는 좋았지만 사회적인 모순은 확대된다.

제6장 【네덜란드, 영국의 번영과 대서양 혁명】 개요도

제6장 패권 국가의 교대

국가가 나서서 돈을 버는 시대가 시작되다

 절대왕정을 지지한 중상주의

대항해 시대와 종교 개혁이 진행될 무렵, 유럽 각국에서는 '주권자'인 국왕이 나라 전체를 다스리고 명확한 국경이 존재하는 '주권국가'가 형성되었다.

왕은 절대주의라고 불리는 권위를 유지하기 위해서 막대한 비용을 들여 국가를 통치하는 '관료', 나라를 무력으로 지배하고 외국과 싸울 '군대'를 항상 정비해야 했다. 왕들은 권위 유지를 위해서 '국가를 앞세워 돈벌이를 할' 필요가 생긴 것이다. 이렇게 국가가 앞장서서 돈을 버는 체제를 '중상주의'라고 한다.

원래 중상주의는 대항해 시대의 스페인에서 보였던 '신대륙에서 가져온 금이나 은을 자국의 국고에 비축하는' 중금주의(重金主義 : 자국의 무역을 흑자로 유지하기 위해서 외환과 귀금속 거래를 국가적 차원에서 규제한 중상주의의 통화정책을 말한다/역주)라는 사고에서 출발했다. 그런데 네덜란드와 영국, 프랑스 등 스페인을 제치고 대두한 나라들은 생산하거나 사들인 상품을 수요가 있는 지역으로 운반해서 판매하고 그 수익을 얻는 것을 목표로 했다. 즉 '국가가 장사를 하는' 무역차액주의(수출을 늘리고 수입을 억제해서 생긴 차액으로 금과 은을 유입해야 한다는 경제 이론/역주)를 선택한 것이다. 네덜란드와 영국, 프랑스가 각각 설립한 동인도회사는 '국가가 나서서 돈을 벌기' 위한 국책회사였다.

국가가 돈을 버는 중상주의를 시행하려면 상공업자를 육성해야 한다. 경제 활동에 관한 규제를 완화하고 어느 정도 자유로운 경제 활동을 보장해서 자신이 벌어들인 수익을 향유할 수 있게 할 필요가 있었다. 그러면서 상인이 작업장에 많은 노동자들을 모아놓고 분업을 통해서 상품을 생산하는 공장제 수공업이 도입되는 등 생산방식에도 변화가 나타났다.

세계의 무역을 지배한 '상인 국가' 네덜란드

네덜란드 상인과 칼뱅파의 결합

태양이 지지 않는 제국이라고 불리며 전성기를 누렸던 스페인을 흔들어댄 것은 네덜란드의 독립이었다. 스페인의 영토였던 '네델란트' 지역은 모직물 공업과 발트 해 교역을 하는 상공업 지역이었다. 종교 개혁으로 생긴, 돈을 버는 것을 긍정하는 칼뱅파의 생각은 상공업자들에게 환영받을 만한 것이었으므로 네델란트인들에게서 칼뱅파의 신앙이 퍼져나갔다.

반면 가톨릭 국가의 '맹주'이기도 한 스페인은 칼뱅파를 금지하고 가톨릭 신앙을 강요했다.

네델란트에서도 북부는 칼뱅파의 프로테스탄트, 남부는 가톨릭이 비교적 많이 분포했으므로 스페인의 가톨릭 강제 정책에 대해서도 각기 다른 반응을 보였다. 북부는 독립을 외치며 일어섰지만 남부는 스페인 편에 남기로 한 것이다. 북부는 훗날 네덜란드가 되었고, 남부는 벨기에가 되었다.

북부의 프로테스탄트는 끈질기게 독립전쟁을 벌여서 네덜란드 연방공화국으로 독립했다. 이것이 바로 우리가 아는 '네덜란드'이다.

세계를 결합한 네덜란드의 네트워크

결과적으로 독립전쟁으로 인해서 네덜란드에는 프로테스탄트인 상공업자와 금융업자들이 몰려들었다. 네덜란드에는 정밀한 기술을 보유한 조선업과 발트 해에서의 교역, 모직물과 소금에 절인 청어를 유럽 전역에 수출한 경험에 있었다. 금융업자의 자본과 이런 노하우가 결합되면서 네덜란드의 경제는 빠른 속도로 성장했다.

인구가 적은 네덜란드는 포르투갈의 무역전략에 가까운 '점과 선'의 형태로 해외에 진출했다. 네덜란드 동인도회사는 포르투갈이 지배했던 희망봉 주변에 케이프타운이라는 이름의 거점을 건설하고 스리랑카와 말라카를 군사적으로 점령했다. 더 나아가 타이완, 인도네시아에 거점을 두고 일본의 에도 막부에 접근하여 에도 시대의 유일한 유럽 무역 상대국이 되었다.

인도네시아산 향신료 무역과 동남아시아산 설탕을 일본에 들여와 은을 획득하는 항로는 당시 '돈줄이나 다름없는 노선'이었다. 영국도 이 경로를 노렸지만 인도네시아의 암보이나 섬에서 네덜란드인이 영국 상인들이 묵는 상관을 습격해서 다수의 상인을 처형하는 암보이나 사건이 일어났다. 이 사건으로 영국은 인도네시아나 일본을 묶는 항로에서 한 걸음 물러서게 되었다.

주식회사의 뿌리, 네덜란드 동인도회사

아시아를 상대로 한 네덜란드의 무역을 뒷받침한 것은 무역독점권을 가진 네덜란드 동인도회사였다. 영국도 앞장서서 동인도회사를 설립했다. 그런데 영국은 한 번 항해할 때마다 출자자들을 모집하여 항해를 마친 뒤에는 모든 매출을 분배하는 방식을 채택했다. 즉 회사도 매번 전액 청산을 하는 구조였다. 반면 네덜란드 동인도회사는 지속적으로 상업 활동을 하는 '주식회사' 형태를 갖추고 있었다(훗날 영국 동인도회사도 이 형태로 바뀐다).

출자자는 소액으로도 출자를 할 수 있었고 회사에 수익이 나면 그 수익에 따라서 배분금(배당)을 받을 수 있었다. 출자받은 돈은 회사에 귀속되어 다음 번 항해나 회사의 운영과 유지에 사용되었다. 설혹 회사가 파산한다고 해도 출자자가 출자금 이상의 책임을 질 일은 없었으며, 출자를 받은 회사도 그 돈이 차입금이 아니었기 때문에 상환할 의무가 없었다. 출자증명서인 '주권'은 매매할 수도 있었다. 배당금뿐 아니라 주권 자체를 출자액보다 비싸게 팔면 양도 차익도 발생했다. '얕고 넓게' 누구에게나 회사에 직접 출자할 수 있는 체계를 세우고 그 원금을 확대 재생산하는 주식회사의 뿌리는 바로 네덜란드 동인도회사였다.

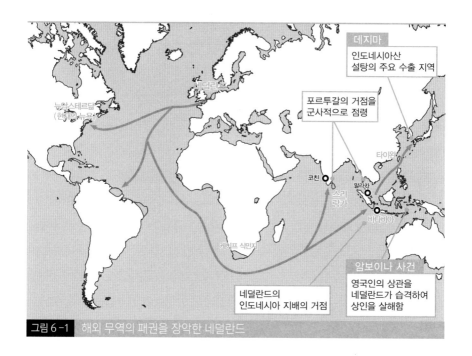

데지마
인도네시아산
설탕의 주요 수출 지역

포르투갈의 거점을
군사적으로 점령

네덜란드의
인도네시아 지배의 거점

암보이나 사건
영국인의 상관을
네덜란드가 습격하여
상인을 살해함

그림 6 -1 해외 무역의 패권을 장악한 네덜란드

 튤립이 가져온 세계 최초의 거품 경제

　이렇게 네덜란드에 황금기가 찾아왔다. 세계를 누비던 은이 네덜란드의 무역망에 걸려 한곳에 집중되었고, 그 돈이 다시 동인도회사에 출자되어 그것이 다음 수익을 낳았다. 대항해 시대부터 이어진 인플레이션 경향이 지속되었으므로 주권도 '계속 가지고 있으면 값이 오르는' 것이 당연하다고 생각되어 투기의 대상이 되었다. 주권뿐만이 아니었다. 일부 애호가들이 거래했던 희귀한 튤립 구근도 계속 값이 오른다고 여겨지면서 돈벌이의 대상이 되었고, 호화로운 집 한 채를 살 수 있을 정도로 비싼 값에 거래되는 구근까지 등장했다.

　그러나 이것은 실제 가치와 크게 차이가 나는 가격으로 거래가 이루어지는 이른바 '거품 경제'였다. 가격이 떨어지기 시작하자 사람들은 꿈에서 깨어난 듯이 구근을 팔아댔고 폭락이 폭락을 불렀다. 거품 붕괴가 지속되자, 가격이 오르기를 기대하며 비싼 값에 구근을 샀던 사람들이 연이어 파산했다.

상업 패권 국가 영국의 탄생

 인도에 중점을 둔 영국의 아시아 전략

네덜란드 다음으로 해상의 패권을 장악한 영국에서는 중세 후기부터 양모 산업이 성행하여 영주와 지주가 농민을 토지에서 내쫓고 그곳에 울타리를 치고 양의 목초지로 만들어 양을 치는 인클로저(enclosure)가 횡행했다. 지주는 농민의 일터를 빼앗고 자신의 돈벌이를 위해 양을 키운다는 비판을 받기도 했지만, 영국 자체는 점점 부유해졌다.

엘리자베스 1세의 시대에 양모 산업은 국가의 주요 산업이 되었고, 양모 수출로 영국은 크게 발전했다. **엘리자베스 1세**는 영국 동인도회사를 설립하게 해

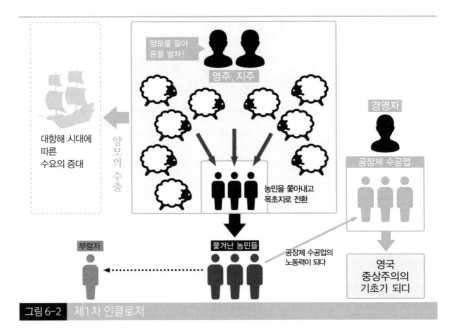

그림 6-2 제1차 인클로저

서 아시아 무역의 독점권을 부여했다.

영국은 네덜란드가 스페인으로부터 독립을 꾀했을 때는 네덜란드를 지원했다. 그러나 정작 영국이 세계에 진출하려고 했을 때는 네덜란드가 경쟁상대가 되었다. 게다가 암보이나 사건으로 영국은 네덜란드에게 호되게 당하며 동남아시아에서 내몰리기까지 했다.

그래서 영국은 동남아시아를 어떤 의미에서 단념하고 인도와 북아메리카, 카리브 해의 식민지를 운영하는 데에 중점을 두게 된다.

특히 인도에서는 마드라스, 뭄바이, 콜카타 이 세 도시로부터 캘리코라는 인도산 면직물을 활발하게 수입했다. 촉감이 부드럽고 청량감이 있는 면직물은 폭발적인 인기를 얻어 '의복 혁명'이라고 할 정도로 유행했다. 모직물 수요가 감소하여 양모 산업이 쇠퇴하는 일을 방지하기 위해서 영국 정부는 '캘리코 수입금지령'을 내리기도 했지만 이 흐름을 막을 수는 없었다.

한편 아메리카 대륙에도 영국의 식민지 경영이 시작되었다. '처녀왕' 엘리자베스 1세의 별명을 딴 버지니아 식민지에서는 대규모 담배농장이 번성하면서

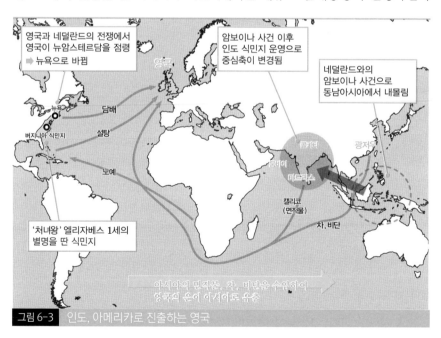

영국과 네덜란드의 전쟁에서 영국이 뉴암스테르담을 점령
➡ 뉴욕으로 바뀜

암보이나 사건 이후 인도 식민지 운영으로 중심축이 변경됨

네덜란드와의 암보이나 사건으로 동남아시아에서 내몰림

담배

설탕

노예

'처녀왕' 엘리자베스 1세의 별명을 딴 식민지

캘리코 (면직물)

차, 비단

아시아의 면직물, 차, 비단을 수입하여 대륙의 은이 아시아로 유출

그림 6-3 인도, 아메리카로 진출하는 영국

아프리카의 노예들이 이곳으로 팔려왔다.

전쟁으로 거머쥔 해상 패권

해상 무역의 패권은 '은의 흐름을 지배한 스페인'에서 '아시아부터 아메리카까지 점과 선으로 운영한 네덜란드'로 이동했다. 그러나 네덜란드는 영국-네덜란드 전쟁과 프랑스와 벌인 스페인 계승전쟁이라는 두 차례의 전쟁을 치르고는 해상 패권을 영국에 넘겨주게 되었다.

바다의 패권국이었던 네덜란드에 영국은 항해법을 제정하여 대항했다. 항해법은 '영국과 그 식민지를 출입하는 무역선은 영국의 승조원이 운항하는 영국배여야 한다'는 내용으로, '점과 선' 형태로 중계무역을 하던 네덜란드에 타격을 입혔다. 네덜란드 중계무역의 판로에는 영국의 도시와 식민지도 많았으며 그곳에서 장사를 할 수 없는 것은 네덜란드에 크나큰 손실이었다.

네덜란드가 영국의 도발에 대응하는 형국으로, 세 번에 걸친 영국-네덜란드 전쟁이 일어났다. 전쟁 자체에 명확한 승패가 나지는 않았지만, 네덜란드의 중계무역은 확실한 타격을 입었고, 영국은 지금의 뉴욕을 네덜란드로부터 획득하는 등 '실리'를 얻었다.

아메리카를 둘러싼 프랑스와의 전쟁

영국-네덜란드 전쟁 이후는 영국에게 격동의 시대였다. 청교도 혁명과 명예혁명이라는 두 가지 중대한 사건이 일어났고 정치체제가 순식간에 달라졌다. 그와 더불어 외교 관계도 시시각각 변했다. 명예혁명의 결과 영국 국왕의 자리에 오른 사람은 영국 왕가의 피를 이어받은 네덜란드 총독이었다. 영국과 네덜란드가 가까워지는 모양새가 되면서 대신 프랑스와의 대립 관계가 부각되었다.

프랑스는 절대왕정의 최전성기를 누린 루이 14세와 루이 15세의 시대였다. 영국은 새로운 경쟁국인 프랑스와 '제2차 백년전쟁'이라는 식민지를 둘러싼 치열한 전투를 반복했다.

그중에서도 프랑스의 루이 14세가 후사가 없는 스페인 왕가에 자신의 손자

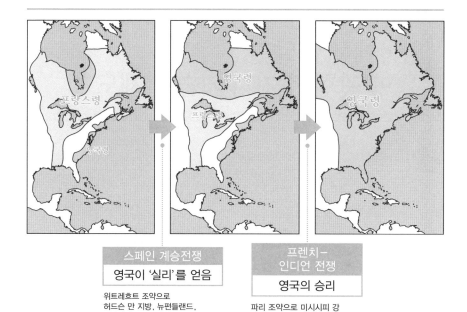

스페인 계승전쟁

영국이 '실리'를 얻음

위트레흐트 조약으로
허드슨 만 지방, 뉴펀들랜드,
아카디아를 영국이 획득

**프렌치-
인디언 전쟁**

영국의 승리

파리 조약으로 미시시피 강
동쪽의 루이지애나를 영국이 획득

그림 6-4 북아메리카 식민지의 변천

를 후계자로 지명하면서 발발한 스페인 계승전쟁은 영국 경제가 도약할 계기
를 마련해준 대단히 중요한 사건이었다.

이 전쟁을 매듭지은 위트레흐트 조약을 살펴보면, 영국은 프랑스 왕가 일족
이 스페인 국왕이 되는 것을 인정한다는 '명목'을 내어주었다. 그 대신에 스페
인 식민지에 대한 노예무역 독점권과 북아메리카의 허드슨 만 연안 지역과 뉴
펀들랜드를 확보하는 '실리'를 단단히 챙겼다. 영국은 이 조약을 체결한 이후
스페인 식민지와 영국령 자마이카의 사탕수수 농장으로 수많은 노예들을 보
내어 막대한 이익을 얻었다.

또한 영국은 루이 15세와의 프렌치-인디언 전쟁이라는 식민지 전쟁에서도
승리했다. 이 전쟁을 치른 결과 영국은 광대한 아메리카의 식민지를 손에 넣
어 대규모 시장으로 만들 수 있었다.

영국에서 발달한
'돈'에 관한 갖가지 기술과 제도

 잉글랜드 은행의 창설

영국이 프렌치-인디언 전쟁과 같은 대규모 대외 전쟁에서 승리할 수 있었던 것은 의회 제도의 확립과 국채에 의한 자금 조달이라는 두 요소 덕분이었다.

의회 제도는 전쟁을 하기 전에 국민의 '합의 도출'을 먼저 유도하여 국민의 지지를 받으면서 전쟁을 할 수 있게 했다. 또한 정부의 국채 발행은 전쟁을 지속시키는 자금 능력을 강화시켰다. 정부가 빚을 지는 '국채'라는 생각은 중세부터 존재했지만, 그 시대의 국채는 '군주'가 사적으로 시행하는 차입금이라는 인식이 강했기 때문에 반드시 상환받으리라는 보장이 없었다.

그래서 영국은 네덜란드가 먼저 시행했던, 의회가 상환을 보장하는 국채 발행 제도를 도입했다. 국민의 세금은 의회가 우선 합의를 도출한 상태에서 과세되는 것이므로, 그 세금에서 빌려준 돈을 돌려받을 수 있다면 돈을 떼일 위험이 적다고 본 것이다.

그런데 국채를 매입할 사람을 모집했지만 처음에는 지원자가 별로 없었다. 그래서 상인들을 설득하여 자금을 모으고 정부에 자금을 공급하는 민간은행으로 설립한 것이 잉글랜드 은행이었다. 잉글랜드 은행은 정부의 국채를 매입해서 정부에게 돈을 '융자한다'. 정부는 돈을 빌려주는 대신 잉글랜드 은행에 어음, 즉 액면이 기재된 금화와 교환할 수 있는 증명서를 발행하도록 허용했다.

잉글랜드 은행은 민간에 돈을 빌려줄 때에 어음을 발행했고, 융자를 받은 상대는 그 어음을 지폐처럼 돈을 지불할 상대방에게 건네서 필요할 때 사용했다. 어음을 받은 사람은 잉글랜드 은행에 가서 그 어음을 돈으로 바꿀 수도 있고 언제든지 잉글랜드 은행이 보관하고 있는 금화와 교환할 수 있다는 신

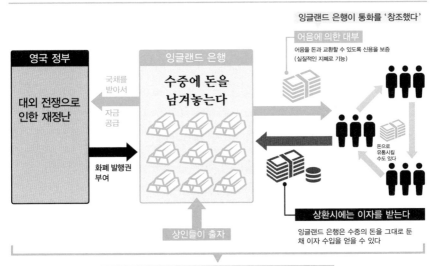

잉글랜드 은행이 통화를 '창조했다'

어음에 의한 대부
어음을 돈과 교환할 수 있도록 신용을 보증
(실질적인 지폐로 기능)

영국 정부
대외 전쟁으로
인한 재정난

국채를
받아서

자금
공급

화폐 발행권
부여

잉글랜드 은행
수중에 돈을
남겨놓는다

상인들이 출자

돈으로
유통시킬
수도 있다

상환시에는 이자를 받는다
잉글랜드 은행은 수중의 돈을 그대로 둔
채 이자 수입을 얻을 수 있다

신용에 의해서 사회에서 돈의 유통량이 증가

신용 창조…은행이 대부업으로 통화를 창조하는 것
(지금은 여러 은행과 기업 간에 연쇄적으로 대부 행위를 반복해서 예금 통화를 '창조하고' 있다)

그림 6-5 종이에 신용을 부여한 지폐의 탄생

용이 있었으므로 그대로 그 어음을 타인에게 돈 대신 지급할 수도 있었다. 즉 실질적으로 이 어음을 '지폐'로 사용하게 된 것이다. 잉글랜드 은행은 수중에 금화와 은화를 보관한 채로 대부업으로 새로운 통화를 만들어내고 그 통화를 사회에 유통시켜서 이자라는 수입을 얻게 되었다. 이렇게 대부를 통해서 새로운 통화를 창출하는 은행의 기능을 '신용 창조'라고 하며, 현재 은행의 구조에도 이 기능이 존재한다. 이렇게 수익성이 높은 사업으로 인해 잉글랜드 은행에는 국내외에서 투자자들이 모여들었고 그것이 영국의 국가로서의 자금 조달력으로 이어졌다.

영국의 국채에 관한 이야기들 가운데 '남해 포말(南海泡沫) 사건'이라는 사건이 있다. '포말'의 '포(泡)'는 거품이라는 뜻이므로 '거품 경제'라는 단어가 여기에서 나왔음을 알 수 있다.

이 사건이 일어났을 무렵, 영국은 잉글랜드 은행이 설립된 지 얼마 되지 않아 충분한 자금을 조달하지 못한 상태였다. 게다가 영국-네덜란드 전쟁과 스페인 계승전쟁에 드는 비용을 조달하기 위한 국채의 이자를 지급할 돈도 없어서 거의 파산 직전이었다. 그래서 남해회사라는 회사를 세워서 스페인령의 중남미 무역 독점권을 부여하는 대신 국채를 떠맡고 차입금을 대신 갚게 하려고 했다. 노예무역에서 나오는 수익에 대한 기대감에 부풀어 남해회사의 주가는 반년 만에 10배 이상 폭등했다. 한탕 해보겠다는 무수한 '거품과 같은' 작은 주식회사들도 마구잡이로 설립되어 전례 없는 주식 투기열이 불었다.

그러나 남해회사의 사업 내용이 부실한 것으로 판명되자, 주가는 폭락했고 파산자가 속출하여 포말 회사도 순식간에 사라졌다.

또한 남해회사가 정부 고위 관료에게 빈번하게 뇌물을 상납한 사실이 발각되어 정부와 재계에 대혼란이 일어났다. 회계 감사 제도와 공인 회계사 제도는 이 사건에 대한 반성에서 비롯되었다고 한다.

커피하우스에서 태어난 손해보험

네덜란드의 해상 패권은 주식회사를 낳았다. 그리고 영국의 해상 패권은 손해보험과 증권 거래소를 만들었다.

영국으로 전 세계의 생산물이 모여들자 그것을 소비하는 장소로 '커피 하우스'라고 불린 사교장이 각지에 생겨났다.

'로이드'라는 이름의 커피하우스는 고객들을 위해서 최신 항해 정보를 다루는 '로이드 뉴스'를 발행했고, 이것이 호평을 얻으면서 이곳에 무역상과 선원들이 자주 모였다. 이 무역상들에게 해난 사고의 위험을 덜어주기 위해 돈을 모은 것이 보험업자들이었다. 보험업자들은 무역상에게서 모은 보험금을 사고가 나지 않으면 자신들이 가지고, 사고가 나면 보험금으로 무역상에게 지불하는 오늘날의 손해보험 구조를 만들었다. 로이드를 토대로 상인들이 만든 '로이드 보험조합'은 세계에서 가장 유명한 보험 거래소로 알려져 있다.

조너선이라는 이름의 커피하우스는 주식 서래를 하는 장소가 되었는데, 이것이 현재의 런던 증권 거래소의 원형이 되었다.

영국의 뒤를 좇은
유럽 각국의 '사정'

 영국에 한 걸음 뒤처진 프랑스

영국의 경쟁국으로서 식민지 쟁탈전을 벌인 프랑스에서는 부르봉 왕조의 **루이 13세**와 **루이 14세**의 통치하에 절대왕정 체제가 시행되었다.

'태양왕'으로 불린 루이 14세는 재무 총감 **콜베르**를 등용하여 적극적으로 국내 산업을 육성하고 식민지의 확장을 꾀했다. 그러나 프랑스는 전쟁에 대해 의회가 합의를 도출할 권한이 없었고 전쟁 비용 조달을 세금을 중과해서 마련하는 등 영국에 비해서 전쟁 수행 능력이 떨어졌다. 결국 프랑스는 영국과의 식민지 전쟁에서 한발 뒤처지게 되었다. 또한 루이 14세 시대에는 호화로운 베르사유 궁전의 건설비용이 재정을 압박했고, 국내에서 칼뱅파의 신앙을 금지하는 종교 정책을 펼쳤기 때문에 칼뱅파를 믿는 상공업자 다수가 프랑스를 떠났다. 그 결과 프랑스의 재정난은 한층 심해졌다.

 '17세기의 위기'의 시대

네덜란드와 영국의 패권, 프랑스의 절대주의 시대는 유럽 전체를 보면 '17세기의 위기'라고 불렸던 시대였다. 한랭한 기후와 곡물 생산 감소에 더해서 페스트와 같은 감염병이 유행하여 인구가 정체되고 경제 활동은 위축된 시대였다. 네덜란드와 영국은 이런 상황을 극복하는 데에 성공하여 패권을 장악했지만, 가장 심각한 피해를 입은 독일에서는 30년전쟁이라는 대규모 종교전쟁이 발발하여 독일 경제는 한걸음, 두걸음 후퇴하게 되었다. **표트르 1세**와 **예카테리나 2세** 치하의 러시아는 모피를 주요 교역품으로 삼고 시베리아를 경영하는 동시에 근대화를 밀어붙여 서유럽 국가들과 나란히 자리했다.

대서양을 오가는
검은 화물, 하얀 화물

 상품으로 거래되는 사람들

노예는 고대 메소포타미아 시대부터 존재했으며 '상품'으로서 매매되었다. 특히 아프리카의 노예는 중세 무렵부터 이슬람 상인이 인도양에서 무역을 할 때에 아프리카 동해안에서 매매되었다.

대항해 시대의 선봉에 섰던 포르투갈이 아프리카 서해안을 탐험하고 이어서 스페인이 신대륙을 정복하자, 아프리카 서해안에서 아메리카 대륙으로 가는 새로운 노예무역 경로가 형성되었다.

아메리카 대륙의 식민지에서는 가혹한 노동과 유럽에서 전파된 전염병으로 원주민의 인구가 급감했기 때문에 새로운 노동력인 노예에 대한 수요가 발생했다. 아프리카에서 아메리카 대륙으로 노예를 운반하는 노예선에는 몸을 돌릴 수조차 없을 정도로 빼곡하게 노예들을 태웠다. 열악한 환경으로 인해서 많은 노예들이 항해 중에 목숨을 잃었다. 무사히 아메리카 대륙에 도착한다고 해도 이들을 기다리는 것은 사탕수수, 담배, 커피, 목화 등 농장에서의 살인적인 노동뿐이었다.

 대서양의 삼각무역

이런 노예들은 유럽인이 직접 '노예 사냥'을 해서 공급하기도 했지만, 그보다는 아프리카인이 아프리카인을 노예로 제공하는 경우가 훨씬 더 많았다. 즉 유럽 각국은 아프리카가 부족 사회인 것에 착안하여 특정 부족에게 무기를 제공하고 노예 사냥을 시켜서 얻은 포로를 노예로 아메리카 대륙으로 보낸 것이었다.

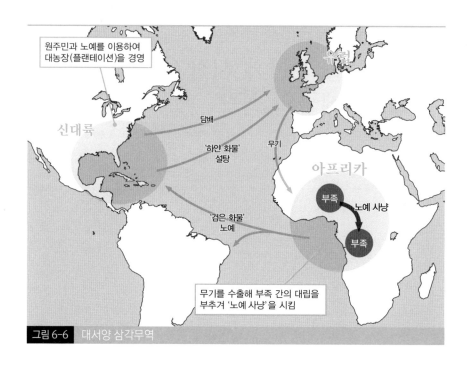

그림 6-6   대서양 삼각무역

이에 따라서 아프리카에서의 무기 수요가 증가했다. 노예 사냥을 하는 부족도 노예 사냥으로부터 자신을 지키려는 부족도 무기를 구입했다. 무역의 형태는 점차 '아프리카에서 아메리카 대륙으로 노예를 공급하고, 아메리카 대륙에서 생산된 작물과 물자를 유럽으로 공급하며, 유럽에서 아프리카 부족에게 무기를 공급하는, 대서양을 중심에 둔 '삼각무역'의 양상을 띠게 되었다.

노예무역의 주도권도 포르투갈과 스페인에서 네덜란드와 영국으로 세계의 해상 패권과 함께 옮겨갔다.

포르투갈과 유사한 사업 모델을 가진 네덜란드는 역시 포르투갈과 흡사하게 지금의 수리남에 해당하는 네덜란드령 기아나와 포르투갈령 브라질로 노예를 왕성하게 공급했다. 영국은 삼각무역의 주역으로 군림했고, 스페인의 식민지와 아메리카 서쪽의 영국 식민지로 노예를 공급하여 노예는 '검은 화물', 미국에서 선적하여 유럽으로 보내는 설탕은 '하얀 화물'로 불리며 영국에 막대한 부를 선사했다. 이 부가 훗날 산업 혁명의 '자본'이 되었다.

은의 유입과 함께 시작된 오스만 제국의 쇠락

 다민족 국가 오스만 제국의 고뇌

아시아로 눈을 돌리면 강력한 기세를 자랑하던 오스만 제국에 해가 저물기 시작했다. 오스만 제국을 쇠락으로 이끈 경제적 요인들 중의 하나로 은을 꼽을 수 있다. 세계를 누빈 은이 늦은 감이 있지만 오스만 제국까지 흘러온 것이다.

오스만 제국은 튀르크족이 아랍인과 이집트인, 그리스인, 루마니아인 등을 지배하는 다민족 국가이다. 언어와 문화가 다른 민족을 하나로 융합해야 했던 오스만 제국은 이들 민족을 상시 지배하기 위한 관료와 군대를 유지하는 데 많은 비용을 투입했다.

특히 헝가리와 세르비아, 루마니아, 그리스 등 유럽 방면으로도 지배 영역이 확대되면서 막대한 군사비를 들여 장악력을 유지해야 했다.

여기에 은이 유입되어 물가가 급등했다. 민간 차원에서는 은이 수중에 들어와 경기가 좋아졌지만, 그와 동시에 무기와 식료품 등 군의 유지 비용도 껑충 뛰어올라 오스만 제국의 재정은 만성 적자에 시달리게 되었다.

 오스만 제국의 '장악력 저하'와 동방 문제

오스만 제국은 당연히 적자를 메우기 위해서 세금을 늘리고 징수 청부인을 각지에 두어 확실하게 징세를 하려고 했다 그러나 오스만 제국의 지배하에 있는 민족들은 그것을 일종의 '지배력 강화' 행위로 인식했다. 농민과 유목민을 중심으로 반란이 빈번하게 일어났다. 또 동유럽에서는 제2차 빈 포위에 실패하며 헝가리를 잃은 데다가 오스드리아로부터 압박을 받았고 흑해 방면에서는 러시아로부터의 압박에 직면하게 되었다.

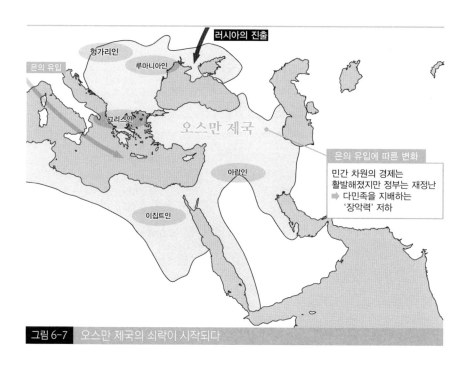

그림 6-7 오스만 제국의 쇠락이 시작되다

제국 내부의 반란, 외부의 압박에 시달리며 다양한 민족을 지배하던 오스만 제국의 '장악력'이 저하되었고, 각 민족들은 독립을 요구하기 시작했다. 그야말로 유럽 열강에게는 오스만 제국에 경제적, 군사적으로 진출할 절호의 기회가 찾아온 것이다. 이렇게 오스만 제국과 그 지배지역을 둘러싼 외교 문제를 동방 문제라고 한다.

 몰락 전야의 근대화 정책

유럽 국가들이 점차 강도를 높여 오스만 제국에 개입하자, 오스만 제국 내에서도 서양의 기술과 문화를 적극적으로 받아들여서 근대화를 이루자는 생각이 자리를 잡았다. 유럽풍이 인기를 끌었던 이 시대를 튤립 시대라고 한다. 오스만 제국은 내리막길이기는 했지만 여전히 그 시대의 대제국으로서 존재감을 유지했다. 그러나 그후 러시아가 남하하자 열강의 압박을 받아 본격적으로 몰락의 길을 걷기 시작했다.

다양한 세력이 얽혀 힘을 잃은 무굴 제국

 무굴 제국의 최전성기와 내리막길

오스만 제국과 마찬가지로 인도의 무굴 제국도 전성기를 지나 사양길로 접어들었다. 최대 영토를 확보했던 무렵의 황제 **아우랑제브**는 지금까지의 종교 융화적이던 무굴 제국의 정책을 버리고 이슬람교 국가로서 무관용 종교정책을 시행하여 힌두교의 사원을 파괴하고 세법상의 평등을 철폐하고 힌두교도를 대상으로 인두세를 부활시켰다.

결과적으로 이런 무관용 정책이 무굴 제국의 '장악력'을 떨어뜨려 각지에서 반발 세력이 등장하며 무굴 제국은 혼란에 빠졌다.

 점점 강화되는 영국의 진출

암보이나 사건으로 네덜란드에 의해서 쫓겨난 모양새가 되어 동남아시아에서 한발 물러섰던 영국은 인도를 통치하는 데에 힘을 기울였다. 영국은 마드라스, 뭄바이, 콜카타라는 세 도시를 거점으로 삼고, 인도에서의 통상 활동을 적극적으로 추진했다.

한편 영국의 경쟁 상대로 부상한 프랑스도 그 무렵 퐁디세리와 찬다나가르 등에 거점을 확보하며 인도를 다스리는 데 집중했다.

이 두 나라는 아메리카에서 격렬한 식민지 쟁탈전을 벌였듯이 인도에서도 끊임없이 싸웠다. 영국이 마드라스에 상관을 설치하면 프랑스는 그 부근인 퐁디세리에 상관을 설치하고, 프랑스가 찬다나가르의 영토를 확보하면 영국은 그 근처에 있는 콜카타를 확보하는 식이었으므로 두 나라의 충돌은 예견된 것이나 마찬가지였다. 그 결과 카르나티크 전쟁이라는 인도를 무대로 한

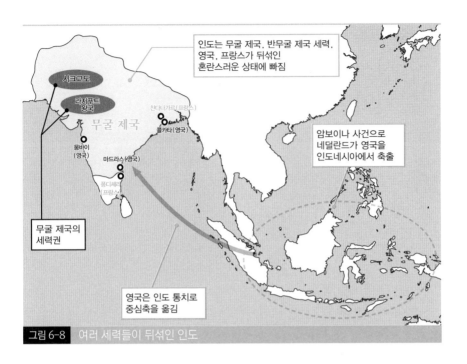

그림 6-8　여러 세력들이 뒤섞인 인도

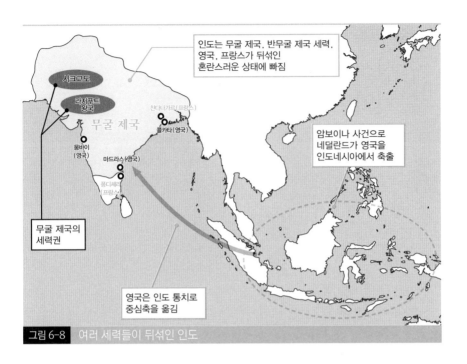

프랑스와 영국 간의 전쟁이 발발했다. 전쟁에서 승리한 영국이 인도에 대한
우위를 확정지었다. 그 무렵 인도는 무굴 제국, 반무굴 제국 세력, 영국, 프랑
스가 얽히고설켜서 싸우는 혼란스럽기 짝이 없는 상태였다.

　영국 동인도회사는 무굴 제국의 황제에게서 인도 동부의 세금 징수권과 사
법권을 가져왔다. 이렇게 실질적으로 영토를 지배하면서 인도의 통치기관으
로서의 성격을 강화했다.

　인도는 엄청난 인구가 살고 있는 대규모 시장이었으므로 영국은 당시의 주
력 제품인 모직물을 인도에 판매하려고 했지만 판매 실적은 그다지 좋지 않았
다. 오히려 캘리코라는 인도산 면직물이 대량으로 영국으로 수출되었고, 그
대가로 엄청난 양의 세공하지 않은 은이 인도로 들어왔다. 영국은 산업 혁명
이후에야 인도로 빠져나간 은을 되찾을 수 있었다.

안정적인 청 왕조 전반기의 통치와 경제

 동남아시아로 건너간 수많은 중국 상인

중국에서는 명나라 말기에 해금정책이 완화되어 민간 상인도 무역을 할 수 있게 되었다. 명나라의 뒤를 이어 중국을 지배한 청 왕조도 초기에는 특정 시기를 제외하고는 민간의 교역을 금지하지 않았으므로 상인들은 일본과 동남아시아를 상대로 활발하게 무역을 했다.

일본이 이른바 쇄국정책을 펴면서 청에 대한 무역량을 제한하자 청나라 상인은 일본에서 동남아시아로 거래 대상을 옮겼다. 그중에는 동남아시아에 정착하여 동남아시아의 다른 지역에서 살고 있는 중국계 상인이나 중국 본토의 상인과 네트워크를 구축하는 상인도 나타났다.

청 왕조는 상인들이 배를 타고 왕래하는 것은 허락했지만 그대로 외국에 눌러앉는 것은 용납하지 않았다. 한족이 아닌 청의 통치에 불만을 가진 사람들이 해외에 반정부 활동의 거점을 만들까 경계한 것이다.

그러나 실제로는 수많은 상인들이 동남아시아 각지에 정착했다. 그들은 광범위한 중국인 네트워크를 구축하고 동남아시아의 경제에 중요한 역할을 하게 되었다. 이들이 화교 혹은 화인(화교는 중국 국적을 포기하지 않은 사람이고, 화인은 국적을 포기한 사람이다/역주)의 모태가 되었다.

오늘날에도 동남아시아 각지에는 2,000만 명이 넘는 중국계 사람들이 살고 있으며, 싱가포르는 인구의 4분의 3이 중국계라고 한다.

 유럽에서 인기를 얻은 청나라 상품

유럽과의 무역을 살펴보면 청 왕조의 전반기는 네덜란드에서 영국으로, 세

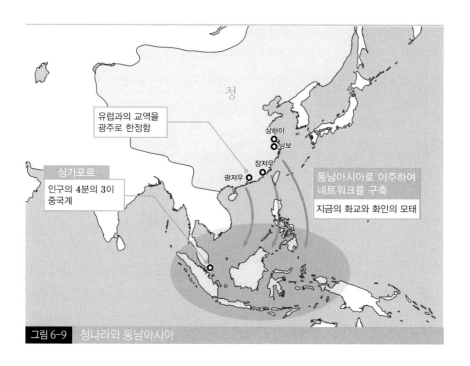

유럽과의 교역을
광주로 한정함

상하이

닝보

장저우

광저우

싱가포르

인구의 4분의 3이
중국계

동남아시아로 이주하여
네트워크를 구축

지금의 화교와 화인의 모태

청

그림 6-9 청나라와 동남아시아

계의 해상 패권이 이동하던 시대이기도 했다. 중국의 차와 명주실, 도자기는 유럽인들에게 인기가 많아서 상인들은 이 제품들을 바쁘게 유럽으로 실어 날랐다.

청은 대(對)유럽 무역을 광저우로 한정하는 무역 관리체제를 시행했다. 애초에 청 왕조는 출입국과 수출입 관리 등 세관의 역할을 하는 대외무역 창구를 상하이와 닝보, 장저우, 광저우의 네 항구에 설치했으며, 입항지를 특별히 제한하지는 않았다.

입항지를 한 곳으로 제한하게 된 계기는 이익을 독점하려고 했던 광저우 관료들의 요구 때문이었다. 광저우의 관리들은 유럽 상인에게서 수수료를 두둑이 뜯어내어 단물을 빨아먹었다. 그러자 일부 영국 상인들은 수수료가 많은 광저우를 피해서 북쪽으로 올라가 닝보 항에 내항하여 교역을 했다.

광저우의 관료와 상인들은 자신들의 이익을 닝보가 빼앗고 있다고 생각했다. 그들은 정부에 광저우 외의 지역으로는 유럽의 선박이 내항하여 교역하지 못하도록 금지해달라고 요청했다. 그 결과 중국에서 유럽 선박과의 무역은 광저우로 한정되었다. 청은 나라에서 허가를 받은 상인들만 서양 상인들과 광저우에서 무역을 할 수 있다는 규정을 만들었다. 청 정부는 공행(公行)이라는 특권을 받은 상인 조직에게 독점권을 주고 그들이 얻은 이익에서 세금을 징수했다.

유럽인이 보기에는 무역을 할 수 있는 항구와 그들이 상대할 수 있는 상인이 한정된 셈이었다. 중국 상인들이 제멋대로 상품에 비싼 값을 매겨도 깎을 수 없으니 당연히 불만이 생겨났지만 그래도 차와 비단, 도자기 등 중국 제품을 원하는 유럽인의 수요가 더 컸으므로 청과 유럽 선박과의 무역량은 계속 증가했다. 그 대가로 은이 대량으로 청에 흘러들어왔다.

 호황 속의 사회적 모순

이렇게 외국에서 은이 유입되자 청나라는 호황을 맞았다. 명나라 시대에는 일조편법으로 모든 세금을 은으로 납부하도록 일원화되었고, 청나라 시대에는 세금을 매기는 대상도 재정비되었다. '사람과 토지'에 부과하던 세금을 '토지'로 일원화하여 은으로 납부하게 하는 지정은제(地丁銀制)가 도입된 것이다. 이로써 청의 조세제도는 예전보다 단순하고 안정적으로 바뀌었다.

곡물 생산뿐 아니라 차와 쪽(남빛 원료가 되는 풀), 뽕나무 등의 상품작물 재배와 도자기 제조 등 수공업도 활성화되었다. 민중의 생활에 여유가 생겼고 아메리카 대륙에서 전해진 옥수수와 사탕수수 등 산이 많은 지방에서도 재배가 가능해서 많은 인구를 부양할 수 있는 작물이 보급되었기 때문에 청의 전반기에는 중국의 인구가 급증했다고 한다.

강희제, 옹정제, 건륭제의 3대 황제 시대는 청의 황금기였다. 그러나 그들의 치세가 끝나자 내륙부 민중들을 중심으로 백련교도의 난이라는 반란이 일어났다. 청 왕조는 반란을 진압하기 위해서 쌓아놓은 재산을 단숨에 방출하여 심각한 재정난에 시달리게 되었다. 그런 상황에서 유럽 제국들이 중국에 진출했다.

무역 상대를 선별한
에도 초기의 일본

 적극적인 무역 정책을 편 에도 시대 초기

일본 역사상 가장 혼란스러웠던 아즈치 모모야마의 시대를 거쳐 **도쿠가와 이에야스**가 에도 막부의 초대 쇼군이 되면서 장기간의 안정적인 시대가 찾아왔다.

이른바 쇄국정책을 펼친 시대로 인식되는 에도 막부이지만 멀리 멕시코로 상인을 파견하거나 무역 허가증을 받은 주인선(朱印船)이 동남아시아 각지에서 무역을 하고, 일본정(日本町)이라는 촌락을 형성하는 등 에도 시대 초기의 무역 정책은 의외로 적극적이었다.

그러나 막부는 적극적인 해외 진출이 기독교 선교사들을 국내로 유입시킬 것이라고 판단했다. 결국 금교령을 내리고 무역 상대국과 창구를 선별하는 무역 제한 정책을 취했다.

 금은이 지속적으로 유출된 일본

이 정책을 시행했다고 해서 나라의 문을 완전히 걸어잠근 것은 아니었다. 무역 창구는 한정되었지만 청나라와 조선, 네덜란드와의 교역을 유지했기 때문에 센고쿠 시대부터 이어져온 일본에서 금과 은이 유출되는 현상도 지속되었다.

금광과 은광의 산출량이 감소하는 가운데 금은이 유출되면 재정난이 심각해질 것이라고 판단한 막부는 무역 제한령을 내려서 금은의 유출을 막으려고 했으나 그 효과는 미미했다. 에도 막부의 재정은 만성적으로 악화되었고, 에도 중기에는 세 차례에 걸쳐 경제 개혁이 단행되었다.

류큐는 실질적으로는 사쓰마 번의 지배를 받았지만 여전히 중국의 청에 조공을 바치는 모양새를 유지했다.

세계의 구조를 바꾼 기술 혁신

전환점이 된 대서양 혁명

자본주의와 국민국가가 성립되고 근세에서 근대로 이행되는 전환기에 무엇보다 중요한 요소는 혁명이었다. 산업 혁명, 미국 독립혁명, 프랑스 혁명은 혁명에 따른 다양한 사회변혁을 가져왔는데, 사람들은 이 일련의 혁명들을 통틀어서 '대서양 혁명'이라고 명명했다. 산업 혁명이라는 경제적인 혁명과 시민 혁명이라는 정치적인 혁명이 동시에 진행되었다고 하여 그 시대를 '이중 혁명'의 시대라고도 한다. 이들 혁명으로 인해서 국왕과 귀족이라는 기존의 권력자를 중심으로 한 신분 구조가 붕괴되고, 주권자인 국민이 자신들의 경제적 이익을 최대화하기 위해서 여론과 선거를 통해 나라를 움직이는 근대 시민사회가 형성되었다.

영국이 가지고 있던 자본과 노동력

산업 혁명을 재빨리 달성한 영국은 수공업에서 기계공업 단계로 옮겨갔다. 영국이 다른 나라들보다 먼저 산업 혁명을 이룰 수 있었던 데에는 여러 가지 요인들이 작용했다.

공업 생산에는 원금과 일손, 다시 말해서 자본과 노동력, 그리고 상품을 판매할 시장이 필요하다. 자본과 시장의 측면에서 살펴볼 때, 영국은 해상 패권을 장악하여 대서양의 삼각무역으로 자본을 축적했고, 시장에 접근할 해상 무역로를 확보하고 있다는 강점이 있었다.

또한 노동력 측면은 당시 영국에서 일어난 농업 혁명이라는 농법 개량과 밀접한 관계가 있다. 영국 동부의 노퍽 지방에서 새롭게 확산된 노퍽 농법으로

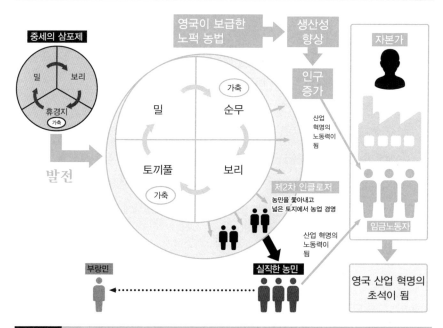

중세의 삼포제
밀 보리
휴경지
가축

발전

영국이 보급한 노퍽 농법 → **생산성 향상**

인구 증가

밀 순무
가축
토끼풀 보리
가축

산업 혁명의 노동력이 됨

제2차 인클로저
농민을 쫓아내고 넓은 토지에서 농업 경영

산업 혁명의 노동력이 됨

자본가

임금노동자

영국 산업 혁명의 초석이 됨

부랑민 ◄········· **실직한 농민**

그림 6-10 │ 새로운 농법과 제2차 인클로저

곡물 생산력이 비약적으로 향상되었다. 노퍽 농법은 중세의 삼포식 농법을 더욱 발전시킨 것으로, 같은 농지에서 순무, 보리, 토끼풀, 밀을 순서대로 돌아가면서 재배하고 순무와 토끼풀을 재배하는 시기에 맞춰서 가축을 키움으로써 토지를 놀리지 않고도 효율적으로 이용하는 방식이다. 지금의 '혼합 농업'의 원형이 되는 농법이기도 하다. 이 방법으로 곡물 생산성이 높아지자 인구도 함께 증가했다.

　그리고 이 농법에는 가축을 이동시키면서 키우기 위한 광대한 농지가 필요했다. 지주는 의회와 연합하여 법률을 제정하고 합법적으로 농민들을 토지에서 내쫓았다. 그리고 그 토지를 넓은 농지로 만들었다. 이것을 제2차 인클로저라고 한다. 토지를 잃은 농민들은 도시로 유입되어 노동력이 되었다. 인구 증가에 더해서 농민이 노동자로 전환된 사회적 배경이 산업 혁명에 필요한 풍부한 노동력을 제공한 것이다.

영국의 산업 혁명은 면직물 공업에서 비롯되었다. 앞에서도 이야기했듯이 영국은 인도와의 무역에서 캘리코라는 면직물을 수입하고 그 대가로 은을 인도에 지불했다. 즉 대(對)인도 무역은 적자였다.

그래서 영국의 섬유업자와 기술자들은 이 섬유 부문의 기술 혁신에 착수했다. 수입에 의존하던 상품을 국내에서 생산할 수 있다면 국내의 수요를 충족시키고 해외 의존도를 낮추어서 큰 이익을 얻을 수 있다고 생각했기 때문이다. 지금도 한 나라의 공업이 발전하는 첫 걸음은 수입 대체 공업(Import Substitution Industry)이라고 한다.

면직물 공업과 병행하여 증기기관 등의 동력 기술도 발전했다.

산업 혁명은 단순히 공업을 기계화했을 뿐만 아니라 사회 구조 전체도 바꾸어놓았다. 많은 기계를 소유한 공장 경영자, 즉 자본가가 임금노동자를 고용하여 공장에서 기계를 이용한 생산에 종사하게 하는 자본주의라는 체제가 시작된 것이다. 자본주의 사회에서 사람들은 이익을 추구하고 항상 경쟁해야 한다. 영국의 경제학자인 **애덤 스미스**는 각자 자유로운 경제 활동을 하며 자신의 이익을 추구하여 경쟁함으로써 가격과 수요, 공급량이 자연스럽게 조정되어 국민 경제 전체가 풍요로워지고 국민의 생활이 발전한다고 주장했다. 이 이론은 자본주의 경제의 기초로서 지금도 통용된다.

산업 혁명을 거쳐 탄생한 기계는 수력과 증기기관과 연결되면서 점차 자동화되었다. 노동자들은 더 이상 숙련된 기술을 익힐 필요가 없었다. 기계를 조작하면 상품을 만들 수 있었기 때문이다. 그렇게 되자 노동자들의 임금은 값싼 수준을 유지했고, 노동자들은 열악한 노동 환경과 거주 환경 속에서 살아가야만 했다. 반면 공장을 경영하는 자본가는 막대한 이익을 손에 쥐게 되었다.

자본가와 노동자는 새로운 사회계층으로 갈라졌다. 또한 노동자를 둘러싸고 새롭게 제기된 사회 문제들을 해결하기 위한 사상과 정책도 싹을 틔웠다.

영국의 중상주의에 맞서 단결한 식민지들

 ## 미국에 형성된 여러 식민지

북아메리카 대륙 동쪽 해안에 영국인들이 건설한 13개의 식민지는 미국 독립 혁명을 통해서 영국으로부터 독립하여 미합중국을 세웠다. 원래 북부에는 자영 농민과 자영 상공업자가 많았고, 남부에서는 노예를 이용하여 담배나 쌀 농장을 경영하는 것이 일반적이었다. 이렇듯 13개의 식민지에는 경제적으로 각기 다른 사정이 있었으므로 결코 하나로 뭉쳐진 상태는 아니었다. 그런 여러 식민지가 하나가 되어 영국과 맞서 싸워 독립하려고 했던 이유 또한 경제 문제였다.

 ## 영국의 중상주의와 미국의 반발

영국은 본국의 중상주의 정책을 펴기 위해서 아메리카의 식민지가 '본국을 위한 원재료 공급지'와 '본국의 제품을 팔기 위한 시장'으로 존재하기를 원했다. 식민지가 자유롭게 무역을 하고 공업을 발전시키면 영국에게 아메리카는 '편리한 땅'이 아니라 상공업 분야의 경쟁 상대가 되기 때문이다.

그 때문에 철광석이 풍부한 아메리카에서 철강업이 성장하는 것을 일부러 저지하거나 식민지에서 철광석을 수입하여 영국에서 생산한 철강 제품을 아메리카 식민지인들에게 판매하기도 했다.

영국은 아메리카에 무거운 세금을 부과했다. 아메리카 식민지를 놓고 프랑스와 싸운 프렌치-인디언 전쟁으로 재정 적자가 발생하자, 이를 '아메리카에서 징수하는 세금을 늘려서 전쟁 비용을 현지조달하는 방식으로' 해결하기 위해서였다. 당연히 식민지 사람들은 거세게 반발했다. 영국은 식민지인들의 자치를 제한하고 불만을 억누르려고 했다.

제6장 패권 국가의 교대

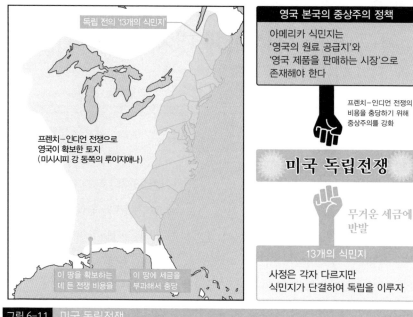

그림 6-11 미국 독립전쟁

 차를 둘러싸고 터진 독립전쟁

영국의 과세 강화는 멈추지 않았다. 인쇄물과 증서 등에 영국 본국이 발행하는 인지를 붙이도록 의무화한 인지법과 럼주의 원료인 사탕수수의 당밀에 세금을 부과한 설탕법 등 온갖 것에 세금을 부과했다. 이런 조치에 식민지 측이 거세게 반발하며 대립은 깊어졌다.

영국과 아메리카 식민지와의 대립이 정점에 달한 계기는 '차법' 제정이었다. 당시 파산상태에 빠진 동인도회사를 구제하기 위해서 차 판매의 독점권을 동인도회사에 준 것이다. 식민지는 맹렬하게 반발했으며, 보스턴 주민들은 보스턴 항에 정박해 있던 동인도회사의 배를 습격해서 실려 있던 차를 모두 바다에 던져버렸다(보스턴 차 사건). 식민지는 대륙회의를 열고 본국에 자치권을 요구했지만 본국이 무력으로 진압하려고 하자 전쟁이 일어났다. 그리고 식민지가 이 전쟁에서 승리하며 독립을 쟁취했다.

소유권의 불가침을 제창한 혁명 이념

 재정난에 허덕인 프랑스와 혁명의 발발

영국과 프랑스 간의 식민지 쟁탈전은 영국의 재정을 악화시켜서 미국의 독립을 촉발했다. 그런데 식민지 전쟁의 '실리'를 영국에게 빼앗겨왔던 프랑스의 재정 적자는 훨씬 심각했다. 프랑스 혁명이 일어나기 직전에는 부채 상환액이 국고 세출의 절반을 차지했다. 민중에게 무거운 세금을 부과하고 세금을 징수하는 관료가 부정 행위를 일삼았으니 세금에 대한 민중의 불만은 점점 커졌다.

그래서 프랑스의 국왕 **루이 16세**는 은행가였던 **네케르**를 재무장관으로 임명하고 그간 세금을 면제해주었던 성직자와 귀족에게도 세금을 매기는 정책을 단행했다. 물론 성직자와 귀족들은 이 과세에 맹렬하게 반발하며 평민에게 세 부담을 미루려고 했다. 한편 지속된 가뭄과 흉작으로 식료품 가격이 급등한 상황에서 산업 혁명을 이룬 영국의 제품이 유입되자 수공업자들은 심각한 타격을 받았다. 이런 불만의 화살은 성직자와 귀족들에게 향했다. 이 불만이 프랑스 혁명의 도화선이 되었다.

프랑스 혁명이 일어나자 왕은 처형되었고 귀족들의 특권도 폐지되었다. 혁명 이념을 선포한 인권선언의 내용을 살펴보면, 자유로운 경제 활동의 전제인 소유권을 '신성불가침'한 것으로 규정하고 특권계급과 왕은 '자신들의 재산을 빼앗는 존재'로 인식되었음을 알 수 있다.

 헛수고로 끝난 대륙봉쇄령

프랑스 혁명이 일어난 뒤 권력을 쥐게 된 **나폴레옹**은 나폴레옹 법전을 공포하며 혁명의 성과를 법이라는 형태로 남기려고 했다. 나폴레옹 법전은 신분제

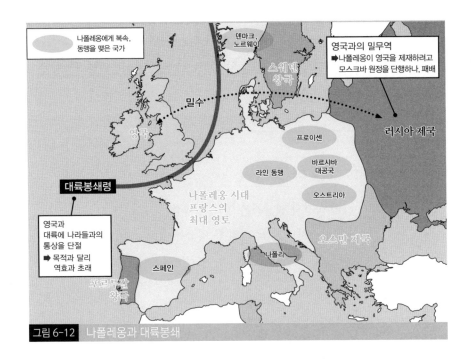

그림 6-12 나폴레옹과 대륙봉쇄

사회의 폐지를 분명히 하고 소유권의 절대성을 보장했다. 이 법전의 내용은 경제 활동을 활성화하고 프랑스 은행 설립과 프랑스의 산업 혁명을 탄탄하게 받쳐 주었다.

나폴레옹의 경제 정책은 영국 제품의 유입을 억제하면서 프랑스 국내 산업을 육성하는 것이 골자였다. 그는 대륙봉쇄령을 선포하여 프랑스가 지배하던 유럽 국가들이 영국과 무역이나 통신을 하지 못하게 했다. 이를 통해서 대륙에 있는 국가들을 프랑스 산업의 '시장'으로 삼으려고 했다.

그러나 이것은 오스트리아와 러시아 등의 농업국이 보기에 값비싼 프랑스 제품을 강매당하고 자국의 주력 상품인 농작물을 영국에 팔 수 없게 하는 불리한 명령이었다. 러시아는 그 명령을 어기고 곡물을 수출하고 영국의 공업 제품을 수입하는 밀무역을 했다. 나폴레옹은 러시아를 제재한다는 명목으로 모스크바 원정에 나섰다. 그러나 러시아와 각국 연합군에게 결정적으로 패배하여 황제 자리에서 물러나야 했다.

제7장

확대하는 제국
산업의 발전과 제국주의
(19세기)

제7장 산업의 발전과 제국주의 큰 줄기

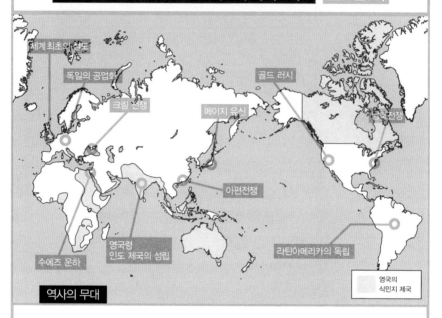

세계 최초의 철도

독일의 공업화

크림 전쟁

메이지 유신

골드 러시

남북전쟁

아편전쟁

수에즈 운하

영국령
인도 제국의 성립

라틴아메리카의 독립

영국의
식민지 제국

역사의 무대

세계를 식민지로 만든
제국주의 국가들

이 시대에는 '세계의 공장'으로 불린 영국이 세계 곳곳에 식민지를 만들어 자유무역체제를 확립함으로써 영국 제품이 전 세계로 퍼져 나갔다. 영국과 그 뒤를 쫓아서 산업 혁명을 달성한 나라들이 원재료를 확보하고 자국의 제품을 판매할 곳을 찾아서 '국제 분업'이라는 명목하에 아시아와 아프리카를 식민지로 삼았다. 국가 간의 무역이 더욱 활성화되고 금을 가치 기준으로 정한 국제적인 금본위제가 확립되었다. 통일을 이룬 독일, 남북전쟁을 극복한 미국에서도 공업화가 진행되었다.

| 17 18 | | 제6장 네덜란드, 영국의 번영과 대서양 혁명 |

| 19 | | 제7장 산업의 발전과 제국주의 |

| 유럽 | 미국 | 중동 | 인도 | 중국 | 일본 |

| 20 | | 제8장 두 번의 세계대전과 세계공황 |

| 1945 | | 제9장 냉전 시대의 경제 |

| 1990 | | 제10장 세계화와 경제위기 |

| 미국 | 영국으로부터 독립한 뒤 미국은 서쪽으로 세력을 확대한다. 경제 정책을 둘러싸고 남북이 대립한 남북전쟁이 마무리되자, 공업화를 추진하여 세계 제일의 공업국으로 거듭난다. |

| 유럽 | 영국에 이어 유럽의 자본주의 국가들이 제국주의를 향해 달려 간다. 각국은 아프리카 또는 동남아시아를 '분할하여' 식민지 로 삼는다. |

| 중국 | 아편전쟁 이후 청 왕조는 쇠락해간다. 유럽 열강의 공격에 시 달리던 청은 개혁을 시도하지만, 청일전쟁에서 일본에 패배하 고 만다. |

| 일본 | 서양에 문호를 개방하고 메이지 유신을 단행한 일본은 조세제 도를 개혁하고 통화제도를 확립하는 등 자본주의 국가로 변 모한다. |

제7장
확대하는 제국

제7장 【산업의 발전과 제국주의】 개요도

제국주의 대열에 잇달아 합류한 나라들

영국을 좇는 후발 자본주의 국가

영국에서 시작된 산업 혁명과 미국의 독립 혁명, 프랑스 혁명 등 경제와 정치라는 두 가지의 영역에서 시작된 '이중 혁명'은 사회와 문화의 양상도 바꾸어놓았다.

산업 혁명으로 인해서 상품을 생산하는 기계가 만들어지자 기계는 수력이나 증기력으로 자동화되었고, 그것을 수송하는 철도가 설치되었다. 이렇게 발전

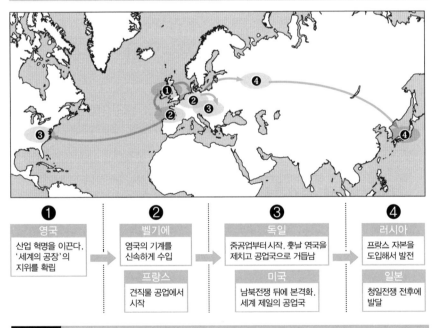

❶ 영국
산업 혁명을 이끈다. '세계의 공장'의 지위를 확립

❷ 벨기에
영국의 기계를 신속하게 수입

프랑스
견직물 공업에서 시작

❸ 독일
중공업부터 시작. 훗날 영국을 제치고 공업국으로 거듭남

미국
남북전쟁 뒤에 본격화. 세계 제일의 공업국

❹ 러시아
프랑스 자본을 도입해서 발전

일본
청일전쟁 전후에 발달

그림 7-1 확대되는 산업 혁명

이 연쇄적으로 이어지면서 산업이 고도화되었다. 다양한 상품이 저렴하고 대량으로 생산되어 전 세계 시장에 공급되었다.

이제까지는 수공업으로 제품을 만들었던 세계의 각국들은 **발빠르게 산업 혁명을 이룩한 영국의 저렴하고 안정적인 품질의 제품이 대량으로 자국에 흘러드는 상황을 자국의 산업이 쇠퇴하는 위기로 받아들였다.** 그 속에서 어떻게 자국의 이익을 지킬 것인지 대책을 세워야 했다.

어느 정도 경제력과 기술력을 갖추고 있던 나라들은 영국의 기술자를 초빙해서 자국에서 기계를 생산하거나 영국의 기계를 수입함으로써 자국에서 제품을 생산하면서, 산업 혁명의 길을 걸어갈 수 있었다. 이런 나라들은 영국과 비교했을 때, 후발 자본주의 국가라는 위치에 속한다.

이들 후발 자본주의 국가에 해당하는 프랑스와 벨기에, 독일, 미국, 러시아와 일본 등은 시장과 원재료를 구하기 위해서 제국주의적인 정책을 펼쳤다. 다만 '후발'이라고 해도 독일처럼 급속도로 공업이 발전을 거듭하며 영국을 추월한 나라도 있었다.

국제 분업이라는 명목으로 식민지화되는 세계

반면 이런 경제력과 기술력을 보유하지 못한 나라들, 즉 근대화가 늦어진 나라들은 영국을 비롯한 자본주의 국가들이 자국의 제품을 판매하는 시장이나 저렴한 원재료를 공급하는 땅이라는 역할을 강요당하면서 자본주의 국가에 종속되었다.

이렇게 해서 **생산과 판매를 담당하는 자본주의 국가와 원료와 시장을 담당하는 지역이라는 구도로 세계의 분업화가 진행되었다.** 산업 혁명이 세계의 서열화와 분업화를 촉진한 것이다.

열강으로 불린 자본주의 국가들이 아시아, 아프리카, 라틴아메리카의 식민지화를 적극적으로 추진함으로써 이 지역들은 점차 서구 자본주의 국가에 종속되어갔다.

연이어 일어난
또 하나의 '아메리카' 독립

본국의 경제적 착취에 반발한 크리오요

미국의 독립 혁명과 프랑스 혁명의 영향은 라틴아메리카에도 파급되어 본격적인 대서양 혁명으로 발전한다. 라틴아메리카는 스페인과 포르투갈이 진출한 이래, 유럽 각국의 중상주의 정책 아래에서 착취의 대상이 되어왔다.

이때 라틴아메리카 현지에서 태어난 유럽계 사람들이 반란을 일으켰다. 그들을 크리오요(Criollo)라고 한다. 미국의 독립을 외친 사람들이 영국에서 온 식민지인이었듯이, 크리오요도 유럽에서 온 식민지인이었지만 본국의 경제적 착취에 반발하며 독립을 외쳤다.

그 결과, 콜럼비아와 볼리비아, 멕시코 등이 잇달아 독립을 쟁취했다. 그러나 크리오요들은 원래 유럽계 출신으로 대농장을 경영하는 사람들이었다. 그들은 정작 원주민이나 노예에 대해서는 변함없이 착취로 일관했다. 그 이후에도 라틴아메리카는 영국, 이어서 미국의 시장으로서 자본주의 국가들과의 경제적인 종속관계가 지속되었다.

멕시코

아이티
프랑스로부터 독립
라틴아메리카
최초의 독립

중앙아메리카
연합

대콜롬비아
공화국

브라질
(포르투갈로부터
독립)

페루
볼리비아
국가연합

기아나
영국, 네덜란드,
프랑스가 분할 통치
➡제2차 세계대전 후
영국령과
네덜란드령이 독립

칠레

아르헨티나

□ 과거의
스페인령

그림 7-2 라틴아메리카의 독립

'철의 시대'를 알린 철도의 시대

순식간에 깔린 철도망

영국의 **조지 스티븐슨**은 증기기관의 힘으로 달리는 '증기기관차'를 실용화한 인물이다. 스티븐슨은 로커모션 호라는 증기기관차를 제작하여 600명의 승객을 태우고 화물을 실은 38량의 화물열차를 견인하여 평균 시속 18킬로미터로 40킬로미터의 시험 노선을 달리는 놀라운 성과를 보였다. 그때까지의 운송 수단이 인력이나 마차였던 시대에 철도는 차원이 다른 운송 능력이 있음을 알린 순간이었다.

그로부터 곧바로 영국의 맨체스터에서 리버풀 사이에 철도가 개설되었고 순식간에 영국 전역과 유럽 전역에 철도 노선이 깔렸다. 첫 철도가 개통되고 유럽 전역에 철도가 깔리기까지는 30년밖에 걸리지 않았다.

또한 식민지의 생산물을 수송하기 위해서 아시아와 아프리카에도 철도가 개통되어 철도망이 세계 곳곳으로 확장되었다. 철도의 시대는 '철의 시대'이기도 했다. 철도 건설은 철의 증산을 촉발했고 각국의 경제를 발전시키는 추진력으로 작용했다. 특히 미국과 독일은 영국을 넘어서는 철도망 생산력을 보유하게 되었고, 세계 제1위와 2위의 공업국이 되었다.

교통망의 발달과 동시에 이 시대에는 정보망도 발전했다. 미국의 **모스**가 전신기를 발명하자 전선만 있으면 아무리 멀리 떨어져 있어도 즉시 정보를 전달할 수 있게 되었다. 영국은 유럽에서 북아메리카, 아프리카, 인도, 중국, 오스트레일리아를 연결하는 해저전신 케이블망을 부설하여 식민지 제국 확장과 유지에 이용했다. 런던에서 개업한 통신사 로이터는 전신 케이블망을 이용해서 전 세계에서 모은 뉴스를 영국인들에게 발신했다.

단절과 연계가 가능한
금과 지폐의 관계

일시적으로 정지된 금과의 교환

나폴레옹이 유럽 대륙에서 전쟁 중이었을 때, 영국은 항상 '반(反) 프랑스 대동맹'의 주도국으로서 나폴레옹에 대항했다.

전쟁을 하려면 많은 물자가 필요하므로 그 물자를 계속 보급해야 한다. 따라서 일반적으로 전쟁을 할 때는 수입액이 수출액보다 크다.

이때까지는 잉글랜드 은행이 발행한 '지폐'가 금화와 교환할 수 있는 '교환권' 역할을 했다. 그러나 전쟁 상황에서는 만약 영국이 전쟁에서 패배하여 잉글랜드 은행이 파산하기라도 하면 금화와 돈을 교환할 수 없을지도 모른다. 지폐가 종잇조각이 될 수도 있다는 말이다.

평소에는 지폐로 수출입 결제를 하던 외국인들이 전쟁이 시작되자 종잇조각이 될지도 모르는 지폐보다는 금을 원하게 되었다. 그들은 영국에 지폐가 아니라 금으로 거래하자고 요구했다. 또 그때까지 외국에 지급할 때에 사용하던 지폐도 영국으로 가져가서 금과 교환해달라고 요구했다. 결과적으로 영국에 있던 금이 국외로 대량 유출되었다. 금이 유출되자 교환권이었던 지폐도 대량 유통할 수 없게 되어 사회 전체의 '돈의 흐름'이 막히면서 영국은 공황을 맞았다.

액면이 전부인 '불환지폐' 발행

그래서 영국 정부는 법률을 제정하여 지폐와 금을 더 이상 교환하지 못하게 했다. '금과 교환할 수는 없지만 지폐에 적힌 액면으로 사용할 수 있는' 지폐를 불환지폐라고 한다.

불환지폐는 금과 교환하는 증서가 아니므로 얼마든지 지폐를 인쇄하여 돈

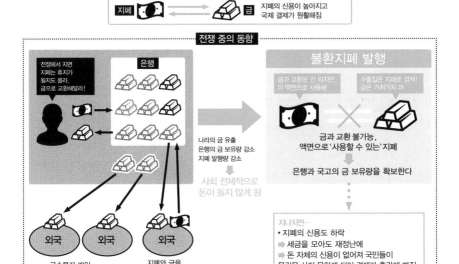

그림 7-3 전쟁 중에 발생한 금의 유출

의 양을 늘려서 경기가 악화되는 것을 막을 수 있다. 또한 외국과의 상거래에서도 최대한 지폐로 결제함으로써 자국의 금이 감소되는 현상도 방지할 수 있다. 다만 이 방법에는 결점이 있다. 금과 교환하지 못하는 액면 자체의 종이는 많이 발행할수록 조금씩 가치를 잃어서 점점 휴지 조각이 되어간다. 지폐의 가치가 하락해서 같은 물건을 살 때, 점점 더 많은 돈을 주고 사야 한다. 즉 물가가 상승하는 '인플레이션'이 발행하는 것이다.

금본위제로의 복귀

나폴레옹과의 전쟁이 끝나자 영국은 불안정해진 화폐 가치를 바로잡고 지폐의 신용도를 회복하기 위해서 지폐와 금화를 다시 교환할 수 있도록 할 필요가 있었다.

영국은 '화폐법'이라는 법률을 제정하여 이 법률을 근거로 약 8그램의 1파운드 금화를 새롭게 발행했다. 이 금화를 '소버린 금화'라고 한다. 1파운드 지폐는 소버린 금화 1파운드와 같은 가치를 가지며 언제든지 교환할 수 있다(이렇게 금과 교환할 수 있는 지폐를 태환지폐라고 한다).

흥미롭게도 소버린 금화를 녹여서 금속으로서의 '금'으로 만들어도 같은 중량이면 1파운드로 사용할 수 있었다. 그 결과 1파운드 지폐는 금 약 8그램과 완전히 동일한 가치를 가지게 되었다.

금과 지폐가 연계되어 지폐의 신용을 확보하는 구조를 금본위제라고 한다. 영국은 대영제국의 신용을 담보로 수중에 보유한 금의 몇 배나 되는 지폐를 발행하여 파운드 지폐를 전 세계에 뿌렸다. 세계 각국도 그 추세에 발맞추어 금본위제로 이행했다.

 ## 국제 금본위제의 형성

금본위제는 이후 전쟁 전후로 중단되기도 했지만, 제2차 세계대전 후까지 국제적인 체제로 기능했다.

이 체제에는 국가 간의 결제를 용이하게 하고 무역을 원활하게 할 수 있다는 이점이 있었기 때문이다. 예를 들면 영국이 어떤 상품을 '120파운드'에 판매한다고 해보자. 금과 지폐가 연계되어 있으면 '그럼 120파운드는 640달러니까 1달러 금화를 640개 내야 하나?'라고 일일이 계산하지 않아도 된다. '120파운드 = 960그램 = 640달러'라는 식으로 환산하지 않고, 영국은 '금 960그램을 달라'고 하면 되기 때문이다. 상품을 구입하는 쪽인 미국은 금의 중량을 재서 금속인 상태로 보내면 되므로 금화와 지폐를 셀 필요가 없어서 원활하게 무역을 할 수 있다.

그리고 수입량이 증대하여 금이 해외로 유출되면 국내의 금 보유량이 줄어든다. 그러면 국내의 '돈의 회전'이 둔화되어 자연스럽게 인건비와 재료비의 상승이 억제되는 '디플레이션'이 발생하여 그 나라의 제품 가격이 전체적으로 하락한다. 그러면 수출이 증가하고 그 결과 금이 다시 나라 안으로 유입되는 '자동 조절 작용'을 기대할 수도 있다.

규제 완화를 요구한 자본가들

 충돌하는 국가의 이익과 자본가의 이익

세계 최초로 산업 혁명이 진행된 영국에서는 공장을 소유하고 기계를 도입하여 노동자를 고용하는 산업 자본가가 성장했다. 오늘날의 기업들도 수익을 얻으면 그 일부를 설비투자 등의 '확대 재생산'으로 돌려서 더 큰 수익을 추구한다. 당시의 산업 자본가들도 돈을 벌면 그 돈을 더욱 불리고 싶어했다.

그러나 그때까지의 영국의 방침은 중상주의, 즉 국가가 무역을 진흥하여 수익을 추구하는 것이었다.

실제로 두 방침은 공존할 수 없는 생각이었다. 산업 자본가는 '우리가 스스로 돈을 벌고 싶다'고 생각하지만, 중상주의를 펼치는 정부는 '국가의 이익을 우선하기' 때문이다.

예를 들면 동인도회사는 영국 정부가 아시아를 상대로 한 무역의 독점권을 부여한 회사이다. 동인도회사는 정부를 믿고 각 지역에 거점을 세워 본국의 정책과 궤를 같이하여 이익을 얻는다. 그러나 산업 자본가들의 입장에서는 '우리도 아시아 무역을 하고 싶다!', '동인도회사만 우대하다니 말도 안 된다!'라고 반발하게 되는 것이다.

 규제를 완화한 영국 의회

자유롭게 상거래를 하고 싶은 산업 자본가들은 규제를 완화해달라고 요구하기 시작했다. 영국 의회도 그 요구에 응해 차츰 자유주의적 개혁을 추진했다. 동인도회사의 상업 활동이 정지되었고, 영국의 지주를 보호하기 위해서 외국산 수입 곡물에 높은 관세를 부과하는 곡물법도 폐지되었다.

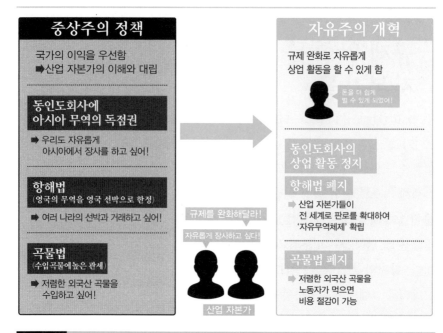

그림 7-4　중상주의 정책과 자유주의 개혁

　곡물법이 폐지되자 노동자가 저렴한 수입산 곡물을 먹을 수 있게 되었고, 고용자는 더욱 싼 임금으로 노동자를 고용할 수 있었다. 그만큼 상품 가격을 낮추면 상거래에서 유리해질 것이라고 기대한 것이다.

　또한 네덜란드와의 패권 다툼으로 인해서 제정된 항해법은 영국과 영국 식민지를 출입하는 무역선은 영국의 승조원이 운항하는 영국 선박이어야 한다고 규정하고 있었다. 그러나 산업 자본가는 '어느 나라건 조건만 좋으면 거래하고 싶다'고 생각했다. 이 법령도 산업 자본가들의 요청으로 폐지되었다.

　이런 일련의 규제 완화에 따라 산업 자본가에게 '돈을 벌 기회'가 평등하게 주어짐으로써 자유롭게 경쟁할 수 있는 체제가 마련되었다.

　노예에게도 '자유로운 노동'을 시켜야 일할 의욕이 커져서 생산성이 증대된다는 논조가 힘을 얻고, 인도적 노예 반대론의 목소리도 커지면서 노예무역이 폐지되었다.

세계의 공장에서
세계의 은행이 된 대영제국

세계에 상품을 제공한 자유무역 정책

빅토리아 여왕 치세하에 영국은 안정기를 맞았다. 국내에서의 자유주의적 개혁과 더불어 식민지를 적극적으로 확장하여 무역 상인과 산업 자본가에게 기회를 주고 세계 각지에서 '자유무역'을 실시하고 저렴하고 질 좋은 공업 제품을 전 세계에 뿌리는, 그야말로 세계의 공장이었다. 그때 런던에서 열린 제1회 만국박람회는 영국의 번영과 새로운 산업 사회가 도래했음을 알리는 기회가 되었다.

이런 무역 상인과 산업 자본가들에게 장사 '밑천'을 제공한 은행가와 투자자 같은 금융 자본가들 역시 점차 성장했다.

주변의 후발 자본주의 국가들은 이렇게 저렴하고 안정적인 품질의 영국 제품이 국내에 유입되면 자국의 공장에서 만든 제품이 팔리지 않게 되어 자국의 산업이 쇠퇴한다고 생각했을 것이다. 그들은 관세를 매겨서 영국과의 무역에 '벽'을 쌓거나 최대한 영국 제품이 들어오지 못하도록 하여 자국의 산업을 지키려는 '보호무역' 정책을 펼쳤다.

이렇게 해서 자유무역을 하는 영국에, 보호무역으로 맞서는 후발 자본주의 국가들이라는 구조가 형성되었다.

영국의 가장 중요한 식민지가 된 인도

그 시대의 영국은 유럽 대륙과는 정치적으로 초연한 태도를 취하고 해외 진출에 주력하는 영광스러운 고립(Splendid Isolation)이라는 외교 정책을 고수했다. 아시아에서는 아편전쟁과 애로 호 사건을 일으켜 중국이 시장을 개방하도록 하고 인도를 직접 지배했다. 아프리카에서는 '아프리카 종단 정책'을 추진하는

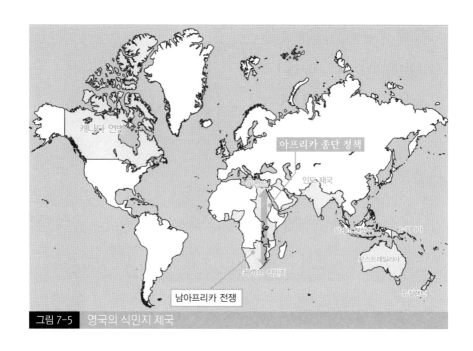

등 적극적인 해외 진출을 시도했다. 특히 인도는 '영국에 목화를 공급하고 영국 산 면직물을 판매하는 시장'이 되는, 영국에게는 대단히 '편리한' 땅이자 영국의 가장 중요한 식민지가 되었다. 인도를 향하는 항로를 단축하기 위해서 이집트로부터 수에즈 운하를 매수할 정도였다.

차와 커피, 설탕과 목화, 고무와 광물 자원을 열심히 수입하는 영국의 무역 수지는 항상 적자를 면하지 못했다. 그 대신 영국은 해운업과 보험, 해외 투자 에서 생기는 이자와 배당 등 '세계의 은행'으로서의 역할을 함으로써 대외수지 흑자를 유지해갔다.

그러나 빅토리아 시대 말기에는 영국의 영광에 그림자가 드리우기 시작했 다. 세계 제일의 공업국이라는 자리는 중공업이 발달한 미국에 양보해야 했 고, 공업 생산량에서는 독일에 추월당했다.

대외수지가 악화되자 영국은 수중의 금 보유량이 감소하는 것을 방지하고 금본위 제를 유지하는 데에 필요한 금을 확보하기 위해서 남아프리카에서 오랫동안 식민지 전쟁을 벌였다. 이리하여 영국의 국력은 점차 약화되었다.

영국을 좇은
제국주의의 프랑스

 나폴레옹 3세가 세운 '꽃의 도시'

영국이 빅토리아 시대를 구가할 때, 프랑스는 **나폴레옹 3세**에 의한 제2제정과 그에 이은 제3공화정 시대를 보냈다. 제2제정 시대에는 프랑스의 공업이 비약적으로 발전했다. 파리에서는 대대적인 도시 정비 사업이 실시되어 오늘날 볼 수 있는 아름다운 파리가 탄생했다. 만국박람회도 파리에서 두 번이나 개최되었다. 적극적인 대외진출 정책을 펼쳐서 인도차이나 반도에는 '프랑스령 인도차이나 연방'을 세웠고, 아프리카에서는 '아프리카 횡단 정책'을 추진했다.

그림 7-6 　프랑스의 식민지 제국

163

독자적인 정책으로 힘을 기른 독일과 러시아

독일의 통일과 보호무역, 중공업화

일찍이 신성 로마 제국으로 불리며 제후들이 모여들었던 독일에서는 프로이센 왕국을 중심으로 통일이 진행되었다. 프로이센 오스트리아 전쟁과 프로이센 프랑스 전쟁을 거쳐 독일 제국이 탄생했다. 통일 과정에서 독일은 프로이센의 주도로 관세동맹을 결성하여 경제적인 연결 고리를 단단히 했고, 철도망도 정비했다.

독일은 그때까지 소국들로 분열되어 있었지만, 풍부한 석탄 산출량을 자랑하는 탄광과 라인 강과 엘베 강이라는 운송로가 있었다. 통일 전에도 각 지역이 앞다투어 공업화를 진행했으므로, 통일이 되기만 하면 단숨에 공업화를 이룰 만한 저력이 있었던 것이다.

후발 자본주의 국가인 독일은 앞서가는 영국 등의 외국 제품으로부터 국내 산업을 지키는 보호무역 정책을 취했다. 그 전략이 효과를 발휘하여 중공업화가 진행되었고, 지금의 공업국 독일의 기초가 닦였다.

러시아의 남하와 농노 해방

나폴레옹을 격파한 일등 공신인 러시아는 유럽에서 존재감을 과시했다. 그러나 국내에서는 농노제가 뿌리 깊이 남아 있었으므로 농업 생산성이 낮았다. 또한 한랭 기후의 여건상 겨울이 되면 항구들이 얼어붙어 해상에서 아무것도 할 수 없다는 불리한 점이 있었다.

그래서 러시아는 오스만 제국을 압박하며 발칸 반도 방면으로 진출하여 얼지 않는 항구와 지중해를 향한 출구를 확보하는 남하 정책을 추진했다. 그러나 본

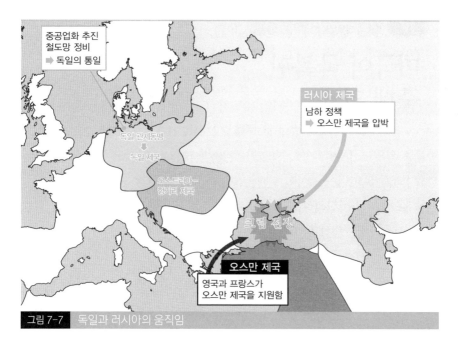

그림 7-7   독일과 러시아의 움직임

격적인 남하 정책을 위해서 싸운 크림 전쟁에서 영국과 프랑스 동맹군에게 저지
당하고 말았다.

크림 전쟁 당시, 영국과 프랑스는 증기선인 군함을 보냈지만, 러시아는 범선
을 띄웠고 무기도 구식이었다. 근대화에 뒤처졌음을 뼈아프게 실감한 러시아는
패배 요인이 농노제에 있다고 판단했고, 황제 **알렉산드르 2세**는 농노 해방령을
선포했다. 이렇게 **농노 해방은 농노가 자신의 힘으로 쟁취한 것이 아니라 황제의
명령에 따라 '위에서 떨어진 개혁'이었다.** 이때 러시아는 프랑스로부터 투자를 받
아 자본주의로의 길을 걷게 되었다.

농노는 영주의 소유물이라는 신분에서는 해방되었지만 먹고 살 양식이 주어
진 것은 아니었다. 토지는 영주에게 돈을 내고 사야 했는데 가난한 농노들이 그
렇게 할 수 있을 리가 없었다. 결국 해방된 농민들은 국가의 토지를 빌려 근근이
경작해야 했으므로 농노와 그다지 다를 바 없는 삶을 살아야 했다.

이렇게 '자본주의화'에 의한 노동자 계급의 증가와 농촌의 궁핍이 훗날 러시
아 혁명의 도화선이 된다.

미국이 극복한 중대 과제

 프런티어 확대와 골드 러시

영국으로부터 독립을 이룩한 미국은 서쪽을 향하여 영토를 확장했고, 독립하고 65년 뒤에는 알래스카와 하와이를 제외한 거의 지금의 미국 영토를 확보하게 되었다. 그중에서도 멕시코와의 전쟁으로 획득한 캘리포니아에서 금광이 발견되어 골드 러시 광풍이 불면서, 서부 개척이 단숨에 진행되었다. 새로운 세상을 추구한 개척자들에 의해서 개척의 최전선인 프런티어(frontier)는 점차 서쪽을 향해 나아갔다.

미국의 남북에서 퍼져가는 경제적인 괴리

서부 개척이 진전됨에 따라서 미국은 북부가 상공업 지역, 남부가 노예를 이용한 대농장, 서부가 개척 농민에 의한 농업 지대로 국내 분업이 이루어졌다. 특히 남부의 대농장에서는 영국 등의 유럽으로 수출되는 목화를 재배하여 미국의 경제를 뒷받침했다.

그러나 이것이 미국의 북부와 남부의 괴리를 심화시켰다. 북부는 영국과 비즈니스 모델이 '겹치는' 상공업 지역이었으므로, 경쟁자인 영국

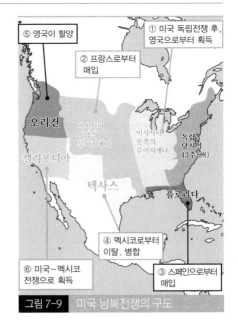

⑤ 영국이 할양

② 프랑스로부터 매입

① 미국 독립전쟁 후, 영국으로부터 획득

오리건

캘리포니아

미시시피 이남의 루이지애나

미시시피 동쪽의 루이지애나

독립 당시의 13주(州)

텍사스

플로리다

④ 멕시코로부터 이탈, 병합

⑥ 미국-멕시코 전쟁으로 획득

③ 스페인으로부터 매입

그림 7-9 미국 남북전쟁의 구도

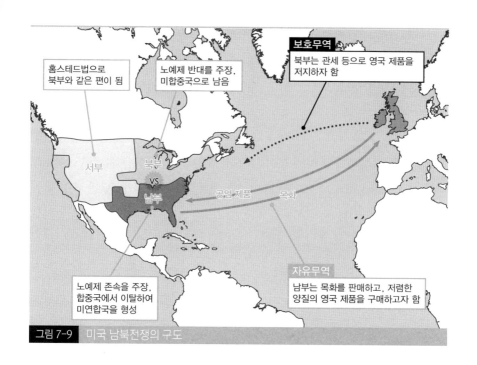

보호무역
북부는 관세 등으로 영국 제품을 저지하자 함

홈스테드법으로 북부와 같은 편이 됨

노예제 반대를 주장, 미합중국으로 남음

서부

북부

VS

남부

공업제품

목화

노예제 존속을 주장, 합중국에서 이탈하여 미연합국을 형성

자유무역
남부는 목화를 판매하고, 저렴한 양질의 영국 제품을 구매하고자 함

그림 7-9　미국 남북전쟁의 구도

의 싸고 안정적인 품질의 상품이 들어온다면 산업이 쇠퇴할 것이었다. 따라서 정부에 **보호무역** 정책을 요구하고, 영국과의 무역에 관세와 수입 제한 등의 장벽을 마련하여 자유로운 무역을 막도록 요구했다.

그와 반대로 남부는 영국을 비롯한 유럽에 대량의 목화를 수출했다. 영국은 '고객'이므로 정부에 **자유무역** 정책을 요구하고, 영국과의 관세와 수입 제한 등의 장벽을 세우지 말도록 요구했다.

또한 노예 정책 면에서도 북부의 산업 자본가들은 경쟁국 영국에 지지 않는 품질의 상품을 제조해야 했으므로 노예가 아닌 숙련된 노동자가 필요했다. 그래서 그들은 노예제를 반대하고 노예 해방을 주장했다.

한편 대농장을 경영하는 남부는 목화와 담배 등을 생산하려면 싸면서 많은 노동력, 즉 노예가 필요했다.

이에 따라 '보호무역 찬성, 노예제 반대'를 주장하는 북부와 '자유무역 찬성, 노예제 존속'을 주장하는 남부가 대립했다.

북부에서 노예제에 반대하는 공화당이 결성되어 에이브러햄 링컨이 대통령이 되자, 남부는 미연합국을 결성하여 대항했다. 그리하여 미국 최대의 내전인 남북전쟁이 발발했다.

세계 제일의 공업국으로 도약한 미국

남북전쟁은 북부의 승리로 끝이 났으나, 북부는 이 전쟁을 치르면서 홈스테드 법(Homestead Act)을 발표했다. 이것은 서부 개척자들에게 5년간 개척 활동을 하면 160에이커의 토지를 무상으로 제공한다는 법령이었다. 소규모의 서부 개척자들은 토지를 소유할 수 있다는 기대감과 남부가 승리하면 광대한 토지가 농장을 경영하는 대지주의 손에 넘어갈 우려가 있다고 판단하고 북부에 협력하게 되었다.

남북전쟁 이후, 홈스테드 법에 의해서 서부에서는 농업이 크게 발전했다. 서부의 인구가 증가하면서 미국 내부의 상품 수요, 즉 내수가 확대되고 '남부의 목화가 북부의 공장에서 의복으로 만들어지고, 그것이 서부에서 소비되는' 선순환이 생겨났다. 미국의 동서를 연결하는 대륙 횡단 철도도 개통되어 철도망이 확대되고 목화 소비량이 증가하자, 미국은 영국을 제치고 세계 제일의 공업국의 자리를 차지하게 되었다.

크림 전쟁으로 인해서 재정난에 직면한 러시아로부터 알래스카를 사들이고 서부를 개척하여 '프런티어'가 사라지자, 미국은 더 큰 시장을 원하게 되었다. 대륙국에서 해양국으로 모습을 바꾼 미국은 태평양과 남아메리카로 진출하게 되었다.

남북전쟁 이후 노예들은 해방되었지만, 정부가 그들에게 원할하게 토지를 분배하지 못하자 결과적으로 해방 노예들은 옛 주인 아래에서 그대로 일을 계속할 수밖에 없었다. 노예 주인은 '지주'가 되었고, 노예는 '종속적 소작인'으로 변화했다. 노예 해방은 절반의 성공이었으며 결국 심각한 사회 문제로 남게 되었다.

끊임없이 판로 확대를 모색하는 자본주의 국가

 제2차 산업 혁명으로의 이행

이렇게 해서 영국, 프랑스, 독일, 러시아, 미국, 즉 구미 열강으로 불리는 자본주의 국가들이 탄생했다.

산업 혁명은 수력이나 석탄에 의한 증기의 힘을 이용하여 '기계로 상품을 생산하는' 제1차 산업 혁명에서 전력과 석유 등 새로운 에너지로 '기계를 이용하여 기계부품을 생산하고 그 기계가 상품을 생산하는' 제2차 산업 혁명으로 나아갔다. 그 결과 생산력이 증대되면서 대량으로 제품이 생산되었다. 특히 중화학 공업 분야에서는 독일과 미국이 눈부신 발전을 이룩하여 영국을 뛰어넘었다.

 산업 혁명이 진행되면서 발생한 불경기

그러나 공업화가 진행되는 나라들이 직면한 것은 공황이라는 심각한 불경기였다. 제2차 산업 혁명으로 생산력이 증대되었는데, '증대'라고 하면 얼핏 좋은 의미로 들리지만 뒤집어보면 '팔다 남은 재고가 생길' 위험이 존재하는 상태이다.

각국의 산업 자본가들이 앞다투어 공장을 짓고 사람을 고용하여 많은 상품을 생산한다. 그러나 시장의 수요에는 한계가 있기 마련이다. 상품을 모두 팔수 있다면 기업은 막대한 수익을 거머쥐겠지만(그것이 자본주의의 이점이다) 그렇지 못하고 타사와의 경쟁에 져서 재고를 떠안게 된다면 기업은 실적이 급격히 악화되는 법이다.

게다가 사업 밑천이 된 돈은 금융 자본가들에게 미리 빌려서 마련한 돈이다. 돈을 빌려서 상품을 만들었는데 상품이 팔리지 않으면 그 기업은 얼마 가지 못하고 파산할 수도 있다. 금융 자본가들 역시 기업이 이익을 얻지 못하면

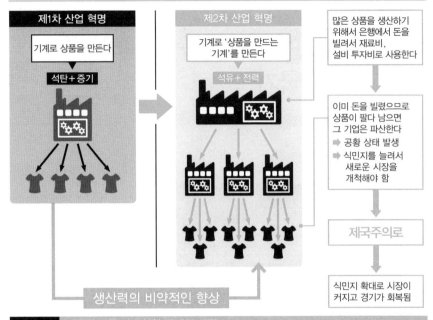

제1차 산업 혁명	제2차 산업 혁명	많은 상품을 생산하기 위해서 은행에서 돈을 빌려서 재료비, 설비 투자비로 사용한다

기계로 상품을 만든다

석탄＋증기

기계로 '상품을 만드는 기계'를 만든다

석유＋전력

이미 돈을 빌렸으므로 상품이 팔다 남으면 그 기업은 파산한다
➡ 공황 상태 발생
➡ 식민지를 늘려서 새로운 시장을 개척해야 함

제국주의로

생산력의 비약적인 향상

식민지 확대로 시장이 커지고 경기가 회복됨

그림 7-10 제국주의를 가속화한 경제적 사정

빌려준 돈이 돌아오지 않아서 파산할 위험이 있다. 결국 기업은 생존을 위해 자신들이 만든 상품을 남김없이 팔아야 하므로 한정된 시장을 둘러싼 끊임없는 경쟁에 노출된 것이다.

제2차 산업 혁명 이후 오늘날에 이르기까지 기업은 먼저 많은 자금을 차입해서 상품을 생산하고 '차입금을 갚기 위해' 포화 상태인 시장에서 경쟁하여 상품이 팔리다 남으면 차입금을 갚지 못해서 급속도로 실적이 악화되는 양상을 보인다.

 독점과 식민지 확대라는 생존전략

이런 경쟁에서 승리하기 위해 대기업은 경영이 위태로운 약소기업을 흡수해서 체력을 키우고 은행의 자본과 결합함으로써 거대 독점기업으로 거듭난다.

같은 산업의 기업들이 협정을 맺고 가격이나 생산량을 조정하여 서로의 이익을 지키려고 하는 카르텔(Cartel, 담합), 동종 업종의 기업이 합병을 반복하여 대기업이 되는 트러스트(Trust, 기업 합병), 거대 기업이 중심이 되어 다른 기업

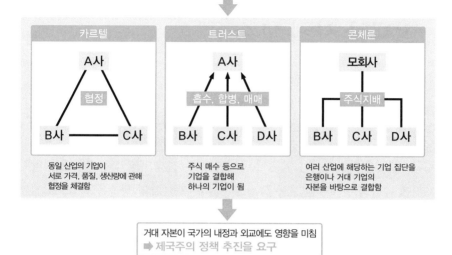

자본주의 발달에 따른 불황
➡독점 자본의 성장과 금융 자본의 산업 지배

카르텔

A사

협정

B사 ——— C사

동일 산업의 기업이
서로 가격, 품질, 생산량에 관해
협정을 체결함

트러스트

A사

흡수, 합병, 매매

B사 C사 D사

주식 매수 등으로
기업을 결합해
하나의 기업이 됨

콘체른

모회사

주식지배

B사 C사 D사

여러 산업에 해당하는 기업 집단을
은행이나 거대 기업의
자본을 바탕으로 결합함

거대 자본이 국가의 내정과 외교에도 영향을 미침
➡ 제국주의 정책 추진을 요구

그림 7-11　독점의 형태

의 주식을 취득해서 경영권을 장악하는 콘체른(Konzern, 기업 결합) 등 다양한 독점 형태들이 생겨나, 소규모 기업은 이들 대기업과 경쟁해야 했다.

독점기업은 정치에도 커다란 영향력을 행사하게 되었다. 그들은 국가의 내정과 외교 문제를 좌지우지하며 국가 정책을 자신들에게 유리하게끔 조정했다.

이런 정책의 대표적인 예가 식민지 정책이다. 식민지는 기업이 재고를 독점적으로 팔아치울 수 있는 시장일 뿐 아니라 원료를 싸게 공급받을 수 있는 땅이기도 했다. 게다가 해외에서의 자회사 설립과 대농장 경영 등 투자처로서도 매력적인 곳이었다. 구미의 자본주의 국가들은 아시아와 아프리카로 몰려들어 순식간에 세계를 식민지화하여 '분할했다'.

이렇게 해서 식민지 정책을 추진하는 나라들이 다양한 국가와 민족을 지배하는 제국주의가 탄생했다. 식민지를 확보한 나라들은 공황 상태에서 벗어나 제1차 세계대전을 향해 '역사적인' 성장기에 돌입했다.

경제 발전의 이면에서 발생한 사회 모순

 기계에 대체되어가는 노동력

서구 열강은 산업 혁명을 통해서 제국주의로 이행하며 생산력을 비약적으로 확대했다. 자본가들은 이윤 추구에만 몰두하는 한편, 노동자들은 열악한 조건에 내몰려 장시간의 노동을 강요당했다. 자본가의 생활은 풍요로워졌지만 노동자들의 생활 수준은 낮은 상태에 머물렀다. 영국에서는 풍요로운 자본가와 빈곤한 노동자라는 '두 개의 국민'이 존재한다고 할 정도로 격차가 벌어졌다.

그리고 산업 혁명 이전까지의 공업 생산을 뒷받침했던 수공업사도 기계가 등장하자 일자리를 잃었다. 과거의 숙련된 직인 기술이 필요 없어지고 기계를 조작할 줄만 알면 일할 수 있게 되었기 때문이다. 영국에서는 기계에 일자리를 빼앗긴 숙련공들이 기계와 공장을 파괴하는 러다이트 운동을 일으키며 저항했지만, 결국 실업자가 된 직인들도 공장 노동자로 공장에 흡수되었다.

그후에도 기계가 발전할 때마다 지금까지 일했던 사람들이 기계로 대체되는 현상이 반복적으로 일어나고 있다.

 노동운동의 시작

이렇게 자본가와 노동자의 격차가 벌어지고 노동자의 노동환경이 악화되자, 노동자들은 자신의 노동 조건을 개선하라고 요구하는 운동을 시작했다. 영국에서는 노동조합 결성이 합법화되었고, 노동자가 단결하여 경영자와 교섭하고 때로는 파업을 강행하며 노동 조건을 개선시켰다.

프랑스에서는 당초부터 노동조합을 인정하지 않았으므로, 개인적인 차원에서 새로운 사회의 방향성을 고민하는 사상가들이 등장하기 시작했다. 이런 움직임 속에서 사회를 하나의 회사라고 해석하고 국가가 작업장을 건설하여 노동자들에게 안정적인 일자리와 일정 수준의 노동환경을 제공하자는 사상 또는 국가나 재산 등의 모든 권위를 부정하는 '무정부주의' 사상이 탄생했다.

사회주의 사상의 등장

이런 사회적 배경 속에서 등장한 사상이 토지와 공장, 기업 등의 생산수단을 공유하고 평등하게 결과물을 분배하자는 '사회주의'이다. 자본가가 자신의 주머니를 채우기 위해서가 아니라, 사회 전체가 수익을 공유하는 일터에서 똑같이 일하고 똑같이 자기 몫을 받으면 평등한 사회가 될 것이라는 생각이었다.

독일의 **마르크스**와 **엥겔스**는 자본가가 노동자를 고용할 때, 노동자가 창출한 부에 비해 적은 임금을 주고 나머지는 자본가가 착취하는 사회 구조를 명확히 설명하고 다양한 사회 문제는 그 부분에서 발생한다고 주장했다. 그들은 노동자가 자본가와의 전쟁을 일으켜 자본가와 노동자의 관계를 끊고 생산수단을 사회 전체가 공유해야 한다고 주장하며 전 유럽의 노동자들이 단결할 것을 호소했다.

이렇게 마르크스를 비롯한 사회주의자들의 호소에 화답하여 런던에는 각국의 사회주의자들이 모여들었고 제1인터내셔널이라는 국제노동자협회가 조직되었다. 교통과 통신의 발달도 노동자들이 네트워크를 형성하는 데에 일조했다. 제1인터내셔널은 생산수단을 통제하는 방식에 관해서 마르크스의 사상과 무정부주의자의 사상이 서로 의견이 맞지 않았을 뿐만 아니라 각국의 정부로부터 '국가를 전복시키려는 위험한 사상'으로 간주되어 탄압을 받아 해산되기에 이르렀다.

훗날 파리에서 제2인터내셔널이 결성되어 각국에 성립된 사회주의 정당들의 느슨한 연대조직으로서 제1차 세계대전이 일어날 때까지 존속했다.

오스만 제국의
결정적인 쇠락

 지배력 약화를 드러낸 이집트 독립

오스만 제국은 지배지역을 유지하는 장악력을 점차 잃어갔는데, 단번에 그 장악력을 약화시키는 결정적인 사건이 있었다. 바로 오스만의 지배를 받고 있던 이집트가 독립한 것이다.

이집트는 나폴레옹 원정군에게 일시적으로 정복을 당했지만 나폴레옹이 철수한 뒤, **무함마드 알리**라는 인물이 민중의 지지를 받아 오스만 제국도 그에게 이집트 총독의 자리를 허용했다.

그는 이집트의 풍부한 농업 생산력과 민중의 지지를 등에 업고 오스만 제국으로부터 독립하려고 했다. 세제 개혁을 단행하여 수출용 주력 상품인 목화 재배를 적극적으로 추진했고, 그 자금을 바탕으로 징병제와 관료제를 정비하여 강력한 육해군을 키웠다.

오스만 제국은 방대한 지배영역을 유지하기 위해서 이집트의 강력한 군대를 빌릴 수밖에 없었는데, 그것이 이집트의 발언력을 확대하여 독립할 힘을 키워주는 '양날의 검'으로 작용했다.

오스만 제국은 이집트에 군대를 빌렸지만 그에 대해 충분히 보답할 수 없었고 이를 불만스럽게 생각한 무함마드 알리는 두 번의 이집트-튀르크 전쟁을 일으켜 승리했다. 사실상의 독립을 이룬 것이다.

 이집트를 노린 영국

유럽의 각국이 보기에 이집트가 오스만 제국으로부터 독립한 것은 반가운 소식이 아니었다. 아시아에 진출할 기회를 엿보던 유럽 열강은 진출 대상국들

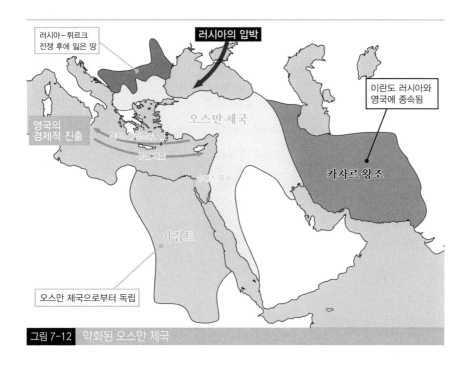

그림 7-12 약화된 오스만 제국

이 자신들의 '돈줄'로서 '죽지도 살지도 않은 존재'이기를 원했다. 내정, 외교, 군사 부문에서 교묘한 수완을 발휘하는 무함마드 알리로 인해서 이집트라는 강국이 등장한 것을 못마땅해한 각국은 국제회의를 열어 오스만 제국으로부터의 완전한 독립을 승인하지 않고, '오스만 제국 내의 이집트 총독'이라는 지위만 인정했다.

여기에 더해 영국은 본국인 오스만 제국과 불평등조약을 맺고 있었는데, 이 조약을 이집트에도 적용함으로써 이집트는 관세를 물리는 자주권을 잃었고 영국 제품의 유입을 받아들여야 했다. 무함마드 알리가 세상을 떠난 뒤의 이집트는 영국에 더욱 심하게 종속되었고 막대한 자금을 투입해 건설한 수에즈 운하도 영국에 매수되고 말았다. 또한 나라의 경제를 받쳐주는 주력 상품이 목화밖에 없었으므로 해외의 목화 수요에 따라서 경제의 부침을 겪어야 했다. 이집트에서 외국의 지배를 반대하는 운동이 일어나자, 영국은 오히려 이집트를 군사적으로 점령하여 사실상의 보호국으로 삼았다.

열강의 진출을 초래한 역설적인 '개혁'

열강의 영향력이 커지는 가운데, 이집트의 독립을 허용한 오스만 제국은 위기감을 느끼고 본격적으로 근대화를 시도하고자 했다. 술탄 **압둘메지드 1세**는 세제 개혁과 법제 개혁을 비롯해서 다양한 제도를 서구화하는 대규모 개혁을 단행했는데, 이것을 탄지마트(은혜개혁)라고 한다. 그러나 역설적으로 이 개혁은 외국의 압박을 강화하는 결과를 낳았다.

법제와 세제를 서구화하는 것은 과세와 상거래, 채권, 융자 등을 외국 상인들의 거래 관습에 맞춘다는 의미이기도 하다. 말하자면, '상대방이 유리한 환경'에서 싸우는 개혁을 한 셈이다. 이로써 외국 상인이 들어오기 쉬운 조건이 갖추어져 그들을 불러들이는 결과를 낳고 말았다.

동지중해에서 유럽으로 목화와 올리브유, 밀 등이 수출되고 유럽에서는 대량의 면직물 등의 공업 제품이 유입되었다. 오스만 제국 내의 수공업자는 힘을 잃었고 유럽, 특히 영국에 내한 종속은 심화되었다.

반식민지가 된 오스만 제국

오스만 제국을 더욱 골치 아프게 한 것은 크림 전쟁과 러시아-튀르크 전쟁 등 러시아와 치른 전쟁이었다. 남하하는 러시아의 압박을 온몸으로 받아야 했던 오스만 제국은 채권을 발행하여 막대한 군사비용을 외국으로부터 차입금을 들여와 충당하려고 했다. 이 일을 계기로 오스만 제국은 차입금을 토대로 국가를 운영하게 되었다.

이런 상태에서 제2차 산업 혁명의 부작용인 불경기가 유럽을 덮쳤다. 유럽 여러 나라들이 오스만 제국에 돈을 빌려줄 여유가 없어지자, 오스만 제국은 순식간에 자금 운용이 막히는 바람에 완전히 파산 상태가 되었다. 유럽 열강은 파산한 오스만 제국 내에 세금 징수인을 앉히고, 세금을 직접 '가로채서' 채권을 회수하려고 했다. 그리하여 오스만 제국은 열강의 반식민지 상태가 되고 말았다.

영국이 직접 지배한
핵심 식민지

 인도를 통치한 동인도회사

영국은 인도에서 프랑스와의 전투를 통해서 그 세력을 몰아내고, 무굴 제국과 반무굴 세력이 뒤섞여 갈피를 잡을 수 없던 분쟁에도 개입하여 인도 전역의 지배권을 확고히 했다.

영국이 자유주의 개혁을 단행하여 동인도회사의 상업 활동을 정지하고 누구나 자유롭게 아시아 무역에 참여할 수 있게 했기 때문에, 동인도회사는 '무역회사'에서 '인도를 다스리기 위한 기관'으로 변모했다.

동인도회사의 수입원은 '무역에서 발생하는 이익'에서 '인도에서 징수하는 세금'으로 바뀌었다. 그 당시의 납세법은 동인도회사가 납세자를 지정해서 세금을 납부하게 하는 방식이었는데, 원래 인도 사회에서는 토지란 모두가 공유하는 것이라는 의식이 강했으므로 납세자를 한 명만 지정하자 공동으로 그 토지를 경작하던 많은 이들이 토지에 대한 권리를 잃게 되었다.

이런 세금 제도는 인도 사회를 분단시켰고, 인도인들은 영국에 대한 불만을 키워나갔다.

 수입하는 곳에서 수출하는 곳이 된 인도

무역에서도 영국과 인도의 관계가 달라졌다. 원래는 영국이 인도의 면직물을 수입했지만 산업 혁명이 이루어진 후에는 영국이 저렴한 면직물을 인도에 수출하게 되었다. 영국은 인도 국내에 그물처럼 철도망을 부설하여 인도 전역에 영국 제품이 유통되도록 했으며, 반대로 인도 각지에서 목화와 차, 인도산 주트(jute, 올이 굵은 삼베의 일종) 등의 생산품을 모아서 영국 본국으로 수출

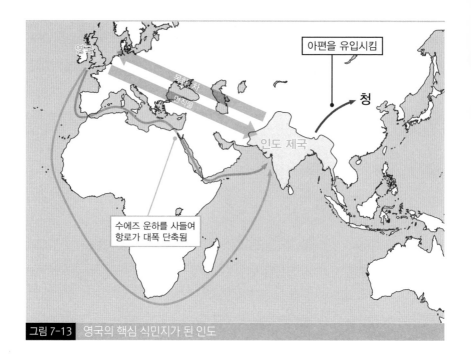

아편을 유입시킴

청

인도 제국

수에즈 운하를 사들여
항로가 대폭 단축됨

그림 7-13 영국의 핵심 식민지가 된 인도

했다. '영국이 목화를 사들여 면직물로 가공해서 수출하는' 영국 식민지 정책의 전형적인 사례가 바로 인도에서 이루어진 것이다.

그러나 실제로 이 시대에 인도 최대의 수출품은 목화와 차, 주트가 아니었다. 그것은 마약인 아편이었다. 영국은 중국의 청 왕조에 대한 무역수지를 개선하기 위해서 인도에서 아편을 제조하여 중국으로 유입시켰다.

 수에즈 운하로 깊어진 영국과 인도의 관계

이렇게 인도인들은 영국의 정책을 통해서 세계의 시장과 연결되었다. 인도인들은 자신들이 잘 살기 위해서 목화와 차, 아편을 재배했지만, 그 상품을 사들인 영국의 무역상은 그들보다 몇 배나 더 많은 이익을 손에 쥐었다. 인도를 통치한 영국의 관료와 군인은 급여를 두둑히 받았고 퇴직한 뒤에도 인도에서 연금을 받았다. 인도 경제는 그야말로 영국을 위해서 존재하는 것이나 마찬가지였다.

게다가 수에즈 운하가 개통됨으로써 인도 경제와 세계 경제의 연결 고리는 더욱 단단해졌다. 그때까지 영국 본국에서 인도로 가려면 아프리카 남단의 희망봉을 돌아가는 항로가 일반적이었지만, 수에즈 운하를 통과함으로써 항로를 3분의 2로 단축시킬 수 있었다. 때마침 미국은 남북전쟁이 발발한 혼란기여서 목화의 생산량이 감소했으므로, 인도 목화에 대한 수요가 증대되며 '목화 붐'이 일어났다.

또한 세계 각지의 영국 식민지에서는 영국에 농작물과 광물 자원을 공급하기 위해서 싼 노동력이 필요했다. 아프리카인 노예를 대신할 노동력으로서 많은 인도인들이 저렴한 단기 계약을 맺고 이민자로서 바다를 건넜고, 점차 카리브 해와 동남아시아에 정착하게 되었다. 카리브 해나 동남아시아의 나라들에서는 각지에서 인도계 이민자 사회가 형성되었다.

대영제국의 '가장 큰 보석'으로 불린 인도

동인도회사가 고용했던 인도인 용병(세포이)이 반란을 일으킨 '세포이 항쟁' 이후에 인도는 인도 제국으로 불리며 영국 정부의 직접적인 통치를 받게 되었다. 형식적으로라도 존재했던 무굴 제국의 황제는 유형지로 유배되어 사실상 무굴 제국은 멸망했고, 빅토리아 여왕이 인도 황제를 겸하게 되었다. 영국 동인도회사도 해체되었고 이를 대신하여 본국에 인도를 관할하는 '인도청'이 신설되었다. 인도청의 대신들이 정부의 내각을 구성하는 일원이 되어 본국 정부의 정책에 의해서 인도를 직접 통치되는 형태를 갖추게 되었다.

후발 자본주의 국가들의 추격으로 인해서 적자가 점점 커져가던 영국에게 인도는 국제수지 적자의 3분의 2를 충당할 수 있는 가장 중요한 식민지였다. 인도는 영국에 부를 가져다주는 '대영제국의 왕관을 장식하는 가장 큰 보석'이었던 것이다.

아편전쟁으로 시작된 청의 몰락

은으로 차를 구매한 영국

왕조의 치세 전반은 뛰어난 황제들에 의해서 황금기를 구가했던 청 왕조였지만, 중반부터는 경제적 격차와 관료제의 부패 등 내부적으로 사회의 모순이 커져갔다. 그리고 19세기에 들어 청 왕조 후반기가 되자, 외압, 즉 영국과 프랑스의 진출로 골치를 썩게 되었다.

청 왕조의 무역 정책은 서구에 대한 무역 창구를 광저우로 한정하고 정부의 인정을 받은 상인에게만 무역 독점권을 부여하는 것이었다. 서구 상인들은 '공행'이라는 특권 상인들이 매기는 값을 내고 상품을 구입할 수밖에 없었다. 부르는 게 값이었으니 불만은 커져갔다. 특히 영국에서 인기가 많았던 것은 중국의 차였다. 중국산 홍차는 상류층의 기호품으로 유행했고 노동자들에게도 카페인으로 몸을 각성시키고 설탕으로 피로를 회복시켜주는 '노동 규율과 피로 회복에 좋은 음료'로서 알코올을 대신하여 적극적으로 권장되었다. 이런 이유로 차에 대한 수요는 나날이 커졌다.

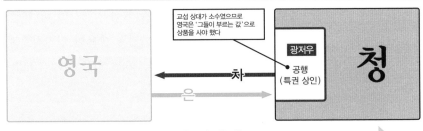

그림 7-14 반쪽 무역으로 영국에서 청으로 은이 유출

그래서 영국 상인들은 차를 저렴하게 구입하기 위해서 광저우 외의 상인들과도 거래를 할 수 있게 해달라고 청 왕조를 상대로 교섭을 벌였지만 그들의 뜻대로 되지 않았다. 결과적으로 광저우의 상인에게 값비싼 차를 은으로 대금을 지불하고 사야 했으므로 영국에서 청으로 은이 유출되었다.

아편으로 은을 되찾은 영국

그래서 **영국은 은을 되찾기 위해 인도산 아편을 중국으로 가져가 밀무역 형태로 중국에 내다팔았다.** 아편은 금단 증상이 강한 마약이므로 일단 '아편 중독'이 되면 수요를 보장받을 수 있다. 본래 아편 무역을 단속해야 하는 광저우의 관료와 병사들, 상인들이 솔선해서 '아편 중독'이 되었고, 밀무역에 눈을 돌려 아편을 찾게 되었다. 이렇게 해서 아편은 중국 내륙까지 유입되어 엄청나게 팔렸다. 영국은 아편 대금으로 은을 받은 인도와 면직물 무역을 함으로써 은을 손에 넣었다. 이런 삼각무역으로 차 무역으로 유출된 은을 회수한 것이다.

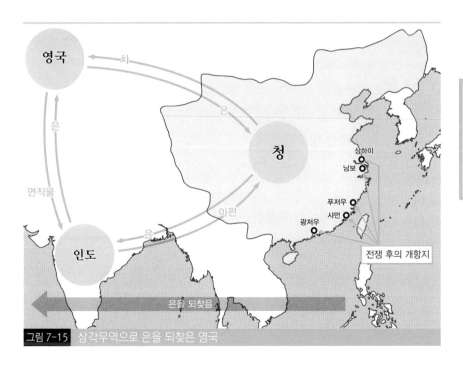

제7장 확대하는 제국

그림 7-15 삼각무역으로 은을 되찾은 영국

영국의 자유주의 개혁의 물결로 인해서 동인도회사의 중국 무역 독점권이 폐지되자, 수많은 영국 상인들이 인도에서 사들인 아편을 중국 연안 곳곳으로 가져왔다. 이로 인해서 청 왕조는 점점 아편 무역의 단속에 어려움을 겪었다.

민중의 궁핍함과 아편전쟁

삼각무역으로 인해 청에서 영국으로 은이 유출되자, 청나라 백성들의 삶은 궁핍해졌다. 청 왕조의 세제는 지정은제였는데, 이것은 토지에 매겨진 세금을 은으로 납부하는 방식이었다. 청에서 은이 유출되자 청의 민중은 은을 손에 넣을 수 없게 되었고 가치가 상승한 은을 긁어모아서 겨우 세금을 내는, 실질적인 증세 효과가 나타났다. 대항해 시대 이래로 은이 유입되면서 중국은 은을 경제의 기반으로 하는 사회가 되었다. 은의 유출은 민중을 힘들게 했을 뿐만 아니라 중국 경제 전반을 마비시켰다. 괴로워한 민중들은 청을 무너뜨리고 새로운 국가를 세우자고 주장하며 병사를 일으킨 태평천국으로 대표되는 반란을 일으켰다.

세수 부족에 빠진 청은 강경책을 펼쳤다. 아편을 흡입하는 사람을 사형에 처한다는 방침을 내걸었고 아편을 가지고 들어오는 영국 상인이 있으면 상관을 봉쇄하고 아편을 몰수했다. 영국 상인에게 무력을 행사하며 압박하는 청에 대해 영국은 군사 동원을 결정했다. 이것이 바로 아편전쟁이다.

아편전쟁은 영국의 압도적인 승리로 끝이 났다. 청은 영국과 난징 조약을 맺었다. 이 조약에는 영국이 강력하게 요구한, 광저우 외의 4곳의 항구를 열고 무역을 독점하던 공행을 폐지한다는 내용이 담겨 있었다. 또한 추가된 조약으로 인해서 청은 영국의 치외법권을 인정하고 관세에 대한 자주권도 잃고 말았다.

진출을 강화하는 영국과 프랑스

영국은 중국과 자유무역을 하기 위한 첫발을 내딛는 데 성공했다. 그러나 영국은 그 정도로 만족하지 않았다.

영국이 정말 팔고 싶었던 주력 상품은 아편이 아닌 면직물 같은 공업 제품이었기 때문이다. 중국 농촌에서는 농사일이 한가할 때면 옷감을 짜는 방식으로 일상생활을 해왔으므로 영국의 면직물에 대한 수요가 그다지 높지 않았다. 그러나 영국은 그 틈새를 비집고 들어가려고 했다.

영국은 더 많은 시장을 개방하게 할 구실을 만들기 위해서 애로 호 사건을 걸고 넘어졌다. 영국 국기를 걸었던 애로 호라는 영국 배에 청의 관리가 단속을 하려고 들어왔다가 영국 국기를 내린 사건인데, 영국은 자신들을 '모욕했다'는 이유로 '제2차 아편전쟁'으로 불리는 애로 호 전쟁을 일으켰다. 프랑스도 영국과 연합하여 이 전쟁에 참전했으며 청은 다시 한번 패배했다. 그 결과 청은 베이징에서 가까운 톈진을 개항하고 양쯔 강 연안에 있는 항구를 개방하여 외국인이 중국 국내를 여행할 권리와 기독교의 포교권, 그리고 아편 무역을 원하는 만큼 할 수 있다고 공인하는 등 수많은 권리를 영국과 프랑스에게 주게 되었다. 이로써 영국은 베이징이나 양쯔 강 연안에 자리한 인구 밀집지역에 주력 상품인 면직물을 직접 판매할 수 있었다. 그뿐만 아니라 아편도 공공연하게 판매할 수 있게 되었다.

충분하지 않았던 근대화

아편전쟁과 애로 호 전쟁은 포탄을 주고받는 전쟁이었다. 그 이후 영국과 프랑스를 비롯한 유럽 열강은 청에게 무력을 행사하는 일은 줄이고 외교로 이익을 얻는 정책으로 전환했다.

아편 무역과 면직물 수입으로 인해서 청에서는 여전히 막대한 양의 은이 유출되었다. 그 때문에 청나라도 양무운동이라는 근대화 정책을 추진하여 군비 증강과 산업 진흥을 꾀했다. 청나라도 면직물 산업을 일으켜서 영국에서 수입하는 대신에 국내 수요를 충당하려고 하는 등 나름의 노력을 기울였다.

그러나 이런 근대화 정책은 충분하다고 할 수 없었다. 청일전쟁에서 청나라가 일본에 패배하자, 유럽 열강은 더욱 노골적으로 청에 진출했다. 결국 청은 열강의 반식민지 상태가 되었다.

제국주의 시대의 세계를 향해 나아간 일본

 ## 페리의 내항과 일본의 개국

제국주의가 진행되던 시대에 일본은 문호를 열고 세계를 향했다. 에도 막부는 쌀로 세금을 납부하는 연공미(年貢米)를 기초로 한 쌀의 경제였는데, 후반에 상업의 발달로 화폐경제가 진행되자 쌀 값이 떨어졌다. 쌀 값의 하락으로 무사들은 곤궁해졌고, 막부는 만성적인 재정난에 시달렸다. 러시아, 영국, 미국의 선박 등 다른 나라의 배들이 일본을 방문하는 일이 잦아지면서 막부는 대응 방법에 골머리를 앓았다.

그런 상황에서 캘리포니아를 손에 넣고 대서양의 나라에서 태평양의 나라가 되어가던 미국 함대의 사령관인 **페리** 제독이 일본을 방문했다. 페리는 미일 화친조약의 체결을 강요하며 태평양에서의 기항지를 확보하려고 했다. 네덜란드와 조선 등 대외교섭 상대가 소수였던 일본에게 미국과의 조약 체결은 국가 방침을 전환하는 중대사였다. 막부는 그동안 무시했던 도자마 다이묘와 조정에도 의견을 물었다. 그러면서 막부의 권위가 흔들리기 시작했다.

다이묘들 중에는 자신이 다스리는 영지를 개혁하는 데에 성공하여 특산물 전매 등으로 경제력을 갖춘 번(藩)도 등장했다. 그중 상당수는 **중하층 계급의 유능한 인재들의 의견을 적극적으로 반영했다. 이런 인재들이 메이지 유신 정부의 중심을 이루는 초석이 되었다.

미일 수호통상조약과 개항

미일 화친조약은 기항지의 개항을 요구하는 데에 그쳤지만, 이어서 미국의 해리스 총영사는 미일 수호통상조약을 체결할 것을 강요했다. 영국, 프랑스, 러

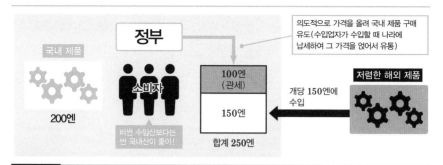

의도적으로 가격을 올려 국내 제품 구매 유도(수입업자가 수입할 때 나라에 납세하여 그 가격을 얹어서 유통)

정부

국내 제품

소비자

비싼 수입산보다는 싼 국내산이 좋아!

200엔

100엔 (관세)

150엔

합계 250엔

개당 150엔에 수입

저렴한 해외 제품

그림 7-16 관세의 구조

시아, 네덜란드와도 같은 조역을 체결하여 안세이 5개국 조약이라고도 불린 이 조약은 일본에서 죄를 지은 외국인을 그 나라의 영사가 재판한다는 영사 재판권을 인정하고, 협정에 따라 관세율을 결정하는 등 불평등 조항이 포함되어 있었다.

특히 경제 면에서 관세를 스스로 결정하지 못하고 협정에 따라야 하며 자국의 산업을 자국이 지킬 수 없는 것은 불리하기 짝이 없는 조항이었다(관세란 수입한 상품을 국내에서 판매할 때 의도적으로 높은 가격을 매겨서 해외 제품을 팔기 어렵게 만드는 것이다. 지금도 일본은 수입 쌀에 약 250퍼센트 이상 관세를 설정하여 '장벽'을 치고 일본의 쌀 농가를 보호하는 정책을 취하고 있다).

요코하마와 고베에 외국인 거주지가 설치되어 서양 국가와의 무역이 시작되자 일본도 국제 경제에 편입되었다. 개국을 하고 보니 일본과 해외의 금 가치가 다르다는 것이 드러나면서 상대적으로 저렴한 일본의 금이 해외로 유출되었다. 그래서 막부는 금화의 크기를 줄여서 금과 은의 관계를 수정했다. 그러자 물가가 급등하는 인플레이션이 발생하면서 일본의 경제는 혼란에 빠졌다.

또한 그 시대의 아시아 국가들과 마찬가지로 서구의 면직물과 모직물이 일본에 유입되었다. 국내의 수공업자가 타격을 받은 것은 마이너스였지만 명주실과 차 등은 해외의 수요가 많아서 개국 이후 무역액은 한동안 수출이 수입을 초과해 '수익을 낼 수 있었다.'

그러나 '관세자주권이 없다'는 불리함 때문에 점차 경제는 손실을 입었다.

개국 당시의 일본은 수출품에는 5퍼센트, 수입품에는 평균 20퍼센트의 관세를 매겼지만 외국은 수입 관세를 일률적으로 5퍼센트로 인하하라고 요구했다. 이것을 막부가 승인하자 수입이 수출을 초과하여 **금화와 은화가 국외로 유출되었다.**

막대한 비용이 들었던 개혁과 사족의 반란

발족 이후 얼마 되지 않아 메이지 정부는 쌀로 세금을 납부하는 불안정한 조세제도를 폐지했다. 재정 안정화를 위해서 번을 폐지하고 중앙 정부가 통치하는 현을 설치하는 행정 개혁을 단행했다. 이로써 전국의 토지에서 징세권을 확보한 정부는 세제를 토지 가격을 기준으로 정액제로 납부하는 지조(地租)로 전환했다.

에도 막부 시대의 무사는 '쓸모가 없어졌기' 때문에 무사에게 지급되던 급여를 '퇴직금'에 해당하는 일시금으로 지급하고 폐지했다. 다양한 특권을 박탈당한 사무라이 계급(이를 사족이라 한다)은 세이난 전쟁을 비롯해서 대규모 반란을 일으켰다. 또한 정부 주도로 철도와 전신의 정비, 제철소, 조선소, 광산개발 등의 사업이 추진되었다. 뿐만 아니라 서양의 기술을 도입하기 위해서 관영 모범 공장과 방적 공장인 도미오카 제사(製絲) 공장을 건설했다.

반란을 진압하고 근대화 정책을 추진하려면 막대한 비용이 들기 마련이다. 정부는 이것을 금과 은으로 교환할 수 없는 불환지폐를 발행하여 감당했다 (한때는 '세계 표준'에 맞추어 액면에 대응한 금과 교환할 수 있는 태환지폐를 발행하려는 시도도 있었지만 결국 실패했다).

태환지폐를 발행한 마쓰카타 재정

신정부는 지금까지 돈이 필요하면 불환지폐를 찍어내서 해결해왔다. 당연히 지폐를 찍어낼수록 화폐의 가치가 떨어져서 인플레이션이 발생했다. 이대로 내버려두면 수입(輸入)으로 인해 금과 은이 해외로 빠져나가고, 지폐는 찍어내서 '점점 부풀려져' 금화와 은화, 지폐의 균형이 무너지면서 지폐가 급속도로 신용을 잃고 인플레이션이 가속화될 것이었다.

그래서 정부의 재정 책임자가 된 마쓰카타 마사요시 대장경을 중심으로 본격적으로 통화 체제의 정비에 나섰다. 우선 증세에 의한 세입 증가를 꾀하고 긴축재정을 실시하여 세출을 줄였다. 지금까지 정부가 세운 공장과 광산도 민간에 팔아 돈을 받았다. 한편으로 지금까지 지나치게 찍어낸 지폐를 처분하여 은과 지폐의 양을 맞추고 새롭게 은화와 교환할 수 있는 지폐를 발행해서 '은본위제'를 확립했다. 언제든지 은행에서 은화와 교환할 수 있는 지폐를 발행하자 지폐의 가치가 다시금 상승했다.

그때까지는 기업에 투자해도 인플레이션율이 그것을 초과했으므로 기업에 대한 투자가 효율적으로 이루어지지 않았다(예를 들면 기업에 100엔을 투자했는데 그동안 돈의 가치가 반으로 쪼그라들면 이자가 붙어서 110엔을 상환받아도 예전의 55엔의 가치밖에 없기 때문이다). 이제부터는 인플레이션이 억제되고 기업에 대한 투자가 활성화될 것이라고 기대되었다.

한편으로 지폐가 대량 처분됨으로써 시중에 유통되는 화폐량이 감소하여 돈이 잘 돌지 않는 디플레이션이 진행되었다. 그러나 농촌의 지조세는 같은 금액이었으므로 농민들은 좀처럼 수중에 들어오지 않는 돈을 긁어모아 납세해야 했다. 점차 농촌은 대단히 괴로운 상황에 빠졌다. 토지를 팔고 도시로 내몰려 노동자가 되는 사람도 많았다.

일본의 산업 혁명

이런 투자와 노동력, 그리고 민간에 매도한 공장이라는 요인들이 겹쳐서 주식회사 설립 붐이 일어나 일본의 산업 혁명이 진행되었다. '돈의 순환을 일부러 정체시킨' 마쓰카타 내각에 의해 메이지 초기에는 내실 없는 회사가 파산하고 체력이 있는 회사만이 살아남아, 그에 대한 신뢰가 강화되었다.

여기에 청일전쟁에서 승리함으로써 막대한 배상금을 확보한 일본은 그 돈을 활용하여 중공업을 육성했다. 그리고 마침내 '세계 표준'인 금본위제로 이행할 수 있게 되었다.

순식간에 열강의 손에
분할된 아프리카

 검은 대륙에서 '자원의 보고'가 된 아프리카

앞에서 제국주의 정책을 펼친 자본주의 국가들의 동향과 오스만 제국과 인도, 중국 등 과거에는 강대함을 과시하며 독자적인 경제권을 조성했던 지역이 자본주의 국가의 영향을 받아 변화하는 모습을 살펴보았다.

이제부터는 서양 국가를 중심으로 한 제국주의적 정책의 영향을 받아 경제적인 종속이 이루어진 지역을 살펴보겠다.

아프리카는 19세기 중반까지 '검은 대륙'이라고 불린 미지의 땅이었다. 연안에서 노예무역의 거점으로서 식민지가 형성되기는 했지만, 내륙 지역은 식민지화가 진행되지 않았기 때문이다.

그러나 탐험가들이 점차 아프리카 내륙으로 진입하자 조금씩 식민지로서의 가치가 있음이 드러났다.

공업화가 진행되는 서양 국가들에게 중요한 자원인 동과 주석, 그리고 사탕수수와 카카오콩 등의 농산자원, 나아가 커피와 차 재배에 적합한 기후가 아프리카에는 있었다.

유럽은 광산물에서 농산물에 이르기까지 그야말로 '자원의 보고'인 아프리카를 주목하기 시작했다.

 두 나라를 제외하고 식민지가 된 아프리카

이로써 아프리카 내륙의 식민지 쟁탈전이 시작된다.

벨기에의 국왕이 사유지로서 콩고 영유를 선언한 것을 비롯하여 아프리카 종단 정책를 펼친 영국, 아프리카 횡단 정책을 펼친 프랑스를 필두로 하여 포르투갈, 독일, 이탈리아 등도 뛰어들면서 유럽 열강에 의한 식민지 쟁탈전이 격화되었다.

침공하는 유럽 국가들에 대항하여 아프리카 현지의 나라와 부족들은 저항을 시도했지만 엄청나게 차이가 나는 군대에 제압당해 제1차 세계대전 이전에는 아프리카의 독립국이 라이베리아와 에티오피아밖에 남지 않게 되었다. 각국은 광산 개발과 농산자원 개발을 적극적으로 추진했고, 유럽 제품을 아프리카로 들여와 새로운 시장을 개척하려고 했다.

남아프리카의 금을 노린 영국

영국은 아프리카 진출을 특히 중시했다. 영국의 공업 생산이 독일과 미국에 추월당해 세계 3위로 밀려나자 해외 투자에 의한 이자, 배당으로 돈을 벌어들이는 '세계의 은행'이라는 비즈니스 모델로 전환했기 때문이다.

금본위제 국가들에게 금 보유량은 곧 화폐 보유량을 의미했다. 국가가 보유하고 있는 금의 양이 곧 그 나라의 경제력 지표가 되었다. 남아프리카 주변에서는 연이어 금광이 발견되었고, 영국은 투자 '밑천'을 만들어 금본위제의 세계를 이끌기 위해서라도 남아프리카의 금광을 개발할 필요가 있었다.

영국은 남아프리카 주변의 영토를 확장할 목적으로 대규모 남아프리카 전쟁을 일으켰지만, 전쟁에서 고전을 면치 못하면서 오히려 국력이 소모되고 막대한 전쟁 비용만 들었다.

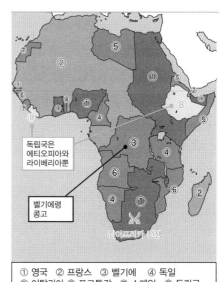

독립국은 에티오피아와 라이베리아뿐

벨기에령 콩고

남아프리카 전쟁

① 영국 ② 프랑스 ③ 벨기에 ④ 독일
⑤ 이탈리아 ⑥ 포르투갈 ⑦ 스페인 ⑧ 독립국

그림 7-17 열강의 아프리카 분할

타이를 제외하고
열강의 식민지가 된 동남아시아

 네덜란드의 가장 중요한 식민지가 된 인도네시아

포르투갈, 스페인, 네덜란드가 진출한 동남아시아도 그 무렵 열강의 본격적인 진출로 인해 세계 경제와 연결되었다. 동남아시아는 단숨에 서구 열강의 식민지가 되었고 유일한 독립국은 타이뿐이었다.

예부터 인도네시아령을 소유한 네덜란드는 동남아시아의 식민지화를 추진했다. 한때는 세계의 경제 패권을 장악했지만 19세기가 되자 남쪽 절반을 차지한 벨기에가 분리 독립하는 바람에 원래부터 작았던 네덜란드의 경제 규모는 더욱 축소되었다.

네덜란드도 서유럽 국가의 일원으로서 산업 혁명을 이루기를 바랐다. 작은 나라인 네덜란드는 식민지인 인도네시아에서 그 재원을 얻으려고 했다. 네덜란드는 인도네시아에 강제 재배 제도를 도입하여 자바 섬에 있는 경작지에 강제적으로 사탕수수, 커피 따위를 재배하도록 했다. 인도네시아의 농민들은 이 제도로 수입을 얻을 수 있었으므로 경제적으로는 다소 풍요로워졌다. 그러나 쌀 농사를 지을 땅에 상품 작물을 재배했기 때문에 흉작인 해에는 기근에 시달려야 했다.

 영국과 프랑스의 진출과 타이

인도에 세력권을 구축하고 중국과의 무역을 확장할 요량이었던 영국은 페낭, 말라카, 싱가포르를 해협 식민지로 삼았고, 주석과 천연고무를 얻기 위해서 말레이시아에 진출하여 영국령으로 삼았다. 인도 바로 옆에 있는 버마는 영국이 병사를 보내서 인도 제국으로 편입시켰다.

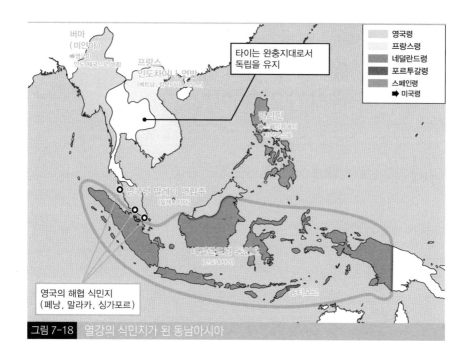

버마
(미얀마)
➡영국의
인도 제국으로 병합

프랑스
인도차이나 연방
(베트남, 캄보디아, 라오스)

타이는 완충지대로서
독립을 유지

필리핀
➡스페인령에서
➡미국령으로

영국령 말레이 연합주
(말레이시아)

네덜란드령 동인도
(인도네시아)

영국의 해협 식민지
(페낭, 말라카, 싱가포르)

동티모르

영국령
프랑스령
네덜란드령
포르투갈령
스페인령
➡미국령

그림 7-18 열강의 식민지가 된 동남아시아

한편 프랑스는 인도차이나 반도에 파병하여 베트남과 캄보디아를 프랑스
의 보호국으로 만들었고, 타이의 지배를 받고 있던 라오스를 전쟁으로 빼앗
아 프랑스령 인도차이나 연방을 이룩했다.

영국령과 프랑스령 사이에 낀 모양새가 된 타이는 영국과 프랑스에 많은
영토를 양도하며 타협하여 양국의 충돌을 방지하는 완충지대로서 살아남
았다. 영토는 상당히 축소되었지만, 타이는 축소된 영토에 재빨리 철도망을
깔아 근대화를 서둘렀다.

미국의 손에 넘어간 필리핀

필리핀은 스페인의 가장 중요한 식민지였으나 필리핀의 민족운동가가 미
의 지원을 받아 독립운동을 일으켰다. 이 운동으로 필리핀은 일시적으로 독립
했지만, 미국이 민족운동을 탄압하는 정책으로 전환하자 필리핀은 미국령으
로 편입되었다.

경제적 종속이 심화된
라틴아메리카와 태평양

 열강의 음식 문화를 뒷받침한 라틴아메리카

대서양 혁명의 일환으로 라틴아메리카 국가들은 독립을 쟁취했다. 그러나 식민지 시대부터 내려온 대토지 소유자가 여전히 경제 주도권을 쥐고 있었다. 이들과 이들의 토지에 노동력을 제공하던 아프리카계 노예와 혼혈인 사이의 경제적 격차는 크게 벌어졌다.

게다가 영국과 미국의 자본가들이 새로운 경제적 지배층으로 들어오게 되었다. 유럽에서 철도와 증기선, 냉동기술이 도입되어 남아메리카의 농작물을 유럽으로 수출할 수 있게 되었다. 특히 아르헨티나의 쇠고기는 냉동 선박에 실려 영국으로 대량 수출되어 유럽 각국으로 팔려나가 서민의 식탁에 오르게 되었다. 또한 칠레의 초석과 브라질의 커피 등의 수출량도 증가했다.

한편 중앙아메리카는 미합중국의 영향을 강력하게 받았다. 미국은 남북 아메리카 각국들과의 연대를 강화한다는 명목으로 미주회의(Pan-American Conference)를 정기적으로 개최하여 라틴아메리카에 대해서 강력한 영향력을 행사했다.

 태평양도 열강에 의해 분할되었다

태평양 각국으로 진출한 주인공도 영국과 미국이었다. 영국령이 된 오스트레일리아는 처음에는 범죄자들을 유배 보내는 '유형지'였지만, 그곳에서 금광이 발견되자 이민자들이 대거 몰려들면서 광물 자원의 막대한 산지가 되었다. 그후에 영국은 오스트레일리아의 자치권을 인정하고 동서와 남북을 잇는 철도망도 정비했다. 또한 영국은 뉴질랜드와 뉴기니아 일부도 점유했다.

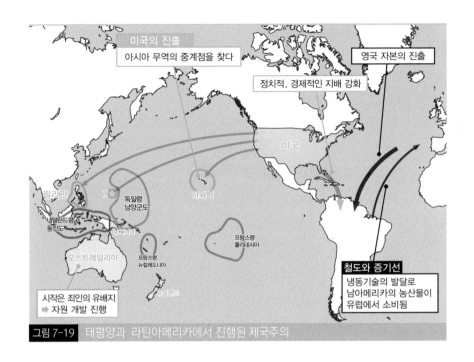

여 미국의 진출
아시아 무역의 중계점을 찾다

영국 자본의 진출

정치적, 경제적인 지배 강화

미국

필리핀 괌
네덜란드령
동인도
독일령
남양군도
하와이
프랑스령
폴리네시아
오스트레일리아
프랑스령
뉴칼레도니아

시작은 죄인의 유배지
➡ 자원 개발 진행

철도와 증기선
냉동기술의 발달로
남아메리카의 농산물이
유럽에서 소비됨

그림 7-19 태평양과 라틴아메리카에서 진행된 제국주의

캘리포니아를 점유하며 태평양에 도달한 미국은 중국 시장에 진출할 목적으로 동아시아로도 무역선을 보냈다. 일본이 문호를 개방하자 일본은 '영국과 프랑스의 세력권'과 중국과 미국의 접점에 존재하는 교차점이 되었다. 이것은 일본의 근대화와 산업 혁명을 촉진하는 원인으로 작용했다.

미국과 중국, 일본과의 무역량이 증대되면서 중요도가 높아진 곳이 바로 하와이이다. 광활한 태평양을 횡단하는 장거리 항로에서 연료와 식량의 보급기지로서 하와이는 무척 중요한 위치에 있었으며, 하와이도 미국과의 무역으로 이익을 얻기 위해서 사탕수수 대농원을 경영하기 시작했다. 어느새 하와이는 미국 경제에 의존하게 되었고 경제와 문화의 미국화가 진행되었다. 종국에 미국은 하와이의 여왕을 퇴위시키고 하와이를 미국에 병합하면서 50번째 주로 만들었다. 미국은 스페인과의 전쟁에서 승리하며 필리핀과 괌을 획득했고, 독일과 프랑스도 태평양의 섬들을 획득했다. 이런 식으로 열강은 태평양을 분할했다.

돈과 물건뿐 아니라
사람도 대이동

 이민자를 가장 많이 받아들인 나라, 미국

지금까지 살펴보았듯이 19세기는 전 세계의 돈과 물건의 연결 고리가 확장되던 시대였다. 돈과 물건의 이동뿐만 아니라 이 시대에는 사람, 즉 이민도 크게 증가했다. 그래서 19세기를 '이민의 세기'라고도 한다.

유럽의 경제적 발전은 인구의 급격한 증가를 낳았다. 경제적으로 넉넉해진 사람들도 많았지만, 농지와 식량의 부족 현상이 일어나 빈부 격차가 커지면서 먹고 살기 힘들어진 사람들도 늘어났다. 특히 경제적 발전이 제국주의 국가들보다 한발 늦었던 아일랜드, 노르웨이, 이탈리아 등의 북유럽과 남유럽, 동유럽 국가들에서는 비싼 임금과 농지를 찾아 고국을 떠나려는 이민자들이 많았다.

특히 영국의 지배하에 있었던 아일랜드는 곡물을 영국에 수출하도록 되어 있었기 때문에, 가난한 농민들은 척박한 땅에 감자를 심어서 배를 채울 수밖에 없었다. 그런데 긴 장마로 인해서 감자잎마름병이 전국을 덮친 '감자 대기근'이 발생하자, 인구의 5분의 1(약 100만 명)이 사망하고, 5분의 1은 이 기근을 피해 해외로 탈출했다고 한다. 이런 국외 탈출은 이민의 세기에서도 가장 유명한 이민 사례로 알려져 있다.

이렇게 여러 나라에서 온 해외 이민자들을 가장 많이 받아들인 나라가 바로 세계 제일의 공업국이자 유럽 국가들과는 상대가 되지 않을 정도로 넓은 영토를 보유하고 있는 미국이었다. 미국에는 공장 노동자로서도, 농민으로서도 이민자들을 받아들일 수용력(capacity)이 있었다. 뉴욕 만에 있는 엘리스 섬에는 이민국이 설치되어 이곳을 통해서 1,700만 명이 넘는 이민자들이 미국 땅을 밟았다. 엘리스 섬 남쪽에 자리한 리버티 섬에는 자유의 여신상이 서 있는데, 이 여신상은 미국으로 입국하는 이민자들이 반드시 올려다보는 미국의 상징이 되었다.

다양한 민족이 이민자가 되었다

한편 많은 아시아인들도 세계 각지로 이주했다. 영국을 비롯한 제국주의 국가들은 연이어 노예제를 폐지했고, 미국도 남북전쟁을 통해서 노예의 해방을 선언했다. 그 때문에 아시아에서 온 이민자들은 노예를 대신하여 저렴한 노동력으로 활발하게 전 세계의 대농장이나 광산으로 유입되었다.

경제적인 이유에서의 이민뿐만 아니라 러시아와 동유럽에서 일어난 유대인 박해로 인해서 자신이 살던 곳에서 추방되어 난민에 가까운 형태로 이주한 유대인들도 상당히 많았다. 이러한 아시아 이민자와 유대인 이민자들은 임금 수준도 낮고 중노동에 종사하는 경우가 많았다.

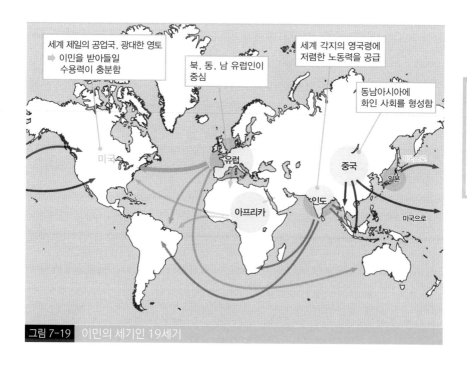

그림 7-19 이민의 세기인 19세기

국력의 전시장이 된 열강의 수도

 19세기 말의 '좋은 시대'

제국주의 국가들을 선도한 나라에게 제국주의와 자본주의 시대는 일상에 상품이 넘쳐나고 급속한 도시화가 진행된 시대였다. 영국, 프랑스, 오스트리아, 독일 등의 대국은 자국의 수도를 '자신의 국력을 과시하는 전시장'으로 만들기 위해서 도시계획을 세우고 아름다운 근대적 도시로 탈바꿈시켰다. 대중교통이 마을을 지나고 백화점에는 각양각색의 상품이 전시되며 사람들은 고층 주택에서 사는 생활양식이 퍼지면서 대중 소비 문화가 찾아온 것이다.

훗날에 사람들은 제1차 세계대전, 제2차 세계대전과 그에 따른 격동을 경험하게 되는데, 그들은 지나간 19세기 말의 번영을 되돌아보며 벨 에포크(belle époque), 즉 '좋은 시대'라고 불렀다. 자본주의의 모순을 지적하고 타도를 제창한 사회주의자들도 지속적으로 성장한 자본주의와 그로 인해 풍요로워진 사람들을 보아왔기 때문에, 일부 사회주의자들은 자본주의의 장점을 인정하며 자본주의에 대한 공격 강도를 낮추고 의회 주도의 개혁을 통해서 서서히 평등한 사회를 달성하면 된다는 수정주의(Revisionism)로 전향하기도 했다.

그러나 이 번영의 밑바닥에는 식민지 지배가 있었다. 서구 사회를 발전한 지역, 그외의 나라를 뒤떨어진 지역으로 나누고, '우리가 너희를 문명화해주고 있으니 고맙게 생각하라'며 식민지 지배와 제국주의를 정당화하고 우월감과 차별의식을 품는 사람들도 많았다.

제국주의 국가들이 세계 분할을 거의 마쳐서 '빈자리'가 없어지자, 더욱 큰 부의 원천을 얻으려면 다른 나라의 식민지를 빼앗을 수밖에 없었다. 이런 새로운 긴장감이 증폭되면서 19세기가 저물어가고 있었다.

제 8 장

공황에서 분단으로

두 번의 세계대전과 세계공황
(20세기의 시작 – 제2차 세계대전)

러시아 혁명
(2월 혁명, 10월 혁명)

루르 점령

세계 공황 발생

관동 대지진

사라예보 사건

역사의 무대

세계 경제를 크게 변모시킨
두 번의 전쟁과 그 사이

　이 시대에 일어난 두 차례의 세계대전과 세계대전 사이의 기간이 경제에 미친 영향은 훗날 세상을 크게 바꾸어놓았다. 제국주의 국가들의 대립이 절정에 달한 제1차 세계대전에서부터 세계 최초의 사회주의 국가가 성립된 러시아 혁명, 독일에 부과된 엄청난 배상금, 미국의 전성기와 불황, 블록 경제화와 세계의 분단, 히틀러의 등장과 생존권 확대 등 하루가 다르게 세계 정세가 변했다. 이 시대에 일본도 관동대지진과 연쇄 공황을 겪으며 전쟁의 길을 걷기 시작했다.

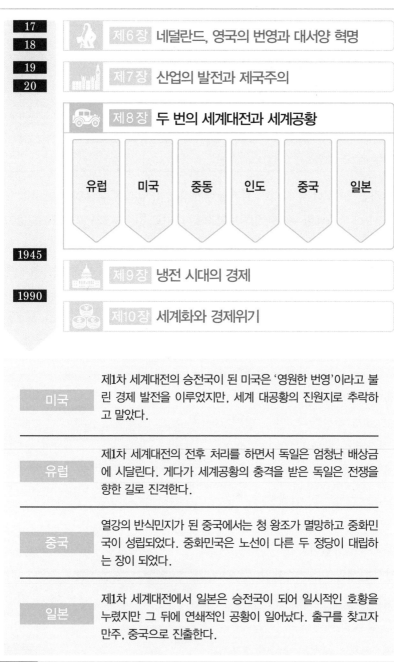

17 18	제6장	네덜란드, 영국의 번영과 대서양 혁명
19 20	제7장	산업의 발전과 제국주의
	제8장	**두 번의 세계대전과 세계공황**

| 유럽 | 미국 | 중동 | 인도 | 중국 | 일본 |

| 1945 | 제9장 | 냉전 시대의 경제 |
| 1990 | 제10장 | 세계화와 경제위기 |

미국	제1차 세계대전의 승전국이 된 미국은 '영원한 번영'이라고 불린 경제 발전을 이루었지만, 세계 대공황의 진원지로 추락하고 말았다.
유럽	제1차 세계대전의 전후 처리를 하면서 독일은 엄청난 배상금에 시달린다. 게다가 세계공황의 충격을 받은 독일은 전쟁을 향한 길로 진격한다.
중국	열강의 반식민지가 된 중국에서는 청 왕조가 멸망하고 중화민국이 성립되었다. 중화민국은 노선이 다른 두 정당이 대립하는 장이 되었다.
일본	제1차 세계대전에서 일본은 승전국이 되어 일시적인 호황을 누렸지만 그 뒤에 연쇄적인 공황이 일어났다. 출구를 찾고자 만주, 중국으로 진출한다.

제8장 공황에서 분단으로

제8장 【두 번의 세계대전과 세계공황】 개요도

열강에 의해서 분할된 '잠자는 사자'

🚗 열강에 의한 청의 분할과 멸망

　'잠자는 사자'라고 불리며 잠재능력에서는 유럽의 열강급인 청나라였지만, 청일전쟁에서 패배한 뒤에는 일본보다 약한 나라로 간주되면서 열강의 거침없이 침탈을 당했다.

　열강은 청의 영토를 강제적으로 빌려서 철도를 부설하고 자국 제품의 시장을 내륙으로까지 확장했다. 청은 열강의 압박에 맞서서 선전포고를 했지만, 오히려 청을 공격할 명분을 내어준 꼴이 되었다. 결국 청은 열강의 진출을 허용하게 되었다.

　특히 러시아는 청에 적극적으로 진출하여 그 시대에 세력권을 남쪽으로 크게 확장했다. 만주 방면으로 진출하는 러시아와 한반도로 진출하는 일본과의 이해관계가 대립하면서 러일전쟁이 발발했다. 이후 청 왕조는 **쑨원**을 중심으로 한 신해혁명으로 멸망했다.

　남북전쟁과 미국-스페인 전쟁을 벌이느라 중국 진출에 한발 늦은 미국은 중국에 대해 문호 개방 선언을 하며, '시장'으로서의 중국에 경제적으로 진출할 기회를 촉구했다.

조선은 일본의 세력권에
➡ 러일전쟁 후 일본이 합병

타이완과 랴오둥 반도는 일본이 확보
➡ 랴오둥 반도는 삼국 간섭으로 반환

러시아의 세력권

독일의 세력권

영국의 세력권

일본의 세력권

프랑스의 세력권

미국

미국은 '문호개방 선언'을 통해서 중국 시장으로의 경제적 진출을 꾀함

그림 8-1 식민지화가 진행된 중국

경제적인 의도도 얽힌 '유럽의 화약고'

 '세계 정책'으로 전환한 독일

　19세기 말과 20세기 초에 독일의 재상이었던 비스마르크와 영국의 빅토리아 여왕이 차례로 세상을 떠났다. 비스마르크는 국가 간의 이해관계를 조정하는 역할을 하며 유럽의 균형을 잡는 외교정책을 펼쳤다. 빅토리아 여왕은 영국뿐 아니라 독일, 러시아, 핀란드, 노르웨이, 스페인 왕가와도 혈연관계로 이어진 '유럽의 할머니'로서 무시할 수 없는 존재감을 가지고 있었다. 유럽을 안정시켰던 두 사람이 세상을 떠나자 유럽은 급속히 전쟁을 향해 걸어갔다.

　그 변화의 중심에 있었던 것이 바로 독일이다. 비스마르크 사후의 독일을 주도한 인물이자 빅토리아 여왕의 손자이기도 한 독일의 황제 **빌헬름 2세**가 '세계 정책'을 제창하며 제국주의적 확대 정책에 나선 것이다.

　독일은 영국보다 늦게 공업화의 길에 들어섰지만, 후발주자의 이점을 잘 살려서 이익이 큰 철강, 전기, 화학 등 중공업에 집중하여 합리적인 생산활동을 벌였다. 공업 생산액은 이미 영국을 추월했고, 공업 제품을 유럽 전역에 판매하여 이익을 올렸다.

　그러나 공업이 발전할수록 더 많은 시장이 필요해졌다. 기업은 원래 수익의 일부를 생산을 확대하기 위한 '확대재생산'에 충당한다. 확대재생산을 했는데, 그 상품을 판매할 곳이 없으면 이익은커녕 손실이 발생한다. 공장 노동자들은 지속적으로 증가했고 국가 차원에서 그들을 먹여 살려야 했다. 결국 독일은 '식민지 제국'의 자리를 영국이나 프랑스에게서 빼앗아 자국의 시장을 확대하려고 했다.

　독일은 해운력을 증강하여 오스만 제국으로부터 바그다드 철도를 건설할 권

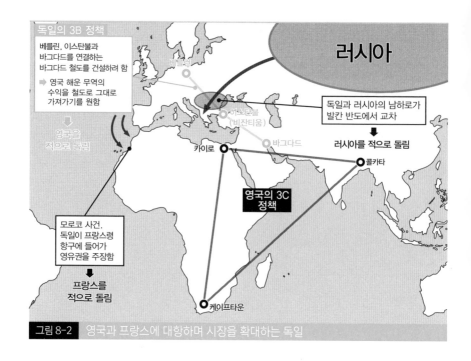

그림 8-2 영국과 프랑스에 대항하며 시장을 확대하는 독일

리를 확보했다. 이 철도가 완성되어 독일과 동맹국인 오스트리아를 지나는 철
도와 연결되면, 영국이 이권을 누리던 아시아로 진출하기가 쉬워진다. 베를린,
이스탄불(비잔티움), 바그다드를 연결하는 독일의 이 정책을 3B 정책이라고 하
며, 카이로, 케이프타운, 콜카타를 연결하는 영국의 3C 정책에 대항하는 것으로
인식되었다. 뿐만 아니라 이 경로는 러시아의 남하 경로와 교차하는 발칸 반도
를 통과하는 길이기도 했다.

삼국협상 측의 속셈

이러한 독일의 정책에 대한 대응으로, 영국, 프랑스, 러시아 3국은 삼국협상
이라는 관계를 구축한다. 영국은 남아프리카 전쟁에서 고전하면서 그때까지 '영
광스러운 고립'이라고 칭하며 '강 건너 불구경'을 하던 태도를 더 이상 견지할 수
없게 되었고, 독일의 팽창 정책을 억제하기 위해서 프랑스와 러시아에 다가갔
다. 프랑스는 러시아에 활발하게 투자하면서 관계를 강화했다.

러시아는 프랑스의 자본으로 철도를 건설하고 공업화를 추진할 수 있게 되었다. 독일의 남하 경로를 억제하며 꿈에 그리던 남하에 성공하여 추운 겨울철에도 얼지 않는 지중해의 항구가 손에 들어오면, 우크라이나의 밀과 카자흐스탄의 목화 등을 수출할 판로를 확보할 수 있었다.

슬라브 민족의 맹주였던 러시아는 오스만 제국이 '손을 놓은' 발칸반도의 슬라브 민족 소국들을 자기 편으로 끌어들여 동맹관계를 맺고 발칸 반도로 진출하려는 독일과 대립했다.

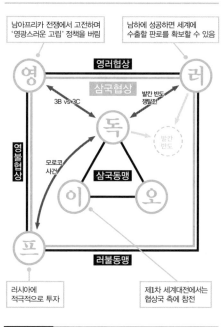

그림 8-3　삼국협상 VS 독일의 구도

오스만 제국과 미국의 속셈

영국에 점차 종속되어 절반은 식민지 상태가 된 오스만 제국은 독일에 접근하여 바그다드 철도 건설을 승인했다. 당시 오스만 제국은 크림 전쟁과 러시아-튀르크 전쟁 등 러시아의 남하에 맞선 전쟁을 치르면서 영국과 프랑스에게 빌린 막대한 차입금이 남아 있었다. 독일과의 협력관계를 구축하면 '차입금 상환 연장'과 '러시아의 남하 방지'라는 두 가지 효과를 노릴 수 있었다. 오스만 제국은 제1차 세계대전에 참전한 뒤, 곧바로 차입금 지급 정지를 일방적으로 선언했다.

한편 미국은 아메리카 대륙과 유럽은 서로 간섭하지 않는 것을 기본 방침으로 삼고 있었다. 미국은 라틴아메리카와 중국 시장에 대한 경제적 진출에 초점을 맞추었고, 제1차 세계대전 전야의 열강의 대립과는 거리를 두었다.

전 세계를 끌어들인 유럽 전쟁

 제1차 세계대전의 발발

이렇듯 여러 나라들의 속셈이 얽히고설킨 상황에서 '유럽의 화약고'로 불린 발칸 반도에서 세르비아인이 오스트리아의 황위 계승자를 암살한 사라예보 사건이 발생했다. 오스트리아는 세르비아에 선전포고를 했다. 세르비아의 동맹국인 러시아, 오스트리아의 동맹국인 독일, 러시아와 협력관계였던 영국과 프랑스, 독일과 협력관계였던 오스만 제국, 단 몇 주일 사이에 이 전쟁은 영국, 러시아, 프랑스를 중심으로 한 '연합국'과 독일, 오스트리아, 오스만 제국

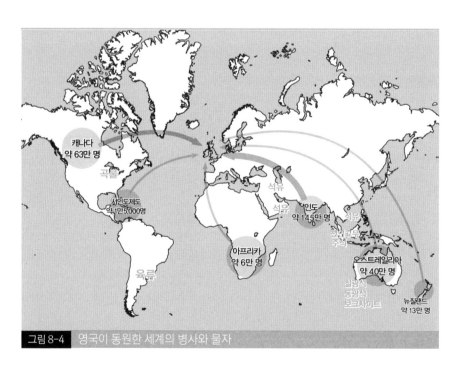

그림 8-4   영국이 동원한 세계의 병사와 물자

캐나다
약 63만 명

곡물

서인도제도
약 1만 5,000명

석유

석유

인도
약 145만 명

석유

아프리카
약 6만 명

오스트레일리아
약 40만 명

찹쌀
농광식
보크사이트

뉴질랜드
약 13만 명

육류

육류

을 중심으로 한 '동맹국'이 맞붙은 제1차 세계대전으로 발전했다.

유럽의 주요국이 모두 참전한다는 것은 이 전쟁이 아프리카와 아시아와도 무관하지 않음을 의미한다. 당시 유럽의 주요국이 식민지로 삼은 면적은 세계의 절반을 넘었고, 인구는 당시 세계 인구의 3분의 1 이상이었다. 전쟁에서 이기려면 각국이 '글로벌 네트워크'를 온전히 활용해야 했다.

영국을 예로 들면 영국은 이 전쟁터에 인도와 캐나다, 오스트레일리아, 뉴질랜드, 남아프리카 등 다양한 지역에서 동원한 병력을 투입했다. 오스트레일리아의 동, 말레이시아의 천연고무, 오만의 석유 등 자원도 결집하여 전쟁을 수행했다. 그런 지역 역시 전쟁에 휘말린 지역이라고 할 수 있다.

🚗 연이은 금본위제 탈피

전쟁이 돈에 미친 중요한 변화로는 그때까지 유럽 열강의 각국이 '세계 표준'으로 확립해온 금본위제를 제1차 세계대전 중에 연이어 중지한 것을 꼽을 수 있다.

앞에서도 설명했지만, 영국이 확립하고 다른 나라들이 그 뒤를 좇아 채택했던 금본위제는 금화의 액면과 동일한 액면의 지폐를 발행해서 언제든지 교환할 수 있게 함으로써 종이 돈에 신용을 부여하는 구조였다.

금본위제를 채택한 국가와 수출입 거래를 할 때는 대단히 편리하고 원활하게 무역을 할 수 있었다. 예를 들면 영국의 1파운드 금화의 중량은 약 8그램, 독일의 20마르크 금화의 중량도 약 8그램이므로(순금이 아닌 22금으로 제조되었으므로 실제 금의 중량은 그보다 다소 적다) 1파운드는 20마르크, 이렇게 금으로 시세가 고정되어서 일일이 금화의 개수를 셀 필요 없이 '금의 중량'만 측정해서 결제하면 되었다.

그러나 이런 구조는 '전시'에는 적합하지 않았다. 전쟁에서 패배하여 국가가 소멸되고 지폐와 금화와의 교환을 보증하는 은행도 사라지면, 지폐는 종잇조각이 된다. 사람들은 '종이'보다 '금' 자체를 원했으므로 지폐를 금화로 교환해달라고 요구했다. 한편 군수물자를 사들여 수입이 증대되자 금은 해외로도 빠져나갔다. 국가가 보유한 금이 점점 줄어들자 국가의 돈의 흐름이 악화되면서 공황 상태가 오고 군수물자도 조달도 할 수 없게 되었다. 금본위제인 국가에게 수중의 금이 없어지는 것은 나라의 재정이 파탄나고 전쟁을 수행할 능력을 잃게 된다는 의미였다.

그리고 금본위제는 돈이 많이 필요할 때 지폐를 임시로 대량 발행할 수 없다는 단점이 있었다. 앞의 예를 들어보면 20마르크 금화는 약 8그램이므로 만약 국가가 8톤의 금을 보유하고 있다면 '언제든지 교환할 수 있다'는 조건으로는 지폐를 2,000만 마르크밖에 발행할 수 없다(실제로는 보유한 금보다 많은 지폐가 인쇄되었으므로, 모든 지폐와 교환할 수 있는 금은 애초에 존재하지 않는다. 만약 지폐를 금으로 바꿔달라는 사람이 늘어나면 국가 재정은 신용을 잃고 파산한다). 전쟁 중에 갑자기 돈이 필요해져서 돈을 마구 찍어내고 싶어도 금본위제에서는 그럴 수가 없다.

그래서 열강은 금본위제를 폐지하고 금과 교환할 수 없는 불환지폐를 발행하여 지폐와 금의 교환을 중단했다. 또 금을 수출(금으로 무역 거래를 하는 행위)하는 것도 금지해서 국가가 보유한 금의 양을 유지하고 전쟁 비용이 증가하는 것에 대비하려고 했다(금으로 결제를 할 수 없었으므로 무역은 불환지폐나 현물교환, 또는 전쟁 후 외상으로 하는 선택지가 남았다).

그러나 불환지폐는 금이라는 신용이 뒷받침되지 않는, 사회적 합의가 필요한 지폐이기 때문에, 지폐를 많이 찍어내면 찍어낼수록 그 가치가 종잇조각에 가까울 정도로 폭락한다.

참전국은 전쟁 비용을 충당하기 위해서 대량으로 지폐를 발행했으므로 프랑스에서는 지폐 가치가 5.5분의 1, 독일에서는 15분의 1로 엄청나게 폭락했다. 그때까지 지폐 1장으로 살 수 있었던 물건이 15장이나 필요해진 것이다. 지폐의 가치는 떨어지고 그 대신 물가가 껑충 뛰었다. 이런 식으로 화폐 가치가 하락하고 물가는 상승하는 인플레이션이 진행되었다. 전쟁으로 인해서 물자 부족과 화폐 가치의 하락이 동시에 진행되자, 국민들은 '열심히 일해서 아무리 많은 급여를 지폐로 받아도 먹을 것을 살 수 없는' 혼란에 빠졌다.

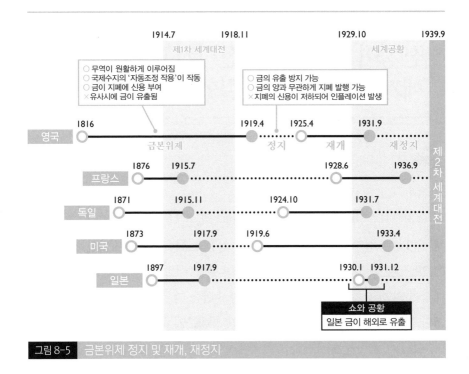

그림 8-5 금본위제 정지 및 재개, 재정지

금본위제를 고수하려고 했던 영국

　남아프리카 전쟁 등에서 고전하며, 영국의 국운에 그늘이 드리우기는 했지만, '금본위제'의 원조이며, 해운이나 투자로 얻은 금을 비축하고 있었던 영국은 유출 방지책을 강구하면서도, 국제 결제에서는 계속해서 금을 사용하며 금본위제를 어떻게든 지키려고 했다.

　그러나 군수물자를 금으로 구입하면 보유하고 있던 금은 점점 감소할 것이었다. 국내에서는 금본위제를 취하면서도 금 보유량을 초과하는 지폐가 이미 '뺑튀기'가 되어 영국 지폐의 가치는 전쟁 중에 약 8분의 1로 떨어진 것이 현실이었다. 제1차 세계대전 종전 이후 피폐해진 영국도 금본위제의 유지가 불가능해져서 금본위제를 이탈했다.

전쟁이 기술을 발전시키고 세계를 하나로 연결했다

 총력전과 신무기

제1차 세계대전이 장기화되면서 공업, 농업 등 모든 분야의 생산력은 전쟁에 우선적으로 투입되었다. 즉 본격적인 '총력전'이 전개된 것이다. 총력전에서 이기려면 전장에서 적군을 물리치는 것만으로는 충분하지 않았다. 그 배후에 있는 **생산력 자체를 공격해서 위축시켜야 했다.** 이로 인해 일반 시민들도 공격 대상이 되었고, 전장에서 사망한 병사의 수만큼 많은 비전투원 희생자가 발생했다. 식량과 물자가 전선으로 수송되었기 때문에 시민들은 생활고에 시달렸다. 실제로 굶어 죽는 사람들도 있었다.

전쟁으로 인해서 밝은 미래의 상징이었던 과학 기술이 잇달아 군사 기술에 적용되었다. 라이트 형제가 세계 최초로 유인동력 비행에 성공하고 11년 뒤인 제1차 세계대전에서는 비행기가 '전쟁을 위한 도구'로 전투 현장에 투입되었다. 러일전쟁 무렵부터 활발하게 사용되기 시작한 기관총은 거의 모든 전선에서 수많은 사상자들을 냈다. 농업용 트랙터를 바탕으로 전차가 개발되었고, 바다에서는 독일의 잠수함이 함선을 격파했다. 한때 '대서양의 늑대'로 불렸던 독일의 U보트가 대표적이다. 또한 화학의 발전은 독가스 등의 생화학 무기를 낳았다. 산업 혁명 이후 발달한 **철도망은 전선에 지속적으로 병사를 보충하는 역할도 했다.**

 미국의 참전과 스페인 독감

장기간 지속된 전쟁을 타개하기 위해서 독일은 U보트를 이용해서 상선을 공격하는 작전을 펼쳤다. 독일은 무제한 잠수함 작전이라고 칭하며 적국인 영국과 프랑스를 향하는 배는 설령 중립국의 상선이라고 해도 무차별적으로 공격했다.

영국과 프랑스의 물자를 말려버릴 의도였지만, 독일의 이 작전은 역효과를 낳았다. 다수의 상선이 침몰하자 미국에서 반(反)독일 감정이 높아지면서 미국이 연합국 측에서 참전한 것이었다. 그때까지 중립을 유지하며 강 건너 불구경만 했던 '세계 제일의 공업국' 미국이 적으로 돌아서면서 독일은 열세에 몰렸다. 그 상황에서 벗어나기 위해서 무모한 출격을 반복한 결과, 병사들의 불만이 커지면서 독일에서 혁명이 일어났다. 여기에 노동자들이 가세했고 혁명은 독일 전역으로 확산되었다. 결국 당시의 황제 빌헬름 2세가 네덜란드로 망명하면서 전쟁은 막을 내렸다.

그런데 미국이 유럽의 전장으로 군을 파견하자 예기치 못한 것이 전 세계로 퍼져나갔다. 바로 미국에서 유행하던 독감이었다.

제1차 세계대전에는 거의 전 세계에서 병사와 물자가 집중되었다. 순식간에 그 경로를 따라 독감이 전 세계로 퍼져나갔고, 최소한 당시 세계 인구의 4분의 1에 해당하는 5억 명이 감염되었고, 5,000만 명 이상이 희생된 세계적인 대유행(Pandemic)이 발생한 것이다. 독감의 대유행을 알린 것이 중립국인 스페인이었다. 그래서 각국은 이 병을 스페인 독감이라고 부르게 되었다.

일본이 보는 제1차 세계대전

일본은 '영일동맹'을 체결하고 영국과 프랑스, 러시아 측에서 참전하여 중국에서 독일의 세력권이었던 산둥 반도와 독일이 소유한 태평양의 섬들을 공격했다. 제1차 세계대전의 주요 전장이 유럽이었고 참전국들은 유럽에 주목하고 있었기 때문에, 아시아는 유럽 국가에 '노마크' 상태였다. 일본은 영국과 프랑스, 러시아, 3국의 지원을 받으면서 중국에 진출할 수 있는 절호의 기회를 얻은 것이다. 일본의 정치 원로인 이노우에 가오루가 '하늘의 도움'이라고 말했을 정도였다. 유럽의 공업 생산품이 군수물자로 집중된 틈에 일본의 섬유 제품과 상선이 전 세계에 팔렸고 일본에는 '벼락부자'가 등장했다.

세계 최초의 사회주의 국가가 막을 열다

공업 대국이 된 러시아

제1차 세계대전은 여러 나라들에 커다란 영향을 미쳤다. 그중에서도 러시아는 제정 러시아가 붕괴하고 세계 최초의 사회주의 국가인 소비에트 연방이 탄생하는 엄청난 변화를 경험한다.

러시아는 오랫동안 경제적, 사회적으로 다른 유럽 국가들에 비해서 크게 뒤져 있었다. 그러나 제1차 세계대전이 발발할 무렵의 러시아는 철강 생산 세계 4위, 석유 생산은 세계 총생산량의 절반을 차지하는 대국이 되어 있었다. 크림 전쟁에서 패배한 뒤에 '농노 해방령'을 내리고 근대화로 방향을 전환한 러시아가 프랑스의 투자를 적극적으로 받아들여 공업화를 추진했기 때문이다.

제정을 무너뜨린 민중의 시위

그런데 겉으로 보기에는 대국이었지만 황제가 통치하는 '제정' 러시아는 이미 기울어가고 있었다. 러시아는 사회기반시설 정비에 쓰이는 자재와 산업 진흥을 위한 기계를 수입하는 데에 필요한 비용을 마련하기 위해서 곡물을 수출했다. 그런데 이것은 국민의 식탁에 올라와야 하는 식량까지도 수출품으로 돌린 '기아 수출'이었다. 사람들은 점차 빈곤해졌다. 또한 농노 해방을 선언했지만, 그들은 국가의 토지를 경작해야 했고 무거운 세금이 부과되어 '국가의 농노'나 다름없는 신세였다. 이러한 민중의 곤궁함이 정치 불신을 불러왔다.

러일전쟁을 치를 당시, 러시아에서는 생활고에 시달리던 민중이 모여들어 대규모 시위를 벌였다. 그러자 황제의 친위대가 민중을 향해 발포하여 피의 일요일 사건이 일어났다. 이후 제1차 러시아 혁명이라는 일련의 반정부 폭동이 발생했다.

제1차 러시아 혁명의 움직임에 대해서 정부는 국회를 개설하고 헌법을 제정하는 등 어느 정도 양보하는 태도를 보였지만, 황제의 독재는 여전했고 정부는 개혁에 소극적이었다.

제1차 세계대전이 시작되자 경제 상황은 나날이 악화되었다. 먹을 음식이 없어 굶주린 노동자들이 시위와 폭동을 일으켜 자본가에게 평등한 분배를 요구하기에 이르렀다. 병사들도 이 폭동에 가담하여 노동자에게 무기를 공급하기까지 했다.

황제는 자신의 강대한 권력을 뒷받침해준 병사들이 반란의 중심에 섰음을 알고 퇴위를 결정했다. '제2차 러시아 혁명'인 2월 혁명으로 러시아의 황제 독재 체제라는 긴 역사는 막을 내렸다.

황제 대신 그때까지 황제 독재하에서 불만을 품었던 정치세력이 결집해서 임시정부를 조직하고 정권을 잡았다.

 ## 2월 혁명 뒤에도 전쟁을 계속한 임시정부

황제를 퇴위시키고 권력을 쥔 임시정부였지만, 정부를 지지하는 층에는 자본가들이 많았다. 그들은 민중의 기대를 저버리고 전쟁을 계속하겠다는 방침을 표명했다.

자본가에게 전쟁은 하나의 비즈니스 기회였다. 또한 러시아 기업들 중 상당수가 프랑스로부터 융자를 받고 있었기 때문에, 전쟁을 중단하면 러시아와 영국, 프랑스의 관계가 악화될 것이고, 그에 따라 두 나라가 융자를 상환하라고 하면 기업의 운용자금이 없어질지도 모른다는 두려움이 있었던 것이다. 한편 굶주린 민중은 '빵과 평화'를 원했다.

레닌이 주도한 사회주의 혁명

빵과 평화를 원하는 민중의 기대는 사회주의를 제창한 정당인 볼셰비키를 이끄는 **레닌**에게 집중되었다. 레닌은 민중의 이사회인 소비에트에 권력을 집중시켜 민중이 나라를 움직일 것과 전쟁을 즉시 중단할 것을 호소하며 무력 항쟁에 나섰다. 내부가 분열되며 불안정했던 임시정부가 무너지고 소비에트 정권이 수립되었다. 이것이 바로 10월 혁명이다.

🚗 안팎으로 적을 둔 소련

이렇게 해서 볼셰비키가 중심이 되어 국가의 정치를 펴는 소비에트 정권이 성립되었다. 볼셰비키는 생산수단을 공유하고 똑같이 일하고 똑같이 분배함으로써 빈부격차를 없애는 것을 지향하는 사회주의 정당이므로 정권을 잡자마자 지주에게서 토지를 몰수하고 국유화했다. 기업들의 국유화도 진행했다.

그리고 소비에트 정권은 민중의 기대에 부응하여 전쟁을 중단할 것을 독일과 교섭했다. 그러나 전쟁을 그만두는 것도 대가를 치러야 했다. 적대국인 독일에 광대한 영토를 양도하고 배상금을 지급해야 전쟁을 멈출 수 있었다. 영국, 프랑스, 미국, 일본 등의 연합국 측은 고통스러운 전쟁을 치르고 있는데 같은 팀인 러시아가 마음대로 전쟁을 그만둔다는 것에 분노했다.

소비에트 정권은 이런 압박에 대항하기 위해 각국의 사회주의 세력에게 '너희 나라에서도 혁명을 일으켜서 정부를 쓰러뜨리고 노동자 정권을 세워라'라고 부추겼다. 연합국 측은 '소련을 무너뜨리기' 위해서 군대를 파견했다. 이것을 간섭전쟁이라고 한다.

이 간섭전쟁에는 러시아 내부의 반소비에트 세력도 동조했다. 안팎으로 '혁명의 적'을 둔 소비에트 정권은 전시공산주의라는 체제를 취하여 반혁명 세력을 탄압함으로써 국가를 통제하고 안팎의 적으로부터 혁명을 지키려고 했다(그후에도 일당독재를 내건 사회주의 국가에서는 '혁명의 적'을 만들어내고 투쟁을 위해서라는 명목으로 정부가 강한 권력을 잡는 것을 정당화하는 일이 많이 일어났다). 정부는 국민을 상대로 농산물을 강제로 징수하고 강제노동을 시켰다. 혁명으로 평등한 세상이 찾아오리라고 기대했던 민중은 실망하고 일할 의욕을 잃었다.

이윽고 나라 안팎에서 이어진 전쟁으로 고통스러워하던 소비에트 정권은

우크라이나 등의 소비에트 정권과도 연합하여 소비에트 사회주의 공화국 연방 (소련)을 형성했다. 그리고 소비에트의 핵심인 볼셰비키는 공화당이라고 부르게 되었다.

제1차 세계대전에 이어 간섭전쟁과 내전은 '평등한 나라를 만들기 위해서'라고는 하지만, 민중이 보기에는 전쟁이 계속되는 것에는 변함이 없었다. 민중의 궁핍함은 극에 달했고 많은 사람들이 굶어죽었다.

🚗 스탈린이 추진한 계획경제

그래서 레닌은 신경제정책(NEP)이라는 자본주의 경제를 일시적인으로 시행하여 기업이 외국으로부터 융자를 받아 수익을 내는 일이나 남는 농산물을 판매하는 것을 허가하여 자유롭게 돈을 벌 수 있게 했다.

여전히 표면상으로는 사회주의의 이상을 내걸면서도 '개혁을 위한 일보 후퇴'라고 말하며 방침을 전환하자, 사람들의 근로 의욕이 회복되었다. 그리고 다시금 자본주의가 부활하며 부유층이 등장했다. 역설적이게도 사회주의의 간판을 내리자, 생산력이 제1차 세계대전 이전 수준을 회복한 것이다.

이 신경제정책을 추진하던 중에 레닌은 사망했다. 경쟁자들을 물리치고 레닌의 뒤를 이어 소련의 실권을 쥔 사람이 **스탈린**이다. 스탈린은 신경제정책을 부정하고 소련에 본격적인 사회주의 경제를 건설하기 위한 '5개년 계획'을 실시했다. 국가의 계획하에 중공업을 진흥시키고 농민에게 국유지를 할당하여 '평등한 분배'를 실현하려고 했다.

계획경제에 의해서 중공업을 중심으로 한 특정 산업은 발전했으나, 국민의 생활을 풍요롭게 하는 소비재에는 훈기가 돌지 않았다. 자신의 토지와 가축은 압수당하고 애착이 없는 토지와 가축을 할당받은 농민들은 근로 의욕을 잃었다. 그에 따라 생산 수준도 떨어졌다. 이런 사람들의 불만에 대해 스탈린은 철저한 탄압과 숙청으로 대응했다. 무려 1,000만 명이 넘는 사람들이 처형되거나 강제수용소에서 생을 마쳤다고 한다.

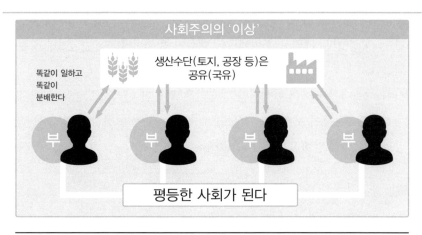

사회주의의 '이상'

똑같이 일하고
똑같이
분배한다

생산수단(토지, 공장 등)은
공유(국유)

부   부   부   부

평등한 사회가 된다

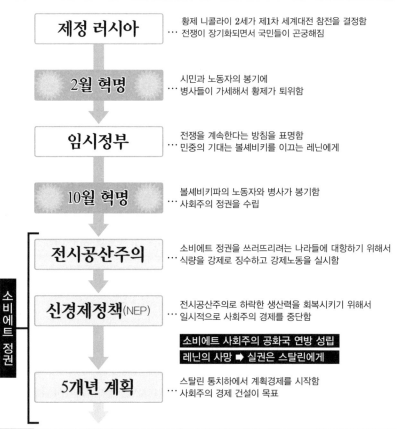

제정 러시아 ··· 황제 니콜라이 2세가 제1차 세계대전 참전을 결정함
전쟁이 장기화되면서 국민들이 곤궁해짐

2월 혁명 ··· 시민과 노동자의 봉기에
병사들이 가세해서 황제가 퇴위함

임시정부 ··· 전쟁을 계속한다는 방침을 표명함
민중의 기대는 볼셰비키를 이끄는 레닌에게

10월 혁명 ··· 볼셰비키파의 노동자와 병사가 봉기함
사회주의 정권을 수립

전시공산주의 ··· 소비에트 정권을 쓰러뜨리려는 나라들에 대항하기 위해서
식량을 강제로 징수하고 강제노동을 실시함

신경제정책(NEP) ··· 전시공산주의로 하락한 생산력을 회복시키기 위해서
일시적으로 사회주의 경제를 중단함

소비에트 사회주의 공화국 연방 성립
레닌의 사망 ➡ 실권은 스탈린에게

5개년 계획 ··· 스탈린 통치하에서 계획경제를 시작함
사회주의 경제 건설이 목표

소비에트 정권

그림 8-6 러시아 혁명의 진행

214

전쟁 뒤의 독일을 괴롭힌 막대한 배상금

독일에 부과된 천문학적인 배상금

제1차 세계대전이 끝난 유럽은 그야말로 폐허가 되었다. 패전국인 독일이나 오스트리아는 당연히 엉망진창이었지만, 전쟁에서 승리한 영국과 프랑스도 국토가 황폐화되었을 뿐만 아니라 전쟁을 수행하기 위해서 미국에게 빌린 막대한 차입금을 상환하는 데에 시달려야 했다.

극단적인 재정 악화와 차입금 상환을 위해서 **승전국은 패전국에게 막대한 배상금을 요구했다.** 독일에 부과된 배상금은 1,320억금 마르크라는 천문학적인 금액이 책정되었다('금 마르크'는 '금이 뒷받침하는' 마르크라는 의미로 앞에서 예로 든 20마르크 = 8그램의 금화로 환산한 액수로 지불하라는 뜻이기도 하다. 즉 배상금을 지불하기 위해 지폐를 마구 찍어내서 빠져나갈 생각은 하지 말라는 소리이다). 1,320억금 마르크는 전쟁 이전 독일 국민총생산의 3배 이상인 금액으로 국가의 재정 규모를 넘어서는 상식에 벗어난 액수였다.

루르 지방을 담보로 잡은 프랑스와 벨기에

독일은 3년간은 배상금을 제대로 지불하려고 노력했지만 점차 배상금 지급이 연체되었다. 그러자 프랑스와 벨기에는 독일 서부의 대규모 공업지대인 루르 지방을 점령하여 그곳의 생산품을 압류하고 '배상금의 담보'로 삼으려고 했다.

그러나 루르 지방 사람들도 독일을 사랑하는 독일인이므로 프랑스를 위해서는 열심히 작업을 하려고 하지 않았다. 그들은 태업이나 파업을 일으켜서 소극적으로 저항했다. 독일 정부는 프랑스에 외교관을 파견하여 배상금 감액

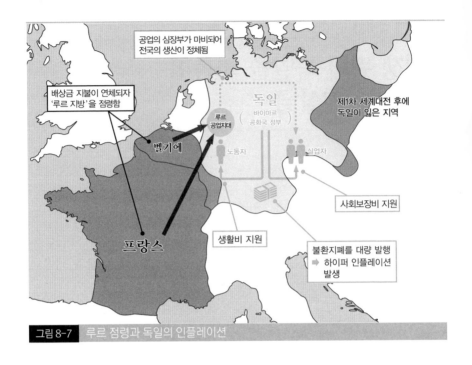

그림 8-7   루르 점령과 독일의 인플레이션

을 요청했다. 한편으로 루르 지방 사람들에게는 나라에서 생활비를 지원하여 '소극적 저항'을 뒤에서 지지해주었다.

🚗 하이퍼 인플레이션의 발생

당시 루르 지방은 독일 석탄의 약 70퍼센트, 철강의 약 80퍼센트를 생산하는, 말 그대로 '독일 공업의 심장부'였다. 루르 지방의 생산 정지가 미친 영향은 그 지방뿐 아니라 석탄과 철강을 이용하는 독일 전역의 관련 산업으로까지 뻗어나갔다. 국내 곳곳에서 생산이 중단되자 독일 국민은 고통받기 시작했다.

바이마르 공화국이라고 불린 제1차 세계대전 후의 독일은 가장 민주적인 헌법이라고 평가받은 헌법을 바탕으로 사회보장제도를 충실히 이행하는 정책을 펼쳤는데 그것도 부메랑이 되었다. 생산이 중단되어 일자리를 잃은 국민의 생활을 보장해주어야 했기 때문이다.

독일은 어쩔 수 없이 대량의 지폐를 찍어서 긴급 수혈을 하고 사회보장비로 충당하려고 했다. 금이 뒷받침하지 않는 대량의 불환지폐가 공급되자 지폐는 더욱 종잇조각에 가까워졌다. 그뿐 아니라 기업의 운용 정지에 따른 물자 부족이 겹치면서 돈과 물건의 균형이 심각하게 무너져내렸다. 지폐 가치의 하락과 물가 급상승 현상이 나타나며 파괴적인 하이퍼 인플레이션(Hyper inflation)이 발생했다. 제1차 세계대전을 시작했을 때와 비교하면, 독일의 물가는 1조2,000억 배로 뛰었고, 독일 경제는 대혼란에 빠졌다.

프랑스와 벨기에는 독일에게 배상금을 받을 수 있는 상황도 아니었고, 양국이 일방적으로 독일 땅을 점령한 데 대해서 국제적인 비난을 받았기 때문에 루르 점령을 중단했다.

위태로운 인플레이션 수습

독일의 위태로운 인플레이션은 렌텐마르크(Rentenmark)라는 새로운 지폐를 발행함으로써 일단락되었다. 렌텐마르크와 기존 지폐의 환율은 1조 마르크가 1렌텐마르크로 정해졌다. 렌텐마르크는 금이나 은이 아닌 '독일 각지의 농장과 공장을 담보로 한 수입 청구권'과 교환할 수 있는 특수한 방법으로 신용을 보장한 지폐였다.

또한 새로운 지폐는 무제한으로 발행된 것이 아니라 그 양을 조절하면서 시장에 유통했다. 그 결과 놀랍게도 인플레이션은 렌텐마르크 발행과 함께 완전히 멈추었다.

독일에 뻗은 미국의 손길

인플레이션은 수습되었지만, 전후 부흥과 차입금의 상환을 원하는 승전국이 패전국인 독일에게 책정한 막대한 배상금을 지불할 돈이 없는 독일이 배상금을 연체하면서 승전국은 경제 부흥도 이루지 못하고 차입금 상환도 하지 못하는 악순환이 계속되었다. 이런 상태로는 아무리 오랜 시간이 흐른다고 해도 영국과 프랑스는 미국에게 빌린 돈을 갚을 수 없었다. 또한 유럽에는 살벌한 사회적 분위기가 차오르니 언제 또 루르 지방의 점령과 같은 사태가 벌어질지도 몰랐다.

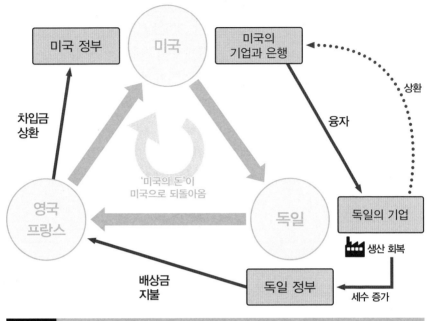

미국 정부

미국

미국의
기업과 은행

상환

차입금
상환

융자

'미국의 돈'이
미국으로 되돌아옴

영국
프랑스

독일

독일의 기업

생산 회복

배상금
지불

독일 정부

세수 증가

그림8 8 배상금 순환 고리

그래서 미국은 사태를 수습하기 위해 은행가 찰스 도스를 유럽으로 파견하여 도스 안(Dawes Plan)이라는 독일 배상금 지불 방법을 고안했다.

도스 안은 먼저 미국이 독일 기업에 적극적으로 융자한다. 그리고 독일 기업은 그 돈을 밑천으로 제품을 생산한다. 독일 경제가 되살아나면 세금에서 배상금을 지급할 수 있게 되어 배상금을 받은 영국과 프랑스가 미국에 차입금을 상환한다. 이것은 미국의 자금이 한 바퀴 돌아 미국으로 돌아오는 고리를 형성하는 셈이다.

독일은 원래 중화학 공업 분야에서 생산성이 높았으므로 자금만 공급되면 순조롭게 생산 궤도를 달릴 수 있었다. 국제 경제는 안정되었고 영국, 프랑스도 경제 부흥과 차입금 상환을 이룰 수 있었다. 이 구조로 인해서 유럽의 상황이 호전되고 독일의 배상금 감액과 상환기간 연장이 인정된 덕분에 세계는 안정을 되찾아갔다.

'영원한 번영'을 장담한 미국의 모습

 ## 채무국에서 채권국이 된 미국

제1차 세계대전에서 가장 이득을 본 나라는 미합중국일 것이다. 전쟁을 시작하기 전의 미국은 세계 최대의 공업국이자 외국으로부터 차입을 하는 채무국이었다. 그러나 제1차 세계대전이 발발하자 참전하기 전에는 중립국의 위치를 지키면서 영국과 프랑스에 자금을 빌려주었고, 참전한 뒤에는 연합국 측의 승리를 확정하는 결정적인 역할을 했다. 더구나 유럽에서 일어난 전쟁이었으므로 미국 내부는 거의 타격을 입지 않았다. 이렇게 해서 세계대전 뒤의 미국은 세계에서 거의 유일한 '채권국'이 되어 국제 금융의 주도권을 잡게 되었다.

 ## 대량생산과 대량소비의 생활양식

탁월한 공업 생산력과 경제력을 보유한 미국에서는 생활양식에 변화가 일어났다. 대량생산과 대량소비에 기반을 둔 생활양식이었다.

포드 모델로 대표되는 대중용 자동차와 전기냉장고, 오븐 등의 가전제품과 같은 상품들이 일상을 채웠고, 라디오 방송과 마을에 걸린 광고가 구매 욕구를 자극했다. 통신판매와 할부 지급 등 물건을 사고 싶으면 언제든지 살 수 있는 시스템도 생겼다.

뉴욕에는 번영의 상징처럼 마천루라고 불리는 고층 건물들이 늘어섰고 쇼 비즈니스와 영화, 재즈 등 미국의 대중문화가 꽃을 피웠다. 미국의 번영을 중심으로 세계 경제가 기지개를 켜자, 미국을 필두로 다시금 '금본위제'로 돌아가려는 움직임이 나타났다.

세계대전의 영향을 받은 아시아의 변화

전간기의 아시아 국가들

　제1차 세계대전은 아시아 국가들에게도 커다란 영향을 미쳤다.

　오스만 제국은 패전국이 되어 영토 대부분을 잃었지만, 군인이자 정치가인 **무스타파 케말**이 군대를 이끌고 연합국에 반전공세를 퍼부어 영토를 일부 회복했다. 무스타파 케말(케말 파샤)은 터키 혁명을 일으켜 술탄 제도를 폐지하고, 터키 공화국을 세워 초대 대통령이 되었다. 원래 오스만 제국령이던 이라크와 시리아는 영국과 프랑스가 통치하게 되었고, 영국과 프랑스는 활발하게 석유 개발을 추진했다.

　인도는 전쟁에 협력하는 대가로 영국으로부터 자치권을 보장받았고, 제1차 세계대전의 전장으로 150만 명의 군인을 보냈다. 그러나 전후 자치는커녕 독립운동을 탄압당했다. 영국에 협력한 것이 허사로 돌아간 인도에서는 **마하트마 간디**와 같은 민족운동가를 중심으로 한 영국에 대한 저항운동이 일어났다.

　중국에서는 제1차 세계대전에 의한 '미국의 경제적 승리'와 '러시아 혁명에 의한 소련의 탄생'이라는 두 사건에 영향을 받아 국민당과 공산당이 출범했다. 재벌과 자본가가 지지하는 민주주의 정당인 국민당과 소련의 영향을 받은 노동자와 농민층이 지지하는 사회주의 정당인 공산당은 서로 각을 세우며 대립했다.

　일본은 제1차 세계대전 중 유럽 각국이 전쟁을 하느라 정신이 없는 틈을 타 아시아 시장에 공업 제품을 판매함으로써 호황을 맞았다. 그러나 전후 공황이 발생했고 관동대지진이 일어났다. 기업과 은행이 연쇄적으로 타격을 입었고 금융 공황과 쇼와 공황으로 일본은 극심한 불경기에 시달렸다.

빚투성이의 사상누각이 무너지다

 붕괴의 전조였던 농업 불황

제1차 세계대전 후의 미국 경제는 '영원한 번영'이라고까지 불릴 만큼 발전했지만, 실은 보이지 않는 곳에서부터 붕괴 조짐이 나타났다.

첫째, 농업의 부진이다. 제1차 세계대전 중 미국은 식료품을 증산하여 유럽으로 수출했는데, 전쟁이 끝나자 유럽의 생산이 회복되면서 미국의 수출량이 감소했고 농산물이 남아돌게 되었다.

그러나 일단 작물을 증산한 농가는 좀처럼 생산량을 줄이지 못했다. 트랙터 등의 개량으로 농업 생산량은 더 증가했다. 생산할수록 농작물이 남아돌아 손해를 보는 상황이 되면서 농촌의 경제력은 점차 하강선을 그리게 되었다.

 빚투성이의 '영원한 번영'

둘째, 공업의 생산 과잉이다. '영원한 번영'의 대량생산과 대량소비가 이어지면서 상품이 점점 잘 팔렸다. 기업은 은행에서 융자를 받아 자금을 조달하여 더 많은 상품을 생산했다. 기업의 실적이 올라가면 주가도 오르기 때문에 사람들은 앞다투어 주식을 산다. 사람들은 더 큰 수익을 내기 위해 은행이나 증권사에서 돈을 빌려 주식을 사게 되었다. 앞다투어 주식이 팔리고 주가는 급등했다. 사람들은 은행에서 융자를 받아서 상품을 사기도 했다.

즉 '영원한 번영'은 기업이 대출을 받아 상품을 만들고 사람들은 대출한 돈으로 그 기업의 주식과 그 기업의 상품을 사는 빚(대출)이라는 모래 위에 지은 누각이었던 것이다. 사람들의 수요가 거의 충족되자 기업은 과도한 재고를 떠안게 되었다.

기업은 은행에서 차입한 돈으로 상품을 생산한다. 그러므로 상품이 팔리다 남으면 차입금을 상환하지 못한다. 즉 파산 위기에 빠진다.

기업의 실적 부진으로 인해 주가가 하락하자, 사람들은 더 떨어질지도 모른다는 불안에 사로잡혀 주식을 최대한 빨리 팔아치우려고 했다. 1929년 10월 24일, 미국 뉴욕 월 가의 뉴욕 증권 거래소에 매도 주문이 쇄도하면서 주가가 대폭락했다. 이른바 '검은 목요일(Black Thursday)'이었다.

주식을 헐값에 팔아치운 사람들에게 남은 것은 주식을 사려고 은행에서 빌린 차입금이었다. 그리고 빌려준 돈을 돌려받지 못한 은행도 경영이 악화되었다. 은행이 파산하기 전에 예금을 인출하려고 사람들이 은행에 몰려가서 인출 소동을 일으키기도 했다.

그래서 기업과 은행이 연쇄 도산하는 대공황이 발생했다.

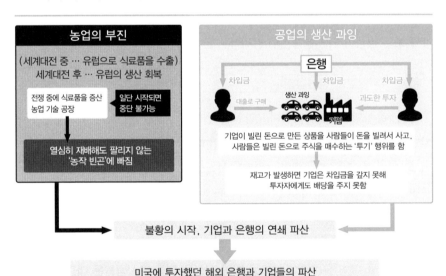

그림 8-9   세계공황의 발생

공황이 발생하자 그 영향은 거의 전 세계로 파급되었다. 미국의 은행과 투자자들은 '우리도 힘드니까 빌려준 돈을 갚으라고' 그때까지 융자를 해준 독일 기업을 상대로 손바닥 뒤집듯이 대금 회수에 나섰다. 독일 기업들의 자금 사정은 순식간에 악화되었고 독일 경제가 붕괴했다.

독일을 구제하기 위해 당시 미국 대통령인 **후버**는 영국과 프랑스에 대한 독일의 배상금 지급을 1년간 유예했고, 영국과 프랑스에도 미국에 대한 차입금 상환을 유예하며 상황을 지켜보는 정책을 실시했다. 이것을 후버 모라토리움 (Hoover Moratorium)이라고 한다. 그러나 상황은 1년 만에 타개할 수 있을 정도로 호락호락하지 않았다. 미국과 독일 등에 적극적으로 투자했던 영국과 프랑스의 은행도 잇달아 실적이 악화되면서 공황 상태는 전 세계로 퍼져갔다.

전시처럼 국가의 중앙은행이 파산할 가능성이 있을 때 금본위제를 시행하면, 사람들은 휴지가 될지도 모르는 지폐보다는 금이 좋다고 생각하고 지폐를 금으로 교환하기 시작한다. 그러면 국가의 금 보유량이 줄어들고 국가에 돈이 제대로 유통되지 않아 불황이 진행된다. 그래서 각국은 다시금 금본위제를 버리고 지폐를 마구 찍어낼 수 있는 불환지폐로 전환한다.

금과 교환이 보장되지 않는 불환지폐는 당연히 금과 언제든지 교환할 수 있는 태환지폐에 비해서 가치가 떨어지므로 실질적인 '통화 가치의 하락'이 발생한다. 통화 가치가 하락하면 외국으로서는 같은 돈으로 과거보다 더 많은 상품을 수입할 수 있는 '바겐 세일' 효과를 누릴 수 있다. 따라서 재고가 많은 기업을 구제할 수 있다.

한편 각국은 외국의 상품을 수입할 때는 높은 관세를 매겨 자국의 기업을 지원하는 보호무역적 정책을 펼쳤다. 수출을 할 때는 바겐세일을 하지만 수입을 할 때는 서로 높은 관세를 매기며 견제하는 상황이 벌어졌다. '우리 물건은 팔고 싶지만 상대의 물건은 사지 않겠다'는 국가들이 서로 무역 장벽을 세우는 폐쇄적인 상황이 발생한 것이다.

공황 대책 속에서 단절된 각국의 관계

 미국의 뉴딜 정책

공황의 진원지인 미국의 공황을 수습하기 위해서 나선 사람은 후버를 제치고 대통령으로 취임한 **프랭클린 루스벨트**였다. 그는 기존의 경제 호황으로 뒷받침되었던 '자유 방임' 정책을 버리고 뉴딜 정책(New Deal Policy)이라는 일련의 공황 대책을 시행했다. 국가가 생산을 통제해 과잉 생산을 막고, 막대한 공공사업을 일으켜서 고용을 창출함으로써 빈곤한 사람을 구제하기 위해서 예산을 할당하는 등 정부가 적극적으로 경제에 개입한 것이다. 미국은 라틴아메리카와 캐나다와 협정을 체결하여 국가 간의 관세를 내리고 '달러 블록'이라는 경제적인 연결 고리를 강화함으로써 영국과 프랑스의 '블록 경제'에 대항하려고 했다.

영국과 프랑스의 블록 경제

영국과 프랑스는 풍부한 식민지를 가지기 위해서 식민지와 본국 간에 관세를 인하하여 자급자족적인 경제권을 만들었다. 이것을 블록 경제라고 한다.

영국은 인도, 오스트레일리아, 남아프리카 등의 식민지 자치령과 협정을 맺어 관세를 인하하고 경제를 회복시키려고 했다.

그 결과 영국은 공업 제품을 블록 내의 각국으로 수출하고 블록 내의 국가들은 영국에 원재료와 식량을 수출하는 국제 분업체제가 형성되었다. 경제 상황이 나아지고 블록 내의 생산이 회복되기 시작했다. 영국의 이 같은 블록 경제를 파운드 블록이라고 한다.

프랑스는 자국의 식민지와 네덜란드, 벨기에 등과 함께 프랑 블록을 형성했다. 프랑스는 금본위제를 유지하려고 했으므로 금본위제를 유지하려던 국가

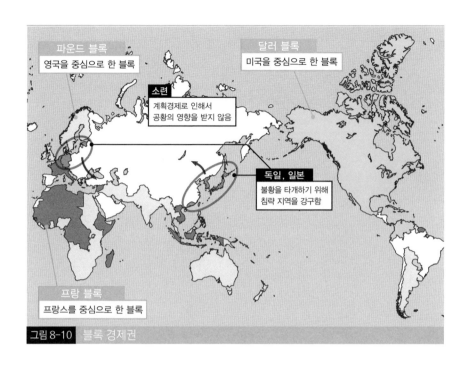

파운드 블록
영국을 중심으로 한 블록

달러 블록
미국을 중심으로 한 블록

소련
계획경제로 인해서
공황의 영향을 받지 않음

독일, 일본
불황을 타개하기 위해
침략 지역을 강구함

프랑 블록
프랑스를 중심으로 한 블록

그림 8-10   블록 경제권

들과 블록을 결성했고, 그밖의 지역에는 높은 관세를 매겼다. 환율을 안정시
켜 무역을 촉진하는 금본위제의 장점을 프랑스 중심의 블록 안에서만이라도
유지하려고 했지만, 블록 내 국가들과의 무역이 활성화되지 않아 경기는 뒤로
미끄러졌고 블록은 무너져갔다.

소련의 계획경제

　세계공황이 발생했을 당시 소련은 **스탈린**이 주도하던 '5개년 계획'을 한창
진행 중이었다. 겉보기에는 공황의 영향을 받지 않고 소련의 경제가 발전하고
있었으므로, 소련은 사회주의에 의한 '계획경제'가 자본주의보다 훨씬 뛰어나
다고 선전했다. 그러나 그 이면에는 무리한 계획에 동원된 민중과 스탈린에게
반기를 드는 사람들에 대한 탄압과 처형, 강제노동 등 많은 사람들의 희생이
감추어져 있었다.

공황이 덮친 독일에
히틀러가 등장하다

 공황에 직격탄을 맞은 독일

　미국의 투자가 중단되었을 뿐만 아니라 차입금을 회수당할 지경이 된 독일은 경제가 무너져서 극심한 고통에 시달렸다. 공업 제품의 수출이 생명선이던 독일에게는 각국이 블록 경제권을 형성하여 독일 제품을 수입하지 않게 된 것도 타격이었다. 독일은 공업 제품을 판매하는 시장이 될 식민지가 없는, '못 가진 나라'였으므로 자급자족을 할 수 없었던 것이다.

　돈이 없는 독일은 일단 지출 삭감을 단행하는 정책을 폈다. 그러나 불황의 시대에 정부가 지출의 끈을 졸라매자 시중에는 점점 돈이 유통되지 않게 되었다. 결국에 불황은 더욱 심각해졌다. 독일의 실업자는 당시 인구의 약 10퍼센트에 달하는 600만 명이었다. 그래서 독일 정부는 정책을 전환하여 아우토반(고속도로)으로 대표되는 공공사업을 확대하려고 했다. 그러나 예산을 책정하지 못해서 사업은 좀처럼 진척되지 않았다(훗날 히틀러 정권이 아우토반 건설을 강력하게 추진한다).

 히틀러에 의한 생존권 확대

　그런 상황에서 나치당을 이끌고 독재 권력을 쥔 사람이 바로 **히틀러**이다. 히틀러는 독일 국민의 단결을 외치며 공공사업과 군비 확장을 밀어붙여 실업자들을 구제했다. 독일의 공업 생산력이 회복되며 경기에 훈풍이 불고 실업자가 거의 사라졌다.

　공공사업이나 군비 확장에 들어가는 막대한 예산은 다양한 형태로 발행된 어음으로 외상 처리되었고, 몇 년 뒤에 그 외상을 국가가 갚겠다는 방식으로

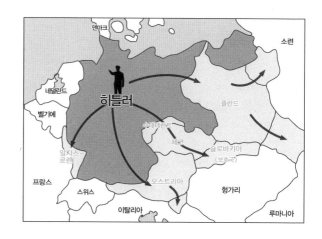

```
┌─────────────────┐
│ 세계공황으로      │
│ 미국으로부터의 융자가│
│ 중단됨            │
└─────────────────┘
        │ 미국의 차입금 회수 요구
        │ 세출 삭감
        ▼
┌─────────────────┐
│ 실업자 급증       │
└─────────────────┘
        │ 독일 국민의 단결을 호소하는
        │ 히틀러의 지지율 상승
        ▼
┌─────────────────┐
│ 히틀러의 정권 장악 │
│ • 공공사업 확대    │
│ • 군비 확장       │
└─────────────────┘
        │ 재원을 어음 발행으로 충당
        │ 파산 가능성이 존재함
        ▼
┌─────────────────┐
│ '생존권'을 추구하며 │
│ 동유럽을 병합,     │
│ 보호국으로        │
└─────────────────┘
        │ 확대되는 독일에 대해
        │ 영국과 프랑스가 경계
        ▼
┌─────────────────┐
│ 제2차 세계대전 발발│
└─────────────────┘
```

그림 8-11 독일의 생존권 확대

처리했다.

그러나 마지막에 돈을 갚는 것은 독일 정부이므로, 결제를 하기 전에 '어떤' 수단을 강구해야만 했다. 돈을 마구 찍어내서 무리하게 결제하려고 하면 하이퍼 인플레이션이 발생하여 경제가 붕괴될 것이었다. 그것을 피하려면 미국이나 영국, 프랑스 등 해외로부터 빌렸던 차입금을 연체하거나 이웃 국가를 병합하거나 군사적으로 제압해서 독일 경제에 편입시키는 '무력의' 길을 선택해야 한다.

원래부터 히틀러는 '생존권' 확대를 제창하고 군사적 팽창을 주장하며 군비를 마련했지만, 그 배경에는 이렇게 빚을 갚기 위한 타개책이 필요했다는 경제적인 측면도 있었다. 히틀러가 이끄는 독일은 오스트리아와 체코를 병합하고 그 경제를 독일 경제에 편입시켰다. 그리고 폴란드를 침공한 독일에 대해 영국과 프랑스가 선전포고를 하여 제2차 세계대전이 발발했다.

일본이 겪은 연쇄적 공황

🚗 연쇄 공황과 대륙으로의 진출

관동대지진 이후 공황이 연이어 발생한 일본은 본격적으로 중화학 공업을 육성하여 수출 무역으로 수익을 내려고 했다. 그러기 위해서 일본은 제1차 세계대전이 벌어졌을 당시에 중단했던 금본위제로 돌아갔다.

그러나 그때는 마침 세계공황이 발생하여 각국이 금본위제를 중단한 상태였다. 그런데 일본만이 금본위제로 복귀한 것이다. 게다가 일본은 금의 가격을 비교적 저렴하게 책정했기 때문에 무역을 진흥하기는커녕 일본의 금이 대량으로 유출되고 말았다. 금본위제를 채택한 나라에서 금이 유출되면 돈이 제대로 돌지 못한다. 그 때문에 일본에서는 최악의 불경기라고 불렸던 '쇼와 공황'이 발생했다.

그래서 일본은 다시 금본위제를 중지하고, 돈을 발행하여 긴급 수혈에 나섰다. 이 시기에 일본은 중국 만주에서 군사행동을 확대하며 만주국을 세웠다. 이어서 중일전쟁에서는 중국의 수도인 난징을 점령하고 친일파 정권을 세웠다.

이런 군사행동으로 인해서 국제 사회로부터 고립된 일본은 같은 상황에 놓인 독일, 이탈리아와 군사동맹을 맺었다. 중국을 중요한 시장으로 생각했던 미국과 영국은 일본에 대항하는 중국(중화민국)의 장제스를 지원했고, 일본과 미국, 영국의 대립이 격화되었다. 미국이 일본을 상대로 석유 수출을 금지하자, 그 상황을 타개하기 위해서 일본은 미국, 영국과의 전쟁을 단행했다. 태평양전쟁이 시작된 것이다.

강대국의 줄다리기

냉전 시대의 경제
(제2차 세계대전–1980년대)

제9장 냉전 시대의 경제

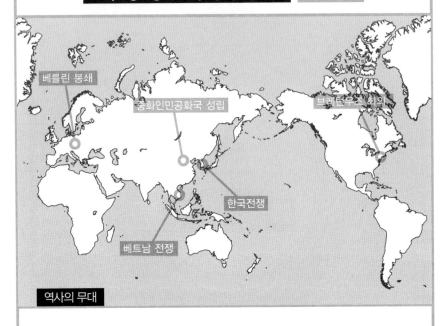

베를린 봉쇄

중화인민공화국 성립

브레턴우즈 협의

한국전쟁

베트남 전쟁

역사의 무대

동서가 격전을 벌인
냉전 시대의 줄다리기

　미국과 소련, 자본주의와 사회주의 국가라는 별개의 경제체제를 대표하는 두 강대국은 베를린 봉쇄, 한국전쟁, 베트남 전쟁 등에서 주도권을 잡기 위한 줄다리기를 벌였다. 그러나 두 나라의 영향력이 점차 감소하자, 제3세계로 불리던 아시아와 아프리카 각국과 유럽이 독자적인 움직임을 모색하게 되었다. 그리고 사회주의 국가의 경제가 정체되는 현상이 나타나면서 냉전 시대에 금이 가기 시작했다.

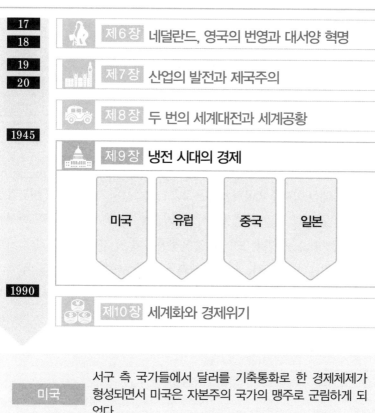

17
18
제6장 네덜란드, 영국의 번영과 대서양 혁명

19
20
제7장 산업의 발전과 제국주의

제8장 두 번의 세계대전과 세계공황

1945
제9장 냉전 시대의 경제

미국 / 유럽 / 중국 / 일본

1990
제10장 세계화와 경제위기

미국	서구 측 국가들에서 달러를 기축통화로 한 경제체제가 형성되면서 미국은 자본주의 국가의 맹주로 군림하게 되었다.
유럽	냉전의 '최전선'으로서 소련과 미국의 영향을 계속 받았지만, EEC나 EC를 결성하는 등 점차 독자적인 움직임을 모색하기 시작했다.
중국	중화인민공화국이 탄생하며 사회주의 체제가 시행되었다. 소련과의 협력과 대립 속에서 중국은 독자적인 사회주의 체제를 구축했다.
일본	전쟁 직후에 혼미했던 일본 경제는 한국전쟁을 계기로 호황을 누린 이후 눈부신 성장을 이루었다.

제9장 【냉전 시대의 경제】 개요도

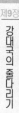

미국을 중심으로 한 새로운 경제체제

 냉전 시대가 찾아오다

제2차 세계대전 이후에 미국과 소련은 2대 강국으로서 세계의 주도권을 잡았다. 미국은 유럽 전선과 태평양 전쟁에서 큰 역할을 했고, 소련은 유럽 전선에서 독일군과 치열하게 싸웠다. 또 태평양전쟁에는 종전 직전에 참전하여 일본의 항복을 끌어내는 일을 했다. 전후의 세계는 이 두 나라가 핵무기를 가지고 격렬하게 대립하는 냉전의 시대를 맞이했다. 정치적, 경제적으로 전혀 다른 방식을 고수한 두 나라는 냉전 시대에 우위를 차지하기 위해서 동맹국을 끌어들여 자본주의 진영과 사회주의 진영을 형성했다.

 주도권을 쥔 '자본주의 국가의 맹주' 미국

제2차 세계대전을 치르면서 미국은 자본주의 진영의 '맹주'로서 주도권을 잡아나갔다. 독일과 일본이 아직 항복하지 않았을 무렵부터 연합국의 대표들은 미국의 브레턴우즈에 모여서 전후의 국제 경제와 금융에 대한 중요한 사항들을 논의했다. 이 회의를 바탕으로 한 전후의 국제 금융체제를 브레턴우즈 체제라고 한다.

이 체제를 뒷받침하기 위해서 설치된 국제기구가 IMF(국제통화기금)와 IBRD(국제부흥개발은행)이며, 국제무역의 규정이 GATT(관세 및 무역에 관한 일반협정)이다.

IMF는 각국 통화의 환율을 안정시키기 위해서 설립되었고, 국제 수지가 커다란 적자 폭을 기록한 나라에 단기적으로 돈을 빌려주거나 각국의 환율 정책을 조정하는 기구이다.

제2차 세계대전 이전에는 세계공황을 타개하기 위해서 세계 각국이 마음대로 금본위제를 폐지하고 통화 가치를 절하하여 자국의 제품이 잘 팔리게 하거나 돈을 빌려준 나라로부터 융자를 회수했다. 그 결과 어려운 처지에 빠진 나라들이 군비와 세력의 확대로 치달으면서 전쟁을 일으켰다. 그것을 반성하는 의미에서 IMF는 각국의 환율을 조정하여 안정시키는 '조정자'로서의 역할을 하게 되었다. 그리고 IBRD는 전쟁으로 피해를 입은 국가들이 재건할 수 있도록 장기 자금을 대출하는 역할을 맡았다. 예를 들면 일본은 IBRD로부터 대출을 받아 도카이도 신칸센의 건설비용 일부를 충당할 수 있었다. 처음에는 유럽과 일본의 복구 비용을 지원하기 위해서 설치된 기관이었지만, 지금은 개발도상국에도 융자를 하는 기관으로 성격이 바뀌었다.

 ## 달러를 기축통화로 하는 고정 환율제

브레턴우즈 체제의 핵심인 **환율 안정에 중요한 역할을 한 것이 달러를 '기축통화'로 하는 고정 환율제**였다. 제1차 세계대전과 제2차 세계대전에서 '나홀로 승리한' 미국에는 전 세계 금의 70퍼센트가 집중되어 있었다. 반면 전쟁으로 폐허가 된 유럽은 금본위제로 복귀하기 어려운 상황이었다. 그래서 미국 달러만을 1달러 = 금 약 0.8그램의 금본위제로 하고, 달러와 각국 통화의 환율을 고정시켰다(예를 들면 영국 파운드는 1달러가 0.25파운드, 일본 엔화는 1달러가 360엔이라는 식으로 고정하는 것이다. 이렇게 하면 파운드와 엔은 1파운드는 1,440엔으로 고정된다).

파운드는 미국 달러를 통해서 금과 결부되며 엔화도 달러를 통해서 금과 결부되기 때문에 지폐의 신용이 보장되고 환율이 고정되어 있으므로 원활하게 무역을 할 수 있는 금본위제의 장점도 가지고 있었다. 또한 무역 적자로 인해서 국가 재정이 파탄날 수 있다는 단점은 각국의 경제 상황에 따라 환율을 재검토하여 변경하는 것으로 보강했다(물론 신용의 중심인 미국의 금이 유출되어 미국의 재정이 파탄날 가능성도 있다. 그러나 당시에는 미국이 베트남 전쟁으로 재정 위기에 처하리라고는 상상도 하지 못했다).

달러를 기축통화로 한 고정 환율제

금 | 언제든지 교환 가능 = | 달러 | 파운드 프랑 엔 마르크(서독일) | 달러를 통해서 금과 결부되어 신용 확보

환율을 고정한다

이 구조를 유지하여 ▼ 균형을 잡기 위한 기관

IMF(국제통화기금)
• 적자를 기록한 국가에 단기적으로 융자
• 각국의 환율 정책 조정

IBRD(국제부흥개발은행)
• 경제 부흥을 위한 장기 융자

경제적으로 곤경에 몰린 국가가 브레턴우즈 체제에서 이탈하여
독자적인 금융 정책을 펴지 않도록 긴급 수혈을 하는 체제를 구축함

GATT(관세 및 무역에 관한 일반협정)
자유무역을 유지하여 '상부상조하는' 관계를 형성

그림 9-1 　브레턴우즈 체제

 상부상조를 지향하는 GATT

　IMF에 버금가는 브레턴우즈 체제의 기둥은 GATT(관세 및 무역에 관한 일 반협정)이다. 제2차 세계대전에 대한 반성 중의 하나가 블록 경제화였다. 세 계공황으로부터 자국의 경제를 지키기 위해 높은 관세를 매겨 해외 물품의 유입을 서로 차단한 결과, 영국처럼 식민지가 풍부한 나라와 독일처럼 식민 지가 부족한 나라 사이에 명암이 나뉘면서 독일이 자국의 생존권을 지킨다 는 명목하에 확장정책을 펼쳤기 때문이다. 이에 대한 반성으로 GATT 참가국 들은 관세율을 낮추고 가능한 한 자유무역을 하기로 결정했다.

　일반적으로 자유무역은 국제 분업을 촉진하여, 세계 전체가 더욱 부유해 지고 세계가 상부상조하는 관계가 되기 때문에 세계는 평화로워진다고 인 식된다. 예를 들면 곡물 생산을 잘하는 나라와 공산품 생산을 잘하는 나라 가 있다면, 한쪽은 곡물 생산을 특화하고 다른 한쪽은 공산품 생산을 특화

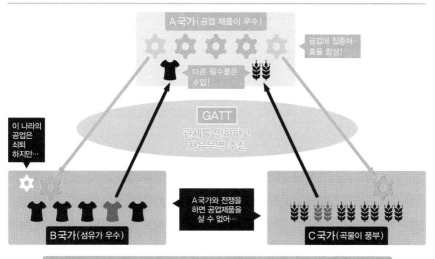

그림 9-2 　GATT와 자유무역체제

하는 식으로 자국이 경쟁력을 갖춘 분야에 집중하고 자국이 잘하지 못하는 분야의 제품을 수입하는 방향으로 분업하면 훨씬 더 효율적으로 생산활동을 할 수 있다. 만약 그 두 나라가 전쟁을 일으키면 한쪽은 곡물, 다른 한쪽은 공산품이라는 필수품을 구할 수 없게 될 것이다. 이렇게 상부상조해야 하는 상태가 되면 자연스럽게 전쟁을 피하려고 할 것이라는 생각이다.

그래서 GATT는 자유무역을 촉진하기 위해서(그것도 2개국이 아닌 여러 나라들이) 관세를 인하하고 각종 무역 규제를 철폐하기 위한 교섭의 장을 마련했다. 그 결과 수십만 품목에 이르는 관세 인하가 시행되었다. 후에 GATT는 해산되었고 그 이념은 WTO(세계무역기구)로 계승되었다.

그러나 자유무역의 의의는 인정하면서도 자국이 지키고 싶은 산업은 고수하려는 생각을 지우지 못해 GATT와 WTO의 이념대로 실행되지 않는 경우도 종종 있다.

소련이 드리운 철의 장막

 사회주의 국가의 맹주가 된 소련

　미국이 자본주의 국가의 맹주로서 브레턴우즈 체제를 추진하자, 소련은 처음에는 협조적인 태도를 보였으나 곧 사회주의 국가의 맹주로서 미국과 대립각을 세웠다. 그리고 종전 당시 소련군이 점령했던 지역인 폴란드, 루마니아, 불가리아, 헝가리 등 동유럽 국가들을 잇달아 편입하여 사회주의적인 계획경제 체제를 세웠다.

　이러한 동유럽이 소련에 포섭되어 서유럽이나 아메리카에 폐쇄적인 태도를

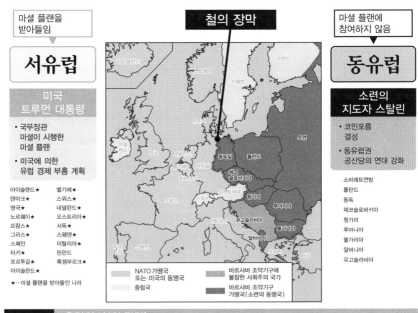

| 마셜 플랜을 받아들임 | | 철의 장막 | | 마셜 플랜에 참여하지 않음 |

서유럽

미국 트루먼 대통령
- 국무장관 마셜이 시행한 마셜 플랜
- 미국에 의한 유럽 경제 부흥 계획

아이슬란드★　벨기에★
덴마크★　　　스위스★
영국★　　　　네덜란드★
노르웨이★　　오스트리아★
프랑스★　　　서독★
그리스★　　　스웨덴★
스페인　　　　이탈리아★
터키★　　　　핀란드
포르투갈　　　룩셈부르크★
아이슬란드★

★…마셜 플랜을 받아들인 나라

동유럽

소련의 지도자 스탈린
- 코민포름 결성
- 동유럽권 공산당의 연대 강화

소비에트연방
폴란드
동독
체코슬로바키아
헝가리
루마니아
불가리아
알바니아
유고슬라비아

NATO 가맹국 또는 미국의 동맹국
중립국
바르샤바 조약기구에 불참한 사회주의 국가
바르샤바 조약기구 가맹국(소련의 동맹국)

그림 9-3　유럽의 '철의 장막'

보인 것을 두고, 당시 영국의 수상인 **윈스턴 처칠**은 철의 장막이 드리워졌다고
말하기도 했다.

사회주의는 토지와 공장 등 생산수단을 '공유(국유화)'하고, 노동자가 국가
의 계획하에 똑같이 일하고 똑같이 받아서 평등한 사회를 이루려는 구조이다.
반면 자본주의는 생산수단이 '사유(私有)'이므로 생산수단을 많이 가진 자
와 조금밖에 가지지 못한 사람 사이에 격차가 발생한다. 생산수단을 특히 많
이 가진 자본가가 생산수단을 가지지 않고 시간과 노동력을 파는 노동자를
고용해서 일하는 구조이다.
게다가 자본가는 노동자가 만들어낸 부 중의 일부를 '뜯어가므로' 노동자의
월급은 자신이 창출한 부보다 항상 적을 수밖에 없다.
사회주의자들은 이런 자본주의로 인해서 생긴 빈부격차가 양산하는 계급을 부

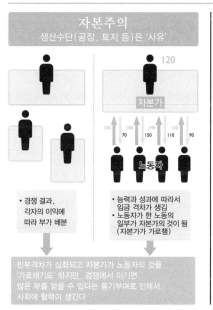

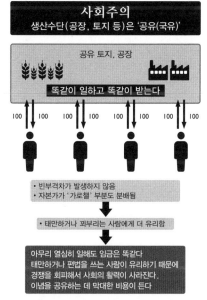

그림 9-4 자본주의와 사회주의의 이념

수고, 자본가가 노동자에게서 뜯어가는 '잉여 생산물'의 몫을 노동자에게 나눠주면 노동자들이 더 많은 부를 얻을 수 있다고 생각했다.

따라서 사회주의에서는 이 이념을 공유하는 것이 특히 중요해졌다. 사회주의는 자본가가 뜯어간 것도 함께 분배하면 모두가 부유해질 것이라고 설파했다. 모든 사람이 똑같이 일하고 똑같이 받는다는 이념을 믿고 열심히 일해서 생산력을 향상시키면 사회 전체의 부가 조금씩 늘어가고 축적된 사회의 부를 누구나 필요에 따라 충분히 받을 수 있게 될 것이라는 생각이었다.

그러나 평등한 사회의 커다란 결점은 '어차피 똑같이 받는다면 열심히 일하지 않는 편이 이득'이라고 생각하거나 '편법을 쓰면 돈을 더 벌 수 있겠지'라고 생각하는 사람이 생기는 것이다. 사회주의 이념에 따르지 않고 생산물을 암거래로 팔아서 돈을 벌거나 일을 게을리하는 사람이 있으면 평등의 기본이 무너지기 마련이다.

그래서 사회주의 국가는 그 이념을 지키기 위해서 국가가 강한 통제력을 가져야 한다. 거리 곳곳에 '노동사 단결'이나 '이상적인 사회 건설' 등의 슬로건을 내걸고 국가의 계획에 국민이 철저하게 따르도록 하고 이념을 공유하지 않는 사람이 있으면 그 사람을 정치범으로 체포하는 일이 발생한다.

이런 이념 공유에 막대한 비용이 드는 것과 어떤 의미에서 게으른 자가 승리하는 구조 때문에 사회주의 체제 국가는 활력을 잃고 내부로부터 서서히 무너지게 된다.

한편 자본주의 사회의 노동자들은 자본가에게 자신이 생산한 부의 일부를 뜯기고 경쟁원리에 따라서 승자와 패자가 발생하기도 하지만, 자신이 자본가가 될 수도 있고 노력과 능력에 따라서 자신의 몫을 늘릴 수도 있다. 결과적으로 사회에 활력이 생기고 국가 재정과 국민의 생활이 풍요로워지는 경향이 있다.

20세기는 이런 사회주의 국가와 자본주의 국가가 대립하던 시대였다. 그리고 자본주의 국가가 경제적인 면에서 승리의 깃발을 잡게 되었다.

유럽에서 일어난
미국과 소련의 줄다리기

 소련에 대항한 미국의 전술

　소련이 동유럽의 국가들을 '위성국'으로 만들며 그 존재감을 키워가자, 서유럽에서도 사회주의 세력의 영향력이 확대되었다. 영국에서는 노동당 내각이 성립했고, 프랑스에서는 공산당이 제1당을 차지했으며, 이탈리아에서도 공산당이 연립 내각에 동참했다. 전쟁으로 각종 산업이 엄청난 타격을 받아 곤궁해진 서유럽 노동자들이 평등한 분배를 추구하면서 사회주의 성향의 정당을 지지하게 된 것이다.

　미국은 유럽에서 일어나는 이런 흐름을 경계했다. 동맹국에 대한 소련의 영향력이 커지면 미국이 고립될 우려가 있었기 때문이다. 미국의 **트루먼** 대통령은 점점 커져가는 사회주의 국가의 세력에 대항하는 트루먼 독트린(Truman Doctrine)이라는 봉쇄 정책을 발표하여 소련과의 대결 태세를 확고하게 표명했다.

　이러한 봉쇄 정책의 일환으로 미국이 유럽에서 전개한 것이 유럽 경제 부흥 계획, 이른바 마셜 플랜(Marshall Plan)이다. 유럽의 부흥을 위해서 미국이 거액의 원조를 하겠다는 이 계획은 산업과 경제 체제가 파괴된 유럽 국가들에게는 매우 반가운 구조신호였다. 또한 유럽 국가들은 금과 교환할 수 있는 미국 달러를 국내에 보유함으로써 '금과 교환할 수 있는 달러와 언제든지 교환할 수 있는' 자국 지폐의 신뢰도를 높일 수도 있다.

　미국은 이런 지원 계획을 통해서 유럽 세계를 소련으로부터 분리시키고 미국 편으로 끌어들이려고 했다. 미국은 제2차 세계대전의 동맹국뿐만 아니라 이탈리아, 오스트리아, 서독일, 터키, 그리스에도 마셜 플랜을 통해서 지원의 손길을 내밀었다.

체코슬로바키아에서 나타난 소련의 영향력

미국은 동유럽 국가들과 소련에도 마셜 플랜을 받아들이라고 호소했다. 전쟁으로 인한 타격이 특히 심했던 동유럽 국가들은 미국의 원조가 간절했다. 그러나 미국과 대립하던 소련은 그 제안을 거부했고 동유럽 국가들에게도 거부하도록 강요했다.

이때 눈길을 끈 나라가 체코슬로바키아이다. 체코슬로바키아는 동유럽 국가였지만 미국과 소련, 어느 진영에도 속하지 않고 독자적인 길을 걷고 있었다. 체코슬로바키아는 마셜 플랜에 대한 제안을 수락하기로 했다. 그러나 소련은 배후에서 체코슬로바키아를 압박했고 결국 체코슬로바키아는 마셜 플랜의 수용을 취소했다. 그뿐 아니라 소련의 입김이 강한 체코슬로바키아 공산당이 대규모 시위를 일으켜, 마셜 플랜 수용을 추진했던 대통령이 사임하게 되었다. 결국 체코슬로바키아는 공산당이 정권을 잡으면서 소련형 사회주의를 도입했다.

마셜 플랜을 받아들이겠다고 이미 결정했던 나라가 단번에 사회주의로 돌아서는 양상을 목격한 미국과 서유럽 국가들은 소련의 강력한 영향력에 엄청난 충격을 받았다.

소련이 이처럼 영향력을 행사할 수 있었던 것도 얼핏 보면 소련이 급속하게 경제 발전을 이루었기 때문이다. 동유럽 국가들에게 소련은 평등과 경제 성장을 동시에 달성한 '이상적인' 국가로 보였다.

그러나 소련이 이룩한 경제 발전은 중화학 공업과 미국 편에 선 여러 나라들에 대항하기 위한 군사산업에 편중되어 있었다. 국민의 일상생활과 식량 사정은 나아지지 않았다. 소련의 경제는 전후 약 20년간 급속한 발전을 이루었지만, 그후에는 정체된 양상을 보였다.

베를린에서 일어난
동서의 자존심 대결

 전후의 유럽

동유럽 국가들은 소련의 영향권에 들어간 반면에, 서유럽 국가들은 미국의 영향권에 있으면서도 미국발 세계공황에 시달렸던 경험을 결코 잊지 않았다. 서유럽 국가들은 대부분 정부가 최대한 경제에 개입하지 않고 자유 경쟁에 맡기는 작은 정부가 아니라 정부가 적극적으로 경제를 조정하는 '큰 정부' 정책을 취했다.

 서독의 통화 개혁과 베를린 봉쇄

세계대전에서 패배하여 점령 상태에 있던 독일은 미국과 소련이 충돌하는 무대가 되었다. 전쟁 후 독일의 영토는 4부분으로 나뉘었고, 미국, 영국, 프랑스, 소련의 4개국이 그 각 지역을 점령했다. 수도인 베를린도 4개국에 분할 점령된다. 미국, 영국, 프랑스가 점령한 지역은 자본주의인 미국 측에 소련이 점령한 지역은 사회주의에 편입된다.

특히 베를린의 서쪽 지역(서베를린)은 소련 측 가운데에 떠 있는 미국의 '섬' 같은 존재가 되었다.

미국은 자신들 측의 점령지역인 서독과 서베를린에서 통화 개혁을 시도했다. 체코슬로바키아를 사회주의화한 소련의 다음 목표가 독일의 사회주의화라고 내다본 미국은 소련의 영향력이 독일 전역에 미치기 전에 영국과 프랑스를 끌어들여 점령지역인 서독과 서베를린에서 새로운 화폐를 발행했다. 나치 시대의 통화는 신용을 잃고 독일 경제는 물물교환 방식으로 돌아간 상태였기 때문에 이 새로운 통화는 경제 질서를 바로 세우는 존재로서 환영을 받았다.

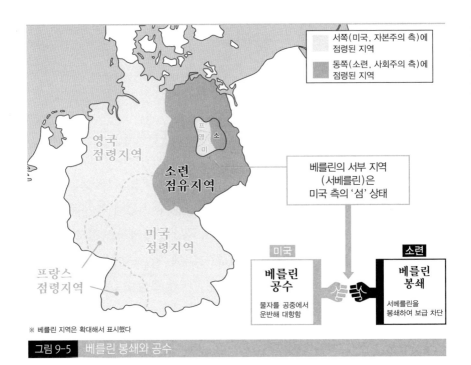

범례:
- 서쪽(미국, 자본주의 측)에 점령된 지역
- 동쪽(소련, 사회주의 측)에 점령된 지역

영국
점령지역

소련
점유지역

미국
점령지역

프랑스
점령지역

베를린의 서부 지역
(서베를린)은
미국 측의 '섬' 상태

미국
베를린
공수

물자를 공중에서
운반해 대항함

소련
베를린
봉쇄

서베를린을
봉쇄하여 보급 차단

※ 베를린 지역은 확대해서 표시했다

그림 9-5 베를린 봉쇄와 공수

화폐 대신에 담배나 양말이 거래되는 상황에서는 팔리지 않았던 고가의 상품들이 상점에 다시 진열되기 시작했다. 공장문이 다시 열렸고 서독은 '라인 강의 기적'이라고 불리는 경제 회복을 이루었다.

그러나 소련은 이런 상황에 강력히 반발했다. 아무런 상의도 없이 통화 개혁을 단행하여 서독이 점점 미국 쪽으로 기울어가는 것에 반발한 소련은, 미국에 포섭되어가던 서베를린 지구에 대해서 '베를린 봉쇄'를 단행했다.

소련은 동독 안의 섬 상태인 서베를린 주위의 철도와 도로를 차단하고 동독에서 보내던 전기도 끊어버렸다. 말 그대로 '육지의 고립된 섬'으로 만든 것이다.

 미국의 물량 공세를 보여준 베를린 공수

소련은 200만 인구의 서베를린에 식량과 연료를 공급하던 보급로를 차단하면, 미국 측의 화폐 개혁을 중지시킬 수 있고 굶주린 서베를린 시민들이 사회주의 혁명을 일으킬 것이라고 생각했다. 미국이 그런 압박을 견디지 못하고 서베를린을 포기할 줄 알았던 것이다.

그러나 미국은 세계를 깜짝 놀라게 하는 작전을 펼쳤다. 하늘에서 **200만 명분의 물자**를 서베를린으로 운반하여 사람들을 굶주림에서 구한 것이다. 수송 비행기들이 속속 서베를린 공항에 내려 물자를 공급하면서 서베를린 시민들은 약 1년간, 굶주림을 피할 수 있었다. 이 베를린 공수는 미국의 엄청난 물량 공급력을 보여주는 사건이 되었다.

소련은 목적을 이루지 못했을 뿐만 아니라 베를린 시민을 생명의 위험에 빠뜨렸다고 국제적인 비난을 받았다.

결국 소련은 봉쇄를 해제했다. '미국과 소련의 자존심 대결'은 미국의 승리로 끝났다.

 깊어지는 동서의 대립

베를린 봉쇄 이후 독일의 분열은 확고히 굳어졌다. 서독은 미국 진영에, 동독은 소련 진영에 가담하면서 완전히 다른 나라가 되었다.

미국 측에 가담한 유럽의 '서쪽' 국가들은 마셜 플랜을 받아들이고 이를 조정할 기관으로 유럽경제협력기구(OEEC)를 설립했다. 여기에는 미국과 캐나다도 참여했다. 유럽의 부흥이 진행되면서 이 기구는 참가국들의 경제협력을 위한 경제협력개발기구(OECD)로 발전하여, 선진국 클럽이라는 성격을 띠게 되었다.

한편 체코슬로바키아에 이어 동독을 세력권으로 편입한 소련 측은 베를린 봉쇄 이후, 경제상호원조회의(COMECON)를 설립했다.

소련 공산당은 동독과 체코슬로바키아에는 공업국, 불가리아와 루마니아에는 농업국, 헝가리와 폴란드에는 그 중간적 역할을 부여하여 국제적 분업관계의 구축을 목표로 했다.

내전이 낳은
두 개의 중국

 ## 공산당이 제압한 국공내전

미국과 소련, 자본주의와 사회주의라는, 이념이 다른 두 초강대국의 대립은 아시아 국가들에도 커다란 영향을 주었다.

중국(중화민국)에서는 중국 내륙으로 점차 침략을 확대하는 일본에 함께 맞서기 위해서 자본주의를 지향하는 중국국민당과 사회주의를 지향하는 중국공산당이 일시적으로 손을 잡았지만, 제2차 세계대전이 끝나자 다시 대립하기 시작했다.

이 내립은 내진으로 발전했고, 결국 국공내전은 중국공산당의 승리로 막을 내렸다. 오랜 기간 이어진 중일전쟁으로 인해서 경제적으로 엄청난 타격을 입은 가난한 농민과 노동자들의 지지가 **마오쩌둥**이 이끄는 중국공산당으로 결집한 것이다.

자본가와 시민층이 주요 지지기반인 장제스가 이끄는 국민당은 공산당 세력에 맞서 싸웠지만 패배했다. 국민당 세력은 타이완으로 물러났다.

 ## 사회주의화가 진행된 중국

마오쩌둥 치하에서 공산당은 수도를 베이징으로 정하고 중화인민공화국 건국을 선언했다. 새 정부는 소련과 동유럽 진영에 속하기로 결정하며 사회주의화를 추진했다. 때마침 한국전쟁이 발발하자 중국은 사회주의화를 지향하는 북한 편에 서서 전쟁에 개입했다. 이로써 공산당의 리더십이 한층 강화되었다. 또한 농업과 공업의 국유화가 진행되어 소련형 계획경제가 도입되었다.

한편 타이완에 자리를 잡은 국민당은 중화민국 시대부터 이어져온 '국민정

소련

몽골

중화인민공화국

쿠바

베트남

	사회주의 국가, 사회주의를 표방한 국가
	사회주의에 가까운 정책을 시행한 국가, 소련 측 국가

그림 9-6 사회주의 진영의 확장

부'를 유지했으며, 미국도 타이완의 '중화민국'을 중국의 정식 정부로 인정했다. 중국 본토의 중화인민공화국과 타이완의 중화민국 모두 자신들이 '정통 중국 정부'라고 주장하는 구도가 형성된 것이다.

중화인민공화국이 사회주의화되고 소련 측과 가까워지자 미국은 그에 맞서 타이완과 한국의 자본주의화를 추진했다. 미국은 타이완과 한국과 군사동맹 관계를 맺고 적극적으로 경제원조를 하여 타이완과 한국의 공업 제품을 수입했다. 이로써 타이완과 한국은 단기간에 공업화의 길을 걸을 수 있었다.

 옛 식민지 국가들의 독립

열강의 식민지가 되었던 남아시아와 동남아시아 국가들은 제2차 세계대전의 종전 이후 연이어 독립했다. 영국령이던 인도와 파키스탄, 미얀마 등은 비교적 빨리 독립을 인정받았지만, 인도네시아에서는 네덜란드가, 베트남에서는 프랑스가 그들의 독립운동을 무력으로 제압하려고 했다.

특히 베트남에서는 호치민이 베트남 북부에 베트남 민주공화국을 세워 독립선언을 하자, 프랑스는 베트남 남부에 베트남국을 수립하게 하여 그곳에 군사 지원을 함으로써, 베트남의 독립을 저지하려고 했다. 이렇게 시작된 것이 인도차이나 전쟁이다. 독립하는 쪽인 베트남 민주공화국은 소련과 중국으로부터 무기를 제공받았고, 독립을 저지하는 프랑스는 미국의 원조를 받고 있었다. 이곳에서도 냉전의 그림자가 짙게 드리워졌던 것이다.

이런 식으로 아시아 각국은 냉전하에서 재편성되었다. 미국을 맹주로 한 자본주의 진영(서쪽)에는 일본, 한국, 타이완, 필리핀, 타이 등이, 소련을 맹주로 한 사회주의 진영(동측)에는 중국, 북한, 베트남 등이 포함되었다.

서방 국가들은 산업을 활성화하고 외국에서 들여오던 제품을 자국에서 생산하여 가능한 한 자국 내에서 경제 순환을 일으킴으로써 해외로 돈이 빠져나가지 않게 하는 수입대체형 공업을 목표로 했다. 또 그것을 달성하면 제품을 해외에 판매하는 수출지향형 공업으로 전환하여 외화를 획득한다는 전략을 펼쳤다.

한편, 동쪽 국가들은 소련형 계획경제를 도입해 세계 경제로부터 국내 경제를 분리하는 자급자족적 정책을 취했다. 특히 미국을 중심으로 한 서방 국가의 시장에는 폐쇄적인 태도를 견지했다.

 중동의 석유를 노린 거대 자본

중동 국가들에서는 제2차 세계대전 이전에 밀접한 관계에 있었던 영국의 그림자가 걷히고 석유 메이저라고 불리는 미국을 중심으로 한 거대 자본이 영향력을 키웠다.

또한 팔레스타인에서는 성지 예루살렘을 둘러싸고 유대인과 아랍인이 대립했다. 미국은 유대인 국가인 이스라엘을 지원했기 때문에, 아랍 국가들과 미국이 대결하는 구도가 점차 강하게 자리를 잡았다. 그러나 사우디아라비아는 이런 아랍 국가들과는 거리를 두고 미국과 협력하는 자세를 보였다. 이런 행보는 사우디아라비아의 안전보장과 미국의 자원 확보에 대한 상호 요구가 서로 맞아떨어졌기 때문이다.

종전을 맞아 냉전 구조에 편입된 일본

 전후 곧바로 시행된 재벌 해체와 농지 개혁

일본의 전후 시대는 포츠담 선언을 받아들여 패전국이 되었을 때부터 시작되었다. 일본은 미국을 중심으로 한 연합국의 점령을 받아 사령부인 연합국 최고 사령부(GHQ)의 지시와 권고를 따라야 했다. GHQ는 먼저 일본에 철저한 비군사화와 민주화를 지시했다. 특히 재벌 해체와 농지 개혁이라는 두 가지 주요한 경제정책을 요구했다. GHQ는 재벌과 대지주를 해체하고 소규모 경영자와 본인의 소유지에서 농사를 짓는 자작농을 육성하고자 했다. 재벌이 보유한 주식은 저렴한 가격에 분할 매각되었고 지주의 땅은 국가가 매입하여 소작인에게 팔렸다.

 급격한 인플레이션과 디플레이션을 경험한 일본

전후의 일본은 극단적으로 물자가 부족했다. 아무리 돈이 있어도 살 물건이 없어서 물가가 점점 올라가는 인플레이션이 발생했다.

그 상태에서 전후 복구에 필요한 자금의 융자와 미국의 자금 지원으로 통화 공급량이 늘어났기 때문에 4년 사이에 약 100배에 이르는 급격한 인플레이션이 진행되었다.

그러나 미국과 소련의 대립이 심화되자 미국은 점령 정책을 바꾸었다. 일본의 부흥을 더욱 촉진하여 소련과 중국, 북한에 대한 '방호벽'으로 일본을 이용하려고 했다.

이를 위해 미국은 세출보다 세입이 많은 '초균형 재정'과 '1달러 = 360엔의 고정 환율제'를 결정했다. 일본 정부가 지출을 억제해서 인플레이션의 발생을 막고 일본 제품을 수출할 때 유리하도록 품목마다 차등을 두지 않는 엔저 환율을 설정했다. 자금 원조나 융자에 의존하지 않고 수출로 돈을 벌어 일본이 경제적으로 홀로서기를 할 수 있게 한 것이다.

일본의 재정은 안정되었지만 금융 긴축정책으로 인해 급격한 디플레이션이 진행되었다. 시중에 돈이 유통되지 않자 자금이 부족해진 기업들이 연이어 파산했고 수많은 공무원은 임금이 삭감되거나 해고당했다.

 ## 한국전쟁으로 발생한 호경기

그런데 이 금융 긴축과 엔저 환율 정책은 생각하지도 못한 곳에서 일본 경제에 효과를 발휘했다. 바로 한국전쟁이다.

전쟁에 사용할 물자의 수요가 일시적으로 증가하는 특수경기가 발생하면서 섬유 제품과 금속, 기계 수출량이 급격히 늘어났다. 금융 긴축정책으로 기업들은 채산성이 없는 사업은 자르고 수익을 내는 부문에 집중하는 체질 개선을 한 뒤였고, 수출에 유리한 엔지 환율이었기 때문에 수출이 촉진되면서 단번에 일본의 경제위기는 해결되었다.

한국전쟁이 발발한 이후, 미국은 일본을 '점령지'에서 '동맹국'으로 지위 변화를 꾀했다. 일본은 샌프란시스코 평화조약에 의해서 미국을 비롯한 연합국 48개국과 강화를 맺었다. 이 조약은 한반도의 독립을 승인하고, 타이완과 사할린 남부 등에 대한 일본의 모든 권리와 청구권을 포기한다는 내용이었다. 그와 더불어 미일안전보장조약을 체결하여 일본은 미국의 방위체제에 편입되었다.

그후에도 일본은 엔화 약세를 배경으로 섬유 제품에서 철강, 철강에서 전자제품, 자동차, 전자제품 등 수출을 확대하며 세계에서 유례가 없는 고도 경제성장을 이루었다. 경제가 지속적으로 성장한다는 전제하에 연공서열과 종신고용 등 일본 특유의 고용제도가 이 시대에 생겨났다.

시시각각 변하는
냉전 시대

 스탈린 사후에 흔들리는 소련

지금까지 살펴본 것처럼 전후의 세계는 미국과 소련이라는 초강대국의 영향을 받으며 여러 나라들이 부흥을 모색하던 시기였다. 미국과 소련이 강한 완력으로 자기 진영을 구축하고, 때때로 베를린 봉쇄, 한국전쟁, 인도차이나 전쟁과 같은 '세력 다툼'이 각 지역에서 발생하던 시대였다.

그런데 이런 상황에 변화가 찾아왔다. 소련과 동유럽 국가들을 강력하게 지도하며 미국에 대항해왔던 스탈린이 사망한 것이다.

스탈린 사후 소련을 주도한 **흐루쇼프**는 스탈린 개인을 숭배하게 하는 정치 지도 방식을 비판하고 수십만 명에 달하는 숙청의 실태를 분명하게 공언한 스탈린 비판 연설을 했다. 또 미국과 대화하자는 '평화공존 정책'을 펼쳤다.

 소련과 미국의 장악력 저하

스탈린의 사망을 기점으로 소련과 미국 양측은 자신의 세력권에 대한 장악력이 점차 저하되었다.

동유럽 국가들은 우두머리인 소련이 기존 방침을 비판하고 방향을 전환하는 것을 보면서 소련의 압박이 느슨해졌다고 느꼈다. 그들은 소련의 영향에서 벗어나려고 시도했다. 폴란드에서는 반(反)소련의 폭동이 일어났고, 헝가리는 중립을 선언했으며, 체코슬로바키아는 시장경제를 도입하는 일련의 움직임을 보였다. 그러나 소련은 이런 움직임을 군사적으로 제압해, 자신의 세력권을 포기할 생각이 전혀 없다는 것을 분명히 보여주었다.

또한 동독에서는 서베를린을 경유하여 서독으로 탈출을 시도하는 사람들이 증가했다. 특히 의사나 엔지니어 등 전문 지식과 기술을 가진 사람들이나 근로 의욕이 높은 젊은이들이 사회주의에 불만을 품고 탈출을 시도했다. 그들은 서독으로 가면 더 높은 급여를 받을 수 있으리라고 기대하며 서독으로 망명했다. 지식 계층이 유출되자 동독의 경제는 침체되었다. 이에 동독 정부는 '육지의 외딴 섬' 상태인 서베를린을 빙 둘러싸듯이 베를린 장벽을 쌓았다.

흐루쇼프는 스탈린을 비판하며 미국과 대화하는 자세를 보였지만, 얼마 지나지 않아 다시 미국과의 대결 태세를 취하며 '재긴장' 시기에 돌입했다. 물밑에서 소련은 잇달아 핵실험을 하고 우주개발 분야에서는 세계 최초로 인공위성을 발사했다. 그리고 그 기술을 전용한 미사일 기술을 미국보다 앞서 개발하는 등 군사 확대 경쟁에 나섰다.

본격적인 전면 핵전쟁의 위협이 정점을 찍은 사건이 바로 쿠바 미사일 위기였다. 혁명으로 소련에 우호적인 정부가 수립된 쿠바에 소련이 미사일 기지를 건설했다. 그러자 미국이 쿠바에 대한 해상봉쇄에 나서면서 미국과 소련이 서로의 발톱을 내밀었다. 일촉즉발의 위기는 넘겼지만 '한 번 터지면 모두가 끝장인' 핵전쟁의 위험이 현실화되면서 이제 미국도 소련도 절대적 우위를 가릴 수 없음이 분명해졌다. 이로써 군사적 우위를 바탕으로 한 서방 국가들에 대한 미국의 장악력이 점차 줄어들었다.

 유럽이 모색한 독자적인 방식

동서진영의 긴장 완화와 재긴장 사태를 거치면서 미국과 소련의 장악력이 점차 저하되자, 미국의 영향권에 있던 서유럽에서도 각국이 독자적으로 생존하려는 움직임을 보였다. 먼저 프랑스의 외무장관 **로베르 쉬망**이 쉬망 플랜을 구상했다. 이것은 프랑스와 서독이 석탄과 철강 생산을 공동으로 관리해야 한다는 내용이다. 사실 프랑스와 독일은 역사적으로 오랫동안 앙숙 관계로 지내왔다. 이 두 나라가 대립하게 된 큰 요인은 프랑스와 독일 국경 부근에 있는 탄광과 철광 자원을 둘러싼 다툼이었다. 프랑스와 독일이 석탄과 철강 쟁탈전을 멈추면 유럽이 안정될 것이라는 생각은 현재 EU의 시장 통합의 출발점이 되

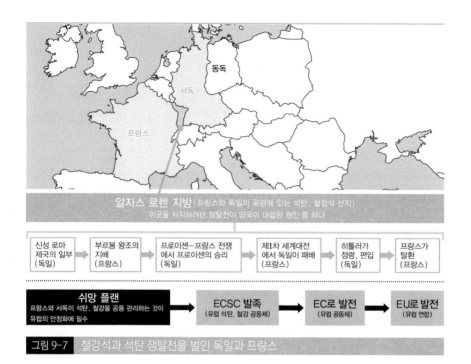

알자스 로렌 지방(프랑스와 독일의 국경에 있는 석탄, 철강석 산지)
이곳을 차지하려던 쟁탈전이 양국이 대립한 원인 중 하나

| 신성 로마 제국의 일부 (독일) | → | 부르봉 왕조의 지배 (프랑스) | → | 프로이센-프랑스 전쟁에서 프로이센의 승리 (독일) | → | 제1차 세계대전에서 독일이 패배 (프랑스) | → | 히틀러가 점령, 편입 (독일) | → | 프랑스가 탈환 (프랑스) |

쉬망 플랜
프랑스와 서독이 석탄, 철강을 공동 관리하는 것이
유럽의 안정화에 필수

→ **ECSC 발족**
(유럽 석탄, 철강 공동체) → **EC로 발전**
(유럽 공동체) → **EU로 발전**
(유럽 연합)

그림 9-7 철강석과 석탄 쟁탈전을 벌인 독일과 프랑스

었다. 그 때문에 EU는 이 쉬망 플랜이 발표된 5월 9일을 유럽의 날로 기념하고
있다.

쉬망 플랜의 구상안을 바탕으로 석탄과 철강을 공동 관리하는 ECSC(유럽
석탄, 철강 공동체)와 6년 뒤 회원국 간의 관세 철폐와 자유무역을 도모하는
EEC(유럽 경제 공동체), 원자력 산업의 개발이나 자원 관리를 공동으로 실시하
는 EURATOM(유럽 원자력 공동체)이 설립되었다. 이 세 조직의 가맹국은 프랑
스, 서독, 이탈리아, 그리고 베네룩스(네덜란드, 벨기에, 룩셈부르크)의 6개국이
었다.

그러나 영국은 프랑스와 서독이 그 기구를 주도하고 있고 미국과의 관계를
중시한다는 것을 이유로 EEC에 참여하지 않고 한 발짝 떨어져서 관망했다.
영국은 EFTA(유럽 자유무역 연합)를 결성하여 EEC에 대항하려고 했다. 그러나
EETA에 가입한 나라들 대부분이 경제 규모가 작아서 점차 EEC가 우위를 차

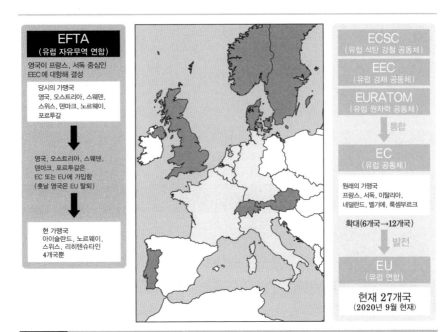

EFTA
(유럽 자유무역 연합)

영국이 프랑스, 서독 중심인
EEC에 대항해 결성

당시의 가맹국
영국, 오스트리아, 스웨덴,
스위스, 덴마크, 노르웨이,
포르투갈

↓

영국, 오스트리아, 스웨덴,
덴마크, 포르투갈은
EC 또는 EU에 가입함
(훗날 영국은 EU 탈퇴)

↓

현 가맹국
아이슬란드, 노르웨이,
스위스, 리히텐슈타인
4개국뿐

ECSC
(유럽 석탄 강철 공동체)

EEC
(유럽 경제 공동체)

EURATOM
(유럽 원자력 공동체)

↓ 통합

EC
(유럽 공동체)

원래의 가맹국
프랑스, 서독, 이탈리아,
네덜란드, 벨기에, 룩셈부르크

확대(6개국→12개국)

↓ 발전

EU
(유럽 연합)

현재 27개국
(2020년 9월 현재)

그림 9-8　유럽 통합의 움직임

지하게 되었다. ECSC, EEC, EURATOM의 3개 기구는 EC(유럽 공동체)로 통합되었다. EC는 공업국인 서독을 중심으로 전략적인 공산품 수출입과 농업 정책, 운수 정책을 시행하면서 순조롭게 경제 규모를 확대했다.

한편 영국은 노동당 내각을 중심으로 강력한 복지정책을 펴면서 '요람에서 무덤까지'를 표방하는 폭넓은 사회보장제도를 실시했다. 그러나 그 대신 누진과세 최고세율이 80퍼센트 이상인 전형적인 고복지, 고부담 국가가 되었다. 사람들은 '열심히 일해도 어차피 세금이나 내야 한다', '실직해도 보험금을 받으면 먹고 살 수 있다'며 근로 의욕을 잃어갔다. 그러면서 영국은 영국병이라고 불리는 장기 경제 정체기에 빠져들었다. 그제야 영국은 지금까지의 정책을 전환하여 EC에 가입했다. 맹주인 영국이 탈퇴한 EFTA는 힘을 잃었고, 회원국이 점차 줄어들었다.

독자 노선을 모색한 아시아와 아프리카

 ## 중소 대립과 문화대혁명

중화인민공화국은 소련과 잠시 동맹관계를 유지했으며, 스탈린의 통치 방식과 계획경제를 모방했다. 그러나 소련의 흐루쇼프가 스탈린 비판을 선언하며 지금까지 '적'으로 간주하던 미국과의 대화 노선으로 전환하자, 중국은 사회주의 국가의 맹주 자격이 없다며 소련을 맹비난했다.

이로 인해서 **중국과 소련이라는 사회주의 진영의 두 강대국이 대립하는 중소 갈등**이 생겼다. 양국은 서로의 국경에 수십만 명의 병력을 배치하여 군사적 충돌이 빚어질지도 모를 위험한 상황이 되었다. 그러다가 소련과 미국이 재긴장 국면에 들어가자 중국은 소련과의 대립 관계 때문에 미국에 접근했다.

중국 공산당 주석 마오쩌둥은 소련과 발을 맞춰 취하던 경제 모델을 전환하여 중국 단독으로 농업과 공업 성장을 단시일 내에 이루겠다는 대약진 운동을 시행했다. 그러나 비현실적으로 높게 설정된 할당량을 충족하기 위해서 조악한 철강을 대량생산하고 척박한 토양에 농작물을 마구 심는 일이 비일비재했다. 결국 대약진 운동은 크게 실패했고 그로 인해서 발생한 극심한 기근으로 3,000만 명 이상이 아사하고 말았다.

당연히 비판의 화살은 마오쩌둥을 향했지만, 마오쩌둥은 이 비판을 받아들이기는커녕 격노하며 비판 세력을 자본주의를 찬양하는 반혁명 세력으로 몰아가 그들을 숙청, 탄압했다. 마오쩌둥이 사망할 때까지 이어진 이 문화대혁명으로 수백만 명이 죽고, 1억 명 이상이 탄압을 받았다고 추정되며, 중국의 사회, 경제, 문화는 말할 수 없을 정도로 크게 무너졌다. 마오쩌둥 사후에는 **덩샤오핑**이 실권을 쥐고, 마오쩌둥의 노선을 수정한 경제 근대화가 이루어졌다.

미국과 소련 두 강대국의 장악력이 저하되자 어느 쪽에도 속하지 않는 이른바 '제3세계'가 연대하는 움직임이 형성되었다. 인도네시아의 반둥에서 아시아, 아프리카 국가들이 참가하는 아시아, 아프리카 회의가 열렸다. 식민지화를 겪은 여러 나라들의 경험을 바탕으로 제국주의적 침략 배제와 분쟁의 평화적 해결이 제창되었다. 또한 미국과 소련의 대립에 대해서 적극적으로 중립을 고수할 것을 확인했다.

　이런 흐름에 유고슬라비아 등의 국가들도 가세하여 비동맹국가 정상회의가 개최되었으며, 참가국들은 미국과 소련 어느 진영에도 들어가지 않고 반식민지와 반제국주의를 추구할 것을 확인했다. 그러나 구식민지가 독립을 할 때마다 그 나라가 미국과 소련 중 어느 쪽의 영향권에 들어가고 그 나라의 자원이 종국에는 어느 진영으로 흐르는지에 관한 줄다리기가 끊이지 않았다.

　이러한 줄다리기의 대표적인 사례가 베트남 전쟁이다. 소련의 지원을 받아 프랑스와의 인도차이나 전쟁을 우세하게 종결지은 북부 베트남의 베트남민주공화국이 사회주의 진영에 완전히 흡수될 것을 우려한 미국은 남부 베트남의 베트남 공화국을 지원하고 소련의 지원을 받은 북부 베트남과 그 세력을 철저하게 공격했다. 미국과 소련의 대리전이 된 베트남 전쟁은 진흙탕 싸움으로 치달았고, 미국은 막대한 군사적, 경제적인 손실을 입고 철수했다.

그림 9-9 베트남 전쟁

세계를 강타한
두 개의 닉슨 쇼크

 ## 정책 전환이 필요해진 미국

　진흙탕 싸움이 된 베트남 전쟁으로 인해서 피폐해진 미국은 닉슨 대통령의 주도하에 두 개의 커다란 정책 전환을 실시했다. 이것을 닉슨 쇼크(Nixon Shock)라고 한다.

　하나는 닉슨 대통령이 전격적으로 중화인민공화국을 방문해서 관계 개선을 이룬 것이다. 미국이 장기간의 베트남 전쟁을 종식시킬 실마리를 자발적으로 모색한 것과 중국과 소련의 대립 속에서 미국과 소련 양쪽을 적대하는 것을 피하고자 중국이 미국과 가까워진 것이 그 이유였다. 이 방문과 관계 개선을 이룬 결과, 중화인민공화국이 타이완의 중화민국을 대신해서 국제연합(UN)의 대표권을 확보했다.

　다른 하나의 닉슨 쇼크는 금과 미국 달러의 교환을 중지한 것이다. 베트남 전쟁의 비용과 유럽, 일본의 경제 성장으로 인해서 무역적자가 발생한 미국에서는 금이 지속적으로 유출되었고, 금 보유량이 미국 달러의 신용을 유지할 수 없을 정도로 감소하는 '달러 위기'가 발생했다(제2차 세계대전 직후 전 세계 금의 약 70퍼센트를 보유하고 있던 미국의 금 보유량은 20퍼센트 이상까지 감소했다). 닉슨 대통령은 미국 달러와 금의 관계를 끊고, 금의 유출을 방지하겠다고 선언했다. 금과 교환할 수 없는 미국 달러 지폐는 모두 불환지폐가 되어 그 가치가 떨어지지만 미국은 금 보유량과 상관없이 지폐를 발행하는 긴급 수혈을 할 수 있게 되었다. 반면 달러와 연계되어 있던 프랑스의 프랑이나 영국의 파운드, 일본의 엔화는 미국 달러의 가치가 일방적으로 저하되자, 기존의 고정환율제가 무너졌다. 그러면서 통화 간의 공급량과 수요 등 상대적인 관계에 따라 시

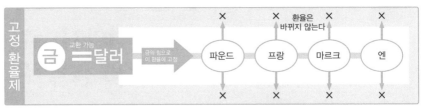

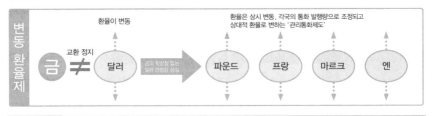

그림 9-10 고정 환율제와 변동 환율제

시각각 환율이 변화하는 변동 환율제로 이행했다(금 가치에 의존하지 않고, 각 국가가 통화량을 조절하여 화폐 가치와 물가, 국제 수지를 조정하는 시스템을 관리통화제도라고 한다).

오일 쇼크와 무역 마찰

중동에서는 이스라엘을 지원하는 미국에 맞서 이스라엘과 적대적인 아랍 국가들이 석유 가격을 크게 올렸다. 또한 미국과 그 동맹국에는 원유 수출을 제한하거나 정지하는 석유 전략을 단행했다. 오일 쇼크가 발생하자 석유화학과 자동차를 주축으로 한 선진 공업국들은 줄줄이 타격을 받았다. 각국은 오일 쇼크와 닉슨 쇼크에 따른 달러 약세로 미국에 대한 수출량이 대폭 감소하며 저성장 상태로 접어들었다. 좁아진 시장을 두고 무역 마찰이 발생했다.

약진하는 아시아 경제와 플라자 합의

 ## 성장의 원동력이 된 리더십

일본이 아시아 내에서 눈부신 경제발전을 이루는 가운데 아시아 각국도 일본의 뒤를 이어 경제발전을 추구했다. 냉전 구조 속에서 각국은 사회주의, 자본주의 등 다양한 길을 선택했다.

그중에서도 특징적인 형태가 개발 독재이다. 군사 정권이나 독재 정권이 강력한 리더십을 발휘하여 국민의 표현의 자유와 정치적 자유 등 기본적인 인권을 희생하더라도 경제성장을 우선하는 정치, 경제 체제를 말하는데, 한국의 이승만과 박정희 대통령, 필리핀의 마르코스, 인도네시아의 수하르토, 싱가포르의 리콴유 등이 대표적이다. 독직이나 유착 등 독재에 따른 폐해가 발생한 국가도 있었지만, 이들 국가는 강력한 리더십을 바탕으로 급성장했다. 그중 인도네시아, 말레이시아, 싱가포르, 필리핀에 타이가 가세한 동남아시아국가연합(ASEAN)이 결성되어 정치, 경제 면에서의 상호 협력을 도모했다. 지금은 베트남, 미얀마 등이 가세해 10개국이 되었다. 시간이 더 흐르자 한국, 타이완, 홍콩, 싱가포르가 전자산업과 금융업에서 두드러진 발전을 이루어 신흥공업경제(아시아NIEs)로 불리게 되었다.

 ## 플라자 합의를 강요당한 일본

닉슨 쇼크와 오일 쇼크로 인해서 저성장 시대로 접어든 일본이었지만, 일본의 수출량은 여전히 증가했다. 철강과 조선, 석유화학처럼 오래된 중화학 공업은 정체되었지만, 자동차와 반도체 등 새로운 산업이 발전했기 때문이다. 일본의 자동차를 비롯해 크기가 작고 품질이 좋은 일본 제품은 오일 쇼크 이후의 세계에서 환영을 받았다.

그러나 일본의 수출 확대는 미국과 무역 마찰을 야기했다. 닉슨 쇼크로 변동 환율제가 시행된 이후 환율은 1달러＝360엔이라는 엔저 수준에서 1달러＝240엔 정도까지 달러 약세, 엔고 상태로 치달았다.

달러 약세와 엔고 상황에서는 일본 제품이 상대적으로 '비싸지기' 때문에 수출이 둔화되어야 정상이지만, 그런데도 자동차를 비롯한 소형 고성능 일본 제품이 팔리면서 일본의 무역 흑자는 계속 늘어났다. 한편으로 미국은 군사비 확대로 재정 적자를 겪고 있었고, 일본과의 무역 적자도 겹쳐서 쌍둥이 적자가 난 상태였다.

이 상황을 재정립하기 위해서 미국은 규제 완화와 감세로 자유로운 경쟁을 촉진하고 경제를 살리는 신자유주의 정책을 선택했다. 그와 동시에 엔고인 엔화가 아직도 '부당하게' 싸다고 호소하며, 영국, 서독, 프랑스에 일본을 더한 회의를 열었다. 그리고 더 큰 폭의 엔고로 환율을 유도한다는 플라자 합의를 체결했다.

미국과 영국, 프랑스라는 경제대국 4개국의 협조와 개입으로 일본은 이 합의에 동의해야 했다. 일본 엔화는 합의 이후 2년간 1달러＝120엔으로 2배가 뛰어올랐고, 결국 수출 부진의 늪에 빠졌다. 이른바 엔고 불황이다.

 거품 경제의 시작

그래서 일본은 저금리 정책을 펼쳤다. 은행의 대출 금리를 낮추고 기업이 돈을 빌리기 쉽게 하여 기업에 자금을 공급하려고 한 것이다. 기업은 이 돈으로 공장을 해외로 이전하여 불황을 극복할 수 있었다. 그러나 금리 인하로 기업뿐만 아니라 누구나 저금리로 돈을 빌릴 수 있게 되었기 때문에 저금리로 돈을 빌려 토지나 주식, 채권 같은 자산을 샀다가 값이 오르면 팔아서 빚을 갚는 투기 행태가 일본 전역에서 발생했다. 토지나 주가가 실제 자산가치 이상으로 급등하는 거품 경제가 시작되었다.

막다른 골목에 봉착한
사회주의 이념

 사회주의의 황혼

닉슨 쇼크와 오일 쇼크 등으로 자본주의 국가들이 저성장 국면으로 전환되던 무렵, 사회주의 국가들은 더욱 심각한 경제 침체를 겪고 있었다. 사회주의에서는 경쟁을 하지 않기 때문에 품질과 기능이 좀처럼 향상되지 않았다. 또한 사회주의 체제 유지를 위해서 군사산업에 생산력을 투입했으므로, 민간에는 물자가 부족해져 자본주의 국가보다 낮은 생활 수준을 감내해야 했다.

계급과 격차를 부정하고 평등한 분배가 이루어져야 할 사회주의였으나, 정치적 지위에 따라 권한과 부수입이 남용되면서 분배에 크게 격차가 발생해서 실제로는 계급사회나 다름없었다. 게다가 물품 부족은 암시장이나 암거래를 활성화하여 사회주의 경제체제를 대신하는 '지하경제'로 기능했다. 특히 자본주의 국가의 제품을 밀수해와서는 비싼 가격에 거래하고는 했다. 이런 식으로 사회주의는 실질적으로 내부로부터 붕괴되었다.

이에 대항하기 위해서 동쪽의 각국 정부는 사상 통제와 시장 관리를 강화했다. 이로 인해 사람들의 불만은 한층 더 높아졌고, 자유화와 정보 공개를 요구했다. 그리고 몇몇 국가의 정부는 이 요구에 조금씩 응하게 되었다.

 베를린 장벽의 붕괴

그런 가운데 헝가리 정부가 동쪽 지역 사람들이 오스트리아 국경을 넘어가는 것을 묵인했다. 중립국인 오스트리아에서는 서독으로 입국할 수 있었으므로, 헝가리에 여행을 왔다고 사칭하며 입국한 다음, 서독으로 망명하는 방식이 동독 국민에게 확산된 것이다. 동독 국민들은 대거 서독으로 몰려갔고 베를린

그림 9-11 동독과 서독을 하나로 이은 '유럽 피크닉'

장벽이 유명무실해지자 마침내 베를린의 벽과 동서독을 가르는 벽이 개방되었다. 서독도 이 일을 환영하면서 독일의 통합은 급물살을 타며 진전되었다. 폴란드, 헝가리, 체코슬로바키아 등에서도 민주화가 진행되었다.

소련에서도 공산당 서기장으로 취임한 **미하일 고르바초프**가 개혁에 나섰는데 때마침 체르노빌 원자력 발전소에서 사고가 발생했다. 소련 정부에 정보가 취합되지 않을 정도로 체제가 붕괴된 상황에서 고르바초프는 근본적인 개혁의 필요성을 뼈저리게 인식했다. 그는 페레스트로이카(재건, 재편)와 글라스노스트(정보 공개)로 대표되는 강력한 개혁정책을 단행했다.

 시장경제로 돌아선 중국과 베트남

중국은 문화대혁명으로 인해 혼란과 경제 정체를 겪었다. 마오쩌둥 사후 실권을 잡은 **덩샤오핑**이 문화대혁명의 종결을 선언하고 농업, 공업, 국방, 과학 기술의 네 가지의 근대화를 제창했다. 덩샤오핑은 '개혁개방 정책'을 내세워 국영기업의 민영화와 개인 기업, 개인 농가를 허용했으며, 시장경제로 방향을 전환했다. 연안 지역에서는 선전을 비롯한 경제특구가 지정되어 외국 자본을 적극적으로 받아들였다. 중국 시민들은 경제적 자유화뿐만 아니라 정치적 자유화도 기대했다. 중국 베이징 톈안먼 광장에서 학생들을 중심으로 대규모 민주화 운동이 일어났지만, 정부는 무력으로 시위를 진압하고 공산당 일당 지배를 계속했다. 이것을 톈안먼 사건이라고 한다. 베트남도 쇄신을 뜻하는 도이모이를 슬로건으로 내걸고 시장경제로 전환했다.

하나로 연결된 세계

세계화와 경제위기
(1990년대 – 현대)

제10장 세계화와 경제위기 　큰 줄기

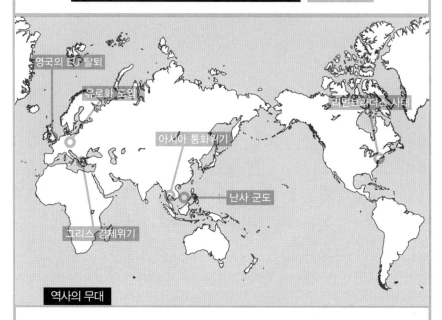

영국의 EU 탈퇴

유로화 도입

리먼브라더스 사태

아시아 통화위기

난사 군도

그리스 경제위기

역사의 무대

세계화 속의
경제성장과 경제위기

　교통, 통신이 발전하면서 세계화도 한층 진전되었다. IT 등 새로운 산업이 잇달아 탄생하면서 개발도상국은 경제성장을 이루었고 세계의 경제 규모는 점점 커져갔다. 이렇게 세계화가 진행되는 한편으로, 아시아 통화위기와 리먼브라더스 사태, 그리스 경제위기 등 한 지역의 경제위기가 다른 지역으로 연쇄적으로 이어지면서 세계적인 경제위기가 빈번히 발생하게 되었다. 환경문제와 빈곤 등 세계가 쌓아둔 과제도 많으며, 현재 '지속 가능한 개발'이 핵심 키워드가 되었다.

17		
18		제6장 네덜란드, 영국의 번영과 대서양 혁명
19		
20		제7장 산업의 발전과 제국주의
		제8장 두 번의 세계대전과 세계공황
1945		
		제9장 냉전 시대의 경제
1990		

 제10장 **세계화와 경제위기**

유럽　미국　동남아시아　중국　일본

미국	리먼브라더스 사태 등으로 세계 경제에 대한 미국의 위상은 낮아졌지만, 수많은 글로벌 기업을 배출하는 IT 대국으로서의 존재감은 계속되고 있다.
유럽	'사람, 상품, 돈'이라는 국가의 이해관계를 초월한 시스템을 모색한 유럽은 EU를 결성하고 유로화를 도입하여 화폐를 통합했다.
중국	공산당의 일당독재체제를 유지하면서도 시장경제를 도입하여 경제성장을 이루었다. 경제 패권을 놓고 미국과의 마찰이 고조되고 있다.
일본	플라자 합의 후의 일본은 산업 공동화와 거품 경제 붕괴로 고통스러워하며 '잃어버린 20년'이라는 경기 부진의 시대에 들어섰다.

제10장 【세계화와 경제위기】 개요도

제10장 하나로 연결된 세계

사회주의 국가들의 맹주 소련의 붕괴

 냉전의 끝과 소련의 개혁

사회주의 체제의 동생 격인 동유럽 국가들이 차례로 민주화를 이루며 시장 경제를 도입하고 자본주의로 전환하자, 소련은 사회주의 진영의 맹주로서의 국제적 위신을 잃었다. 고르바초프는 몰타에서 미국 대통령 부시와의 회담에 응하고 냉전이 종식되었다고 선언했다.

그때부터 소련은 급속도로 붕괴되었다. 고르바초프가 추진하는 글라스노트(정보 공개)에 의해서 신문을 비롯한 언론의 자유가 인정되었고, 정부 정책에 대한 비판과 토론도 가능해졌다. 그러자 라트비아, 리투아니아, 에스토니아의 발트 삼국이 독립을 선언했다. 소련을 구성하는 다른 공화국들도 분리독립 쪽으로 움직였으며, 소련의 영역 대부분을 구성하는 최대 공화국인 보리스 옐친 대통령이 이끄는 러시아공화국도 소련 공산당의 지시를 따르지 않게되었다.

고르바초프는 정보 공개를 통해서 국민과 논의하면서 페레스트로이카(개혁)를 도입하려고 했지만, 그 정책은 오히려 나라 자체의 분열을 가속화하는 엉뚱한 결과를 가져왔다.

개혁의 결과, '부업'으로 하는 수공업 생산이나 상품 거래, 개인의 서비스업이 합법화되었다. 고르바초프는 어디까지나 사회주의 국가인 소련이라는 틀안에서 민간기업을 허용하고자 했다. 그러나 그것은 완강한 사회주의 보수파에게는 '체제의 파괴자'로 보였고, 완전한 자본주의로의 이행을 원하는 개혁파에게는 '불충분한 개혁'으로 보였다. 이렇게 양쪽의 비판을 받는 동안 결국 경제적 통일감이 사라졌다는 부정적인 면만 부각되었다. 그리고 심각한 물자 부족이 발생했다.

 ## 소련이 소멸하는 날

이윽고 소련이 소멸하는 날이 찾아왔다. 고르바초프의 개혁에 반대하는 공산당 보수파들이 크림에서 휴가 중이던 고르바초프를 연금시키고 쿠데타를 일으킨 것이다.

그러나 옛 소련 공산당의 강력한 일당독재 상태와 사회주의 경제로 되돌아가려는 이 쿠데타는 모스크바 시민들의 공감을 얻지 못했다.

옐친은 앞장서서 이 쿠데타에 저항할 것을 호소했다. 시민들은 쿠데타를 일으킨 지도자를 비난하고 쿠데타 세력 내에서도 이탈하는 사람이 속출했다. 쿠데타는 3일 만에 실패했고 옐친은 승리를 선언했다.

소련 공산당과 고르바초프의 권위는 실추되었다. 실권을 잡은 보리스 옐친을 중심으로 러시아연방, 우크라이나, 벨라루스 3개 공화국이 독립국가공동체(CIS) 창설에 합의했다. 독립국가들 간의 느슨한 연합체로의 이행을 선언하면서 소련의 소멸이 결정된 것이다.

 ## 소련 붕괴 이후의 러시아

옐친은 러시아의 자본주의화를 꾀했지만 일부 자본가들이 소련 시대의 국유기업을 손에 넣고 개인적인 이익을 독점했기 때문에 결과가 좋지 않았다. 때마침 아시아 통화위기가 발생하면서 전 세계의 경기가 후퇴했고, 이로 인해 석유, 천연가스, 금속 등 천연자원의 수출에 의존하던 러시아의 무역이 대폭 감소했다. 그러자 러시아의 재정은 극도로 악화되어 국채를 상환할 수 없는 디폴트(채무불이행) 상태에 빠졌다.

옐친의 뒤를 이어 대통령이 된 **푸틴**은 비밀경찰과 군대로 자신의 정치권력을 유지하면서도 특정 지역에 중점을 두고 시장을 통해 경제발전을 이룬 중국의 경제특구와 유사한 경제정책을 시행했다. 그 경제정책은 지금까지도 계속되고 있다.

EC에서 EU로,
하나로 이어지는 유럽

 국가의 이해관계를 초월한 체제에 대한 도전

앞의 장에서 나온 닉슨 쇼크와 오일 쇼크, 그후의 무역 마찰은 유럽 경제에 심각한 불경기를 초래했다. 국가 단위로 보면 유럽 국가들은 미국보다 경제 규모가 작았고, 시장에서는 저렴하면서 작고 성능이 좋아 '잘 나가는' 일본 제품과 경쟁했기 때문이다.

또한 유럽 각국은 불경기로부터 하루빨리 벗어나기 위해서 자국을 우선하는 경제정책을 취했기 때문에, 보조를 맞추어 함께 풍요로워지려는 움직임은 정체될 수밖에 없었다. EC는 하나의 시장을 외쳤지만 공산품 규격이나 세제 등, 아직도 국가 간에는 '벽'이 남아 있었다. 그 벽이 EC가 지향하는 사람, 상품, 자본, 서비스의 자유로운 이동을 가로막고 있는 것도 경제가 정체되는 이유로 작용했다.

EC를 주도하던 유럽위원회는 유럽의 통합을 추진하기 시작했다. 유럽 자체가 하나의 '대국'이 되어 행동하면, 외국과의 교섭에 강경하게 대응하거나 유리한 협정을 맺을 수 있다는 점을 호소했다. 그러기 위해서는 공업국이나 농업국 등 성격이 다른 나라들이 각 나라의 이해관계를 초월하여 협력하고 각국의 외교 방침도 보조를 맞춰야 했다.

이에 유럽 각국은 통합을 추진하는 마스트리히트 조약에 서명하여 EC를 EU(유럽연합)로 발전시켰다. 이 조약이 지향하는 가장 중요한 목표 중의 하나가 통화 통합이었다. 유럽 국가들은 단일 통화인 '유로(Euro)'를 향해 크게 한 걸음을 내디딘 것이다.

동시에 일어난 세계화와 지역 통합

지역별 통합의 움직임

냉전 후의 세계는 컴퓨터와 인터넷이 보급되면서 금융, 물류 등의 정보가 순식간에 국경을 넘나들며 급속도로 하나가 되어갔다. 한편 EU 등 대륙 단위의 광역 지역 통합도 진행되어 '전체적으로는 하나로 통합되지만, 지역별 단결도 강화하는' 움직임이 동시에 일어났다.

전후 미국은 GATT와 WTO의 출범으로 대표되듯이, 자유무역을 추진하여 경제 면에서의 세계화를 진행시켰다. 그러나 유럽이 EU 결성을 추진하며 미

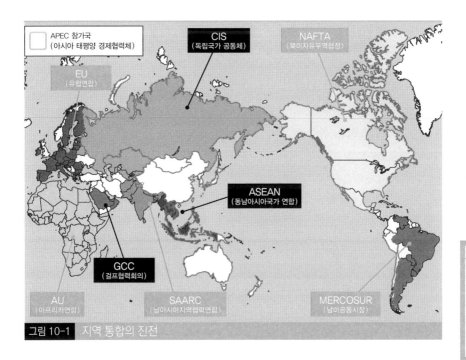

그림 10-1 지역 통합의 진전

제10장 하나로 연결된 세계

267

국의 농작물 수입에 소극적인 자세를 보이자 미국도 무역 자유화를 견지하면서도 캐나다, 멕시코와 북미자유무역협정(NAFTA)을 결성해 경제적으로 통합을 시도했다. 이렇듯 지역 단위별로 통합하는 움직임이 세계 곳곳에서 이어졌고, ASEAN자유무역지역(FTA), 남미공동시장(MERCOSUR) 등이 결성되었다. 그 지역에 속한 국가들끼리 교섭하거나 지역별 교섭을 해서 자유무역을 하는 것이다. 이런 움직임은 세계공황 당시의 '블록 경제'와 같은 폐쇄적인 성격이 아니라 서밋, APEC(아시아 태평양 경제협력체), G20과 같은 국제협력과도 보조를 맞추는 것이 특징이다.

사실 나라마다 각각 보호하고 싶은 산업이 있기 때문에 가맹국이 많은 WTO 교섭에서 합의를 도출하기는 쉽지 않다. 그래서 소수의 국가들이 FTA(자유무역협정)나 EPA(경제동반자협정)를 맺는 일이 자주 일어났다.

IT 혁명과 미국의 변화

미국 국내로 눈을 돌리면, 냉전으로 발생한 막대한 군사비는 미국의 재정 적자를 초래했다. 냉전이 종식된 후에도 미국은 재정 적자와 무역 적자라는 '쌍둥이 적자'가 한동안 계속되었다. 레이건, 조지 W. 부시(아버지) 대통령의 시대에는 미국 경제가 정체되었다. 후임인 클린턴 대통령은 경제정책을 우선시하면서 중화학 공업 중심의 미국 경제의 축을 IT, 첨단기술 공업으로 옮겼다. 마이크로소프트 사가 윈도95를 출시하는 등 급속한 IT 혁명의 바람으로 미국 경제는 호황을 맞았고, 클린턴 행정부는 엄청난 재정 적자를 해소하는 데에 성공했다.

이 호황은 미국의 사회 구조에도 커다란 변화를 가져왔다. 미국의 호황에 이끌려 멕시코나 카리브 해 여러 나라들에서 스페인계 히스패닉이 미국으로 이주했다. 클린턴 정부는 이민에 관용적인 정책을 시행했고, 인구에서 히스패닉 계의 비율이 급격히 상승했다.

한편으로 미국인 노동자가 인건비가 싼 히스패닉에게 일자리를 빼앗기는 산업 공동화가 발생했다.

일본을 둘러싼 산업구조의 변화와 정체

 ## 산업 공동화가 진행되다

이 시대의 일본 경제는 플라자 합의로 엔화 환율이 가파르게 상승하면서 두 가지 영향이 확대되었다.

하나는 산업 공동화이다. 엔화가 상승하자 일본 제품이 해외에서 팔리지 않게 되었다(1달러=240엔이던 무렵에는 240만 엔인 일본 자동차가 미국에서 1만 달러에 팔렸다. 그러나 플라자 합의 이후 1달러=120엔으로 환율이 조정되자 똑같은 차가 2만 달러로 뛰어올랐다).

그래서 일본의 제조업체는 공장을 해외로 이전하여 인건비가 싼 지역에서 물건을 만들고, 그곳에서 세계 각지에 제품을 팔아 출구를 모색했다. 일본 기업은 저렴한 인건비를 찾아 중국과 동남아시아로 공장을 이전했다. 기업은 수익을 확보할 수 있었지만 일본 국내의 공장에서 일하는 사람들은 일자리를 잃게 되었다. 이렇게 해서 국내 산업이 해외로 빠져나가서 쇠퇴하는 산업 공동화가 일어났다. 일본뿐 아니라 인건비가 비싼 선진 공업국에는 많든 적든 산업 공동화가 발생했다.

 ## 거품 경제에서 잃어버린 20년으로

다른 하나는 거품 경제였다. 플라자 합의로 수출 제조업이 타격을 받자, 일본은행은 정책적으로 금리를 인하하고 기업에 돈을 빌려주어 어떻게든 운영자금을 마련하도록 했다. 그러자 기업뿐만 아니라 누구나 저금리로 돈을 빌릴 수 있게 되었고, 빌린 돈으로 토지나 주식이나 채권 등의 자산을 사고 그 자산의 값이 오르면 팔아서 빚을 갚는 투기가 전국적으로 기승을 부렸

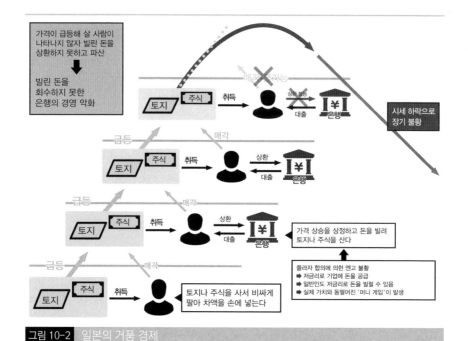

그림 10-2 일본의 거품 경제

다. 그 결과 토지와 주가가 실제 자산가치 이상으로 급등했다.

마지막으로 토지와 자산을 비싼 값에 샀다가 다음 구매자를 찾지 못한 기업이 손실을 입고 빚을 갚지 못해 파산했다. 그러자 대출금을 회수하지 못한 금융기관도 도산했다. 이렇게 기업과 금융기관이 잇달아 파산했다. 거품이 터지듯 호경기가 사라졌다고 해서 이것을 거품 경제라고 한다.

그후 일본은 '잃어버린 20년'으로 불리는 경기침체기로 들어갔다. 리먼브라더스 사태와 동일본 대지진도 일본의 경기 회복을 늦췄다.

플라자 합의 이후 일본은행은 금리를 2.5퍼센트로 올렸다. 당시에는 그금리도 거품 경제의 원인이 될 정도로 '초저금리'라는 말을 들었다. 잃어버린 20년을 지나 지금은 '마이너스 금리'라고 불리는 저금리 시대로 접어들었다. 그렇게 해서 기업이 돈을 빌리기 쉽게 함으로써 경기를 자극하는 중이지만, 저출산 고령화와 오래된 일본의 기업 문화 등 해결해야 할 과제가 산적해 있고 일본 경제는 여전히 침체되어 있다.

머니 게임의 희생양이 된 아시아의 통화

 성장 신화가 멈춘 아시아 국가들

미국과 일본의 산업 공동화가 진행되는 것과 반비례하는 듯이, 동남아시아와 동아시아 각국은 눈부신 발전을 이어갔다. 미국에 본사를 둔 다국적 기업들의 생산 거점이 동아시아나 동남아시아로 이전되었고, 그곳에서 생산한 제품이 미국으로 수출되는 '미국의 하청' 역할을 함으로써 경제가 확대되었기 때문이다.

그런데 그 와중에 각국 경제가 휘청거리는 '사건'이 일어났다. 타이의 통화인 바트가 폭락한 것을 계기로 아시아 각국에서는 급격한 통화 하락이 일어났고, 이로 인해서 경제위기가 발생한 것이다.

아시아 통화위기는 눈 깜짝할 사이에 인도네시아, 한국, 싱가포르, 타이완 등으로 확산되었다. 각국의 성장 신화가 멈추고 심각한 불황이 아시아와 세계로 퍼져나갔다. 그 원인 중 하나가 아시아의 통화가 미국 투자자들이 벌인 머니 게임의 희생양이 되었기 때문으로 추정된다.

 달러와 연동된 아시아의 통화

미국 달러와 각국의 통화는 금과 달러의 교환을 중지하기로 한 닉슨 쇼크이후 환율이 끊임없이 달라지는 변동 환율제를 채택했다. 그런데 아시아의 신흥공업국은 자국의 통화와 달러 환율을 고정하는 '달러 페그제(peg system)'를 채택하고 있었다. 미국 달러는 끊임없이 변하므로 그 변동폭에 맞춰 자국의 화폐를 팔아치우거나 사들이거나 금리를 조작하여 달러의 움직임과 연동시키는 방식이다. 이렇게 함으로써 아시아 기업들은 환율 계산에 드는 수고를 덜

271

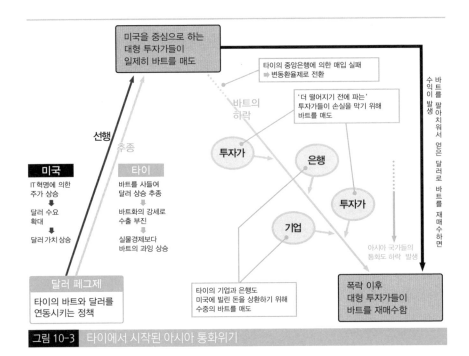

그림 10-3 타이에서 시작된 아시아 통화위기

고 미국에 공산품을 쉽게 판매할 수 있다. 또 미국보다 금리를 높게 설정해두면, '같은 시세라면 달러가 아니라 이쪽의 통화 금리가 높으니 이득이다'라고 미국의 투자를 끌어들일 수 있다는 이점이 있다.

머니 게임의 표적이 된 타이의 바트

통화위기가 발생했을 당시에도 타이는 달러 페그제를 시행하고 있었다. 반면 미국에서는 IT 혁명으로 인해서 경기가 호전되고 있었기 때문에 주가와 금리가 상승 추세를 탔고 달러에 대한 수요가 높아지면서 달러의 가치도 점차 상승했다.

이런 달러의 상승세에 맞추어 타이의 중앙은행은 수중에 있던 달러를 팔아 바트를 사들이는 등의 수단을 동원하여 달러에 맞추는 방식으로 바트화 시세를 높여갔다. 미국과의 환율은 고정되어 있으므로 바트화가 비싸져도 미국과의 무역에는 영향을 미치지 않았다. 그러나 다른 나라들이 볼 때는 타이산 제품의 가격이 오르는 셈이니 그들은 타이 제품을 구매하지 않게 되었다. '수익은 변변치 않은데 바트가 오르는' 상황을 지켜보던 미국의 대형 투자자들이 일제히 바트의 공매도에 나섰다.

당연히 바트 가치는 하락했다. 그러나 타이의 중앙은행은 달러 페그제의 방침에 따라 달러와 연동시키기 위해서 달러를 사들여야 했다.

그러나 그 노력도 헛되이 타이가 준비한 달러가 고갈되면서, 달러를 사들여도 가치를 지탱할 수 없게 되자 바트는 하락했고, 이에 타이 정부는 달러 페그제에서 변동 환율제로 전환했다. 바트가 순식간에 하락하자 바트를 보유하고 있던 다른 투자자들도 바트가 더 떨어지기 전에 매도 주문을 냈다.

주변국으로 불똥이 튄 통화위기

타이의 기업이나 은행은 미국의 은행으로부터 고액의 달러를 대출받아 타이의 국민을 상대로 장사를 해서 바트를 벌고, 그 바트를 팔아서 달러로 차입금을 상환했기 때문에 바트가 폭락하면 달러로 빌린 차입금을 상환하지 못하게 된다.

그래서 타이의 기업과 은행도 바트가 더 하락하기 전에 가지고 있는 바트를 달러로 바꿔놓으려고 앞다투어 바트화를 팔고 달러를 손에 넣으려고 했다. 일부 은행과 기업은 바트를 파는 시기가 늦어져 빚을 갚지 못해 경영 위기에 빠졌다. 기업은 보유한 주식도 매각하기 시작했고, 경영이 악화된 은행에 돈을 맡긴 예금자는 자신의 예금을 지키기 위해서 예금을 인출하거나 은행에 몰려드는 소동까지 일어났다.

한편, 미국의 큰손 투자자들은 타이의 바트가 하락하는 것을 관망했다가 적당한 순간에 바트를 다시 매수했다. 이런 움직임은, 크게 보면 타이 국내의 달러가 미국의 투자자들에게 빨려들어가는 상황이 벌어진 것이다. 타이의 은행들이 경영 악화로 인해서 충분한 돈을 대출해주지 못하게 되자, 시장에 유통되는 돈이 줄어들었고 타이의 기업들은 자금을 조달하지 못해 심각한 불황에 빠졌다.

타이의 통화 위기는 달러 페그제를 채택했던 것과 외국(특히 미국)의 투자에 의존했던 것이 커다란 영향을 미쳤다. 타이처럼 달러 페그제를 채택하고 외국의 투자에 대한 의존도가 높은 편인 한국, 인도네시아의 통화도 동반 하락하면서 혼란이 발생했다. 주변국에도 잇따라 불똥이 튀었고 일본 주가도 크게 떨어져 아시아 외환위기 사태로 번지게 되었다. 결과적으로 홍콩을 제외한 모든 아시아 국가들이 달러 페그제를 폐지했고, 타이, 한국, 인도네시아는 IMF의 자금을 지원받아 IMF 관리하에서 구조 개혁을 단행하게 되었다.

금융위기를 극복한 동남아시아

아시아 통화위기를 이겨낸 나라들은 다시 순조롭게 경제적 성장을 이루었다. 경제 성장에 따라 미국 수출에 대한 의존 체질에서 벗어나 동남아시아나 동아시아 국가들끼리 혹은 지리적으로 가까운 오스트레일리아나 뉴질랜드, 인도와의 수출입 비중을 늘려 경제위기에 강한 체질로 바꿔나갔다. 아시아 지역 내에서 서로 분업을 하는 것을 아시아 신국제 분업이라고 한다. 아세안(ASEAN) 내부의 경제권으로는 인도네시아, 말레이시아, 싱가포르의 '성장 삼각지대'와 인도차이나 반도의 대메콩권(GMS) 개발 등이 제창되었다. 이렇게 경제 면에서 앞서가는 싱가포르와 타이를 중심으로 인건비가 저렴한 주변 국가들과 분업하면서 아세안 권역 내의 모든 국가들이 발전할 수 있도록 나아가고 있다.

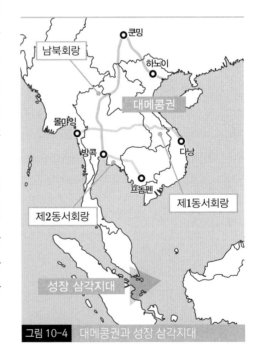

그림 10-4 대메콩권과 성장 삼각지대

소이를 버리고 대동단결하여 유로화 발행

 하나가 된 유럽

EU 발족을 협의하는 중심축 중의 하나는 경제 단일화를 신속하게 이행하기 위해서 공통 통화를 발행하는 것이었다. 통화를 단일화하면 환율을 계산할 필요도 없고 수입한 원재료로 제품을 만들어 수출했을 때, 환율 변동으로 제품 가격이 원재료 가격보다 낮아지는 환차손을 피할 수도 있다. 금본위제체제가 금을 중개하여 환율 계산을 생략하고 무역을 활성화하듯이 공통 통화도 EU 가맹국 내에서 같은 효과를 발휘할 것이다.

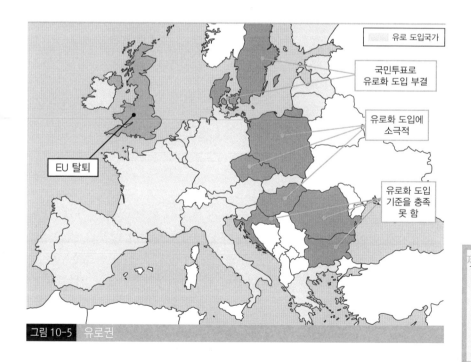

유로 도입국가

국민투표로 유로화 도입 부결

유로화 도입에 소극적

EU 탈퇴

유로화 도입 기준을 충족 못 함

그림 10-5 유로권

또한 같은 화폐를 사용하면 임금이 저렴한 나라 사람들이 임금이 높은 나라로 가서 일을 한다. 그렇게 해서 번 돈을 자국에서 바로 쓸 수 있다. 사람을 고용하는 나라도 인건비를 낮추어 더 저렴한 제품을 만들 수 있으므로 수출에 유리하다.

공통 통화의 발행은 이러한 환율계산 비용 절감과 인건비 억제에 큰 효과를 발휘하므로 유럽 내의 분업을 촉진시키고 결과적으로 수출이 증대될 것으로 기대되었다. 또한 기업이 좋은 제품을 만들면 자국만이 아닌 유럽 전체에서 잘 팔릴 가능성이 커진다.

물론, 통화가 통일되면 한 나라의 자율권이 감소한다. 국가가 자국의 화폐를 발행할 수 있는 권리는 매우 중요하다. 만약 공통 통화를 이용하면 어느 나라가 단독으로 불황을 극복하기 위해서 돈을 많이 찍어내서 경기를 부양하거나 돈의 양을 줄여서 긴축 정책을 시행하겠다고 결정할 수 없게 된다.

주요 EU 구성국들은 자신들의 통화 발행권을 버리고 공통 통화를 발행하기로 결정했다. 이것이 바로 유로이다.

유로권에 들어가면 같은 유로권의 나라와 무역이 활발해지고 프랑스나 독일 등 경영이 안정적인 대형 은행으로부터 저금리로 돈을 빌릴 수도 있으므로 산업의 진흥 효과를 기대할 수 있다.

EU의 가맹국은 기본적으로 유로 도입이 의무화되어 있지만, 동유럽의 가맹국 중 몇몇 국가들은 기준 미달로 아직 유로를 도입하지 못했다.

 본격적인 긴장 완화

그런데 영국은 EU 안에 있으면서도 통화 통합의 움직임과는 거리를 두었다. 영국의 파운드는 변동이 심해 유로 가맹 기준에 맞지 않았고, 유로권에 들어가면 아무래도 유로권 최대의 경제 대국인 독일의 의향을 수용해야 했다. 뿐만 아니라 과거 대영제국의 상징인 파운드를 버리는 것에 거부감을 느끼는 것도 한몫을 했다.

전 세계로 번진 미국발 경제위기

 발목 잡힌 미국 경제

클린턴 대통령 시대에 미국은 IT 혁명에 힘입어 일시적으로 경제가 호전되었다. 그러나 클린턴의 뒤를 이어 취임한 부시(아들) 대통령 시대에 미국발 리먼브라더스 사태라는 국제 금융위기가 전 세계를 강타했다.

미국 제4위의 투자은행인 리먼브러더스가 뉴욕 남부법원에 파산보호를 신청하면서 글로벌 금융위기가 터졌다(투자은행은 전문 투자자와 기업을 상대로 수익을 창출하는 대규모 금융기관으로 2000년대 초에 미국에서 잇따라 설립되었다).

 상환 능력이 낮은 사람들에게 자금을 빌려주다

리먼브라더스가 파산한 이유는 서브프라임 모기지에 문제가 생겼기 때문이다. 서브프라임 모기지(Subprime mortgage)의 서브(sub)는 '하위', 프라임(prime)은 '우량한'이라는 뜻으로 서브프라임 모기지는 '우량하지 않은 사람을 위한 대출'이라는 의미이다.

즉, 중간이나 저소득자, 혹은 신용카드 연체 이력이 있는 사람(상환 능력이 낮은 사람)에게 높은 금리를 붙여서 돈을 빌려주는 것이 서브프라임 모기지이다. 상환 능력이 낮은 사람에게 돈을 빌려주기 때문에 대출 회사도 금리를 높여 '한 사람이 갚지 못하게 되더라도 다른 사람의 금리로 메울 수 있도록' 한 것이다.

그러나 금리가 높아도 서브프라임 모기지(비우량 주택담보대출) 이용액은 점점 증가했다. 때마침 미국에서는 '주택 붐'이 일어나 주택을 새로 짓고 매매하는 사례가 폭발적으로 늘어났다. 집값은 계속 상승했으므로 주택을 사서 '대박'을 노리는 사람들이 서브프라임 모기지를 통해서 집을 사고, 주택 시세가 오르면 팔아서 빚을 갚겠다는 생각으로 서브프라임 모기지를 신청했다(사실은 이 상황은 거품이었다. 언젠가는 서브프라임 모기지를 마지막으로 빌렸다가 갚지 못한 사람이 '시한폭탄 버튼을 누를 것'이 틀림없었다).

 희석되어 뿌려진 위험

은행은 신용이 낮은 사람들에게 고금리로 돈을 빌려주었지만 그 돈을 빌린 사람들은 대부분 저소득층이었다. 그들이 상환 불능 상태에 빠지면 대부 회사는 한 푼도 돌려받지 못할 위험이 따르기 마련이다.

이 같은 상황에 가세한 것이 투자은행이었다. 대부 회사는 상환 불능 위험 요소를 줄이기 위해서 투자은행에 서브프라임 모기지 채권을 매각했다. 그

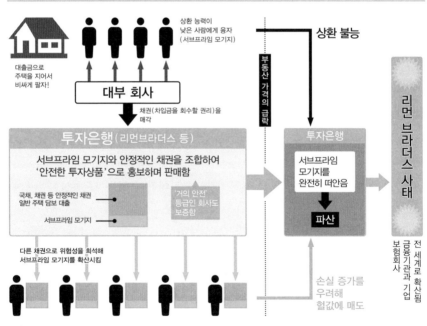

그림 10-6 서브프라임 모기지와 리먼브라더스 사태

러면 대출을 받은 대출자가 상환해야 하는 대상은 투자은행이 된다.

투자은행으로서도 이런 위험을 온전히 떠안는 것은 위험하므로 다른 사람에게 그 위험을 떠넘기려고 했다. 그것이 채권의 증권화이다. 위험도가 높은 서브프라임 모기지를 다른 대출이나 회사채, 국채 같은 안정적인 채권과 조합하여, 매매가 가능한 투자상품으로 판매했다. 위험한 투자상품이었던 서브프라임 모기지에 안정성을 더함으로써 위험을 희석하여 넓게 뿌린 것이다. 안정적인 국채나 사채, 일반 대출 등에 '살짝 서브프라임 대출이 섞여 있을' 뿐이므로 신용등급을 매기는 회사도 이 증권에 높은 등급을 부여하여 안전성을 보장했다.

리먼브라더스는 이 상품을 판매하는 데 특히 열심이었다. 대출금을 회수할 수 있다면야 아무 문제가 없지만 서브프라임 모기지는 항상 '빌려준 돈을 떼일' 두려움이 따라다녔다.

 ## 전 세계로 퍼진 심각한 경제위기

그리고 리먼브라더스 사태가 터졌다. FRB(미국 연방준비제도 이사회)가 부동산의 거품을 걷어내자 부동산 가격은 한순간에 폭락했다. 서브프라임 모기지를 빌려서 집을 사고 집값이 오르기를 기다리던 채무자들은 계획이 빗나가면서 빚더미에 앉게 되었다. 서브프라임 모기지는 상환되지 못하고 회수 불능 상태가 되었다.

그 부실채권은 증권화되어 넓고 묽게 많은 투자자들에게 흩뿌려진 상태였다. 투자자들은 자신이 가진 증권에 서브프라임 모기지가 얼마나 섞여 있고 그중 얼마가 부실한 채권인지 도무지 알 수가 없었다. 불안해진 투자자들은 손실을 최소화하기 위해서 서둘러 증권을 매각하기 시작했다.

리먼브러더스는 대출금도 받지 못한 상태에서 증권을 회수해야 했다. 당시 부채 규모는 무려 6,130억 달러에 달했다. 이렇게 막대한 부채를 안고 파산하자 리먼브라더스의 파산 보험을 들어준 미국 최대의 보험사인 AIG도 경영 위기에 빠졌다. 그 영향은 전 세계로 퍼져 심각한 금융위기가 발생했다.

재정 악화에 대한 연대책임을 낳은 경제 통합

 경제 통합의 문제점

한편 유럽에서는 유로화의 도입이 순조롭게 진행되어 유로권이 확장되었다. 그와 더불어 경제 통합으로 인한 문제점도 드러나기 시작했다. 그 대표적인 사례가 바로 그리스의 경제위기이다.

그리스 정부는 국민의 지지를 얻기 위해서 공무원을 과도하게 증원하고 재정이 뒷받침되지 않는 복지정책을 시행하며 주먹구구식으로 재정을 운영했다. 그리스는 이 적자를 독일이나 프랑스의 대형 은행 등 유럽의 은행으로부터 돈을 대출받아(국채를 인수받는) 메웠다. 그리스가 막대한 빚을 지고 있다는 사실을 알게 된 각국의 은행은 그리스가 '빌린 돈을 갚을 수 없는' 디폴트(채무불이행) 상태에 빠지지 않을까 우려했다.

그리스가 파산하면 그리스에 돈을 빌려준 은행의 경영이 악화되고 유럽 전역의 기업들에 대한 '대출 옥죄기'가 발생한다. 혹여 빚을 갚지 못하는 사태가 발생하면 기업과 관련 은행도 줄도산을 할 수도 있다.

유럽이 유로화로 하나가 되자 한 나라의 경제 상황이 악화되면 모든 나라가 '연대책임'을 져야 하는 상황이 된 것이다.

그래서 EU와 IMF는 그리스에 막대한 자금을 지원하고 금융기관에 빚의 50퍼센트 탕감해달라는 그리스의 간청을 대부분 받아들임으로써 그리스를 위기로부터 간신히 구해냈다.

그러나 그리스 경제위기를 목격한 나라들은 제2의 그리스가 있지 않을까 불안해했다.

재정상태가 불안하여 제2의 그리스가 될 수도 있다고 인식된 것은 포르투갈,

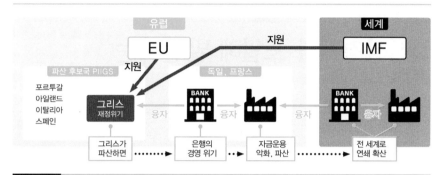

그림 10-7 그리스 통화 위기와 PIIGS

아일랜드, 이탈리아, 스페인이었다. 이 4개국에 그리스를 합친 5개국은 각국의 머릿글자를 따서 피그스(PIIGS)라고 불렸다.

EU와 IMF는 아일랜드, 포르투갈, 스페인 각국에 막대한 규모의 지원금을 투입하여 어떻게든 국가의 파산을 막아냈다. 그러나 그중 한 나라라도 디폴트 상태가 되어 차입금의 상환 불능을 선언한다면, 곧바로 독일이나 프랑스의 금융기관이 파산하고 유럽 전체의 기업이 연쇄 부도에 처할 위기가 다시금 발생할 것이다.

 EU를 탈퇴한 영국

다른 하나의 문제점은 인구 이동이다. EU와 유로에 의한 유럽의 단일화는 국경을 넘어 '돈을 벌기' 쉽게 했다. 특히 독일, 프랑스, 영국 등 유럽에서도 임금수준이 높은 국가에는 동유럽이나 남유럽에서 돈을 벌러 온 이민자들이 몰려들었다. 또 이 세 나라에는 EU 밖에서도 외국인 노동자들이 이주하여 그 나라에서 원래 일하던 노동자들의 일자리를 빼앗게 되었다.

노동력이 국경을 넘어 이동하는 세계화가 진행되자 EU, 특히 독일은 이민에 관용적인 태도를 취했지만 영국은 신중한 자세를 보였다. 원래 영국은 EU와 거리를 두고 있었으므로 EU의 탈퇴 여부를 논의했다. 그 결과 국민투표가 실시되었고 영국은 EU에서 탈퇴할 것을 결정했다.

시장경제를 도입해 발전하는 중국 경제

 ## 경제성장을 지속하는 중국

　개혁개방 정책으로 방향을 돌린 중국은 시장경제를 도입하여 어느 정도 자유로운 경제활동을 허용하고 외국의 투자를 유치하여 경제를 발전시켰다. 톈안먼 사건 등 정치, 경제적으로 긴장된 시기에는 발전 속도가 정체되었지만, 전체적으로 보면 세계의 공장이 된 중국의 경제는 눈부실 만큼 빠르게 발전했다. 미국을 비롯한 외국 기업들도 중국의 경제특구에 많은 공장을 짓거나 중국 기업에 투자했다.

　그러나 리먼브라더스 사태가 발생하자 해외 투자액이 감소하게 되었다. 약진하는 중국 경제도 마침내 정체되는 듯했지만, 중국 정부는 굵직굵직한 공공사업을 실시하며 내륙 지역의 철도와 도로를 정비했다. 이 공공사업에 따라 중국의 외적인 경제성장은 지속되었고 GDP는 미국에 이어 2위에 올랐다. 그러나 경제발전에 따라 중국 노동자의 임금이 상승하자 외국 기업들은 인건비가 더 싼 나라로 공장을 이전할 움직임을 보이면서 본업인 '세계의 공장'의 생산과 수출이 정체되기 시작했다.

 ## 실크로드를 경제권으로 만드는 일대일로

　이에 중국은 일대일로(一帶一路) 구상을 내놓으며 유라시아 대륙 각지에 투자를 실시해서 각국의 기업이나 자원으로 생기는 수익에서 이익을 얻으려고 했다. 육지의 실크로드를 '일대', 바다의 실크로드를 '일로'라고 부르며, 중국 경제권을 구성하는 것이다. 이를 위한 출자금을 모으려고 아시아 인프라 투자은행을 설립하고, 외국의 자금을 끌어들여 투자한다는 계획이다. 아프리카와

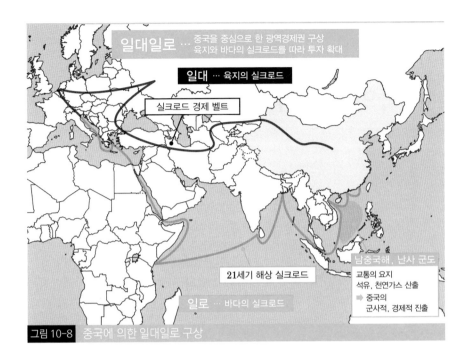

일대일로 … 중국을 중심으로 한 광역경제권 구상
육지와 바다의 실크로드를 따라 투자 확대

일대 … 육지의 실크로드

실크로드 경제 벨트

21세기 해상 실크로드

일로 … 바다의 실크로드

남중국해, 난사 군도
교통의 요지
석유, 천연가스 산출
➡ 중국의
군사적, 경제적 진출

그림 10-8 중국에 의한 일대일로 구상

중앙아시아 등은 점차 중국 경제권에 편입되고 있는 상황이다.

 중국이 노리는 해역의 연결고리

일대일로를 주창하는 중국의 구상 중 특히 중시되는 것이 남중국해의 남부 해상에 있는 난사 군도(스프래틀리 군도)이다.

난사 군도 해역에는 해저 유전과 가스전 등이 존재하며, 현재 중국, 베트남, 필리핀, 말레이시아, 브루나이, 타이완 등 6개국이 자신들의 영유권을 주장하고 있다. 그중에서 특히 영유권을 강하게 주장하는 곳이 중국이다. 중국은 자원 대국이지만 인구 대국이기도 하다. 에너지 자원을 확보하지 않으면 산업이 원활하게 돌아가지 않는다는 약점이 있다. 또한 이 해역은 동아시아, 동남아시아, 남아시아를 연결하는 곳으로, 이곳의 영유권을 장악하면 군사적, 경제적으로 큰 이득을 볼 수 있다고 생각하는 것이다.

제10장
하나로 연결된 세계

변화하는
미국의 존재감

 ## 세계의 세계화가 진행되다

　미국은 여전히 세계 제일의 경제대국이지만 리먼브라더스 사태를 일으키기도 하는 등 점차 세계 경제에서의 존재감이 축소되었다. 상대적으로 러시아, 중국 등의 위상이 높아지고 EU도 지역 내 유대관계를 강화하면서 금속, 항공기, 자동차 등의 분야에서 미국과 경쟁하고 있다. 또한 ASEAN은 경제발전에 따라 자산을 보유한 중산층이 늘어나면서 아세안 내부 경제권이 성장함으로써 미국의 하청국가라는 특성이 약해졌다. 이처럼 경제 '다극화'와 세계화가 진행되면서 미국의 경제정책도 변화하고 있다.

큰 정부를 지향한 오바마 정권

　리먼브라더스 사태 후에 대통령에 취임한 오바마는 경제 재건에 힘썼다. 그는 수천억 달러의 공적자금을 투입해서 경제를 안정시키고 금리를 인하하여 기업이 돈을 빌리기 쉽게 하고, 소득세를 낮춰서 국민들이 지갑을 열고 소비하도록 유도했다.

　그 결과 미국 경제는 리먼브라더스 사태의 위기를 벗어나 회복되기 시작했다. 그러나 지출 증대로 국가의 적자가 확대되면서 오바마 대통령은 재정 적자 억제방법을 고심하게 되었다.

　또한 오바마는 싱가포르와 뉴질랜드가 제창하는 TPP(환태평양 경제동반자 협정) 교섭에 참여하여 자유무역을 추진했다. 이민자에게도 비교적 관용적인 오바마의 정책은, 세계화라는 틀 안에서 미국의 방향성을 모색한 것이라고 할 수 있다.

한편 아메리카 퍼스트(America first)를 제창하며 당선된 트럼프 대통령의 정책은 전후 미국의 '기본 자세' 중 하나였던 자유무역 정책을 재검토하고 보호주의로 전환하자는 것이었다. 오바마 대통령이 선도했던 TPP도 신속히 탈퇴했고 관세를 통해서 자국 경제를 지키려고 했다.

트럼프는 저렴한 중국산 제품이 미국에 유입되어서 미국 경제가 잘 돌아가지 않는다고 생각했다. 중국 제품이 들어오면 그만큼 자국 제품이 팔리지 않아 미국의 공업이 쇠퇴하고 노동자가 실직할 것이라고 국민들에게 호소했다. 그의 이런 생각은 미국 중서부 중공업 지대인 이른바 러스트 벨트(Rust belt) 지역 노동자들의 지지를 받았다. 그들은 쇠락해가는 미국 제조업의 부활을 원했다. 트럼프는 중국의 철강과 로봇, 반도체 등에 연이어 관세를 부과하며 중국 제품의 유입을 저지하려고 했다.

중국도 이에 굴하지 않고 미국 농산물과 자동차에 보복관세를 물리면서 미국 제품을 차단했다. 그리하여 미국과 중국의 치열한 무역전쟁이 벌어졌다.

그러나 트럼프의 이런 태도는 미국 회사에 유리하기만 한 것은 아니었다. 중국에서 생산된 아이폰이나 나이키 신발에도 관세가 붙기 때문에 결국 미국을 대표하는 기업인 애플과 나이키에도 손실이 발생했다. 미국 내부에서도 정책을 재검토하라는 목소리가 나왔다. 이를 위해서 미국과 중국은 교섭을 재개하여 일시적으로 휴전했다가 다시 보복관세를 매기는 힘겨루기가 이어지고 있다.

트럼프 대통령은 히스패닉계의 유입이 미국 노동자의 일자리를 빼앗는다고 보고 이민을 제한하고, 캐나다, 멕시코와의 자유무역협정인 NAFTA에 반대하는 등 세계화 추세를 외면하면서까지 미국의 국익을 지키려는 정책을 펼쳤다.

제10장 하나로 연결된 세계

동시에 진행되는 격차 확대와 평균화

 한 나라에 필적하는 경제 규모를 가진 다국적 기업

이번 장에서는 아시아 통화위기, 리먼브라더스 사태, 그리스 경제위기 등 대규모 경제위기를 중점적으로 다루었다. 이렇게 보면 세계에는 경제위기만 일어난 것 같겠지만, 기본적으로 전 세계의 GDP는 점점 커지고 세계 전체의 부는 증가하는 방향으로 나아가고 있다.

돈은 돌고 도는 것이라는 말처럼 세계화로 인해서 전 세계로 돈이 돌아다니면서 개발도상국을 비롯한 전 세계인이 풍요로워지기 때문이다(반대로 경

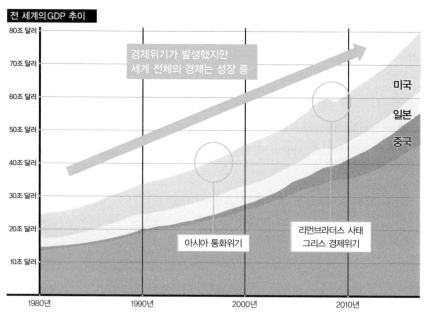

그림 10-9 성장하는 세계 경제

제위기도 글로벌 네트워크를 타고 전 세계로 퍼져나간다).

이렇듯, 돈이 세계를 돌아다니도록 이끌어준 것이 GAFA(구글, 애플, 페이스북, 아마존) 등의 다국적 기업이다. 이 기업들의 경제 규모는 한 나라와 맞먹을 정도이다. 전 세계 사람들이 그들의 네트워크를 이용해서 거주 국가나 지역에 관계없이 정보를 얻고 상품을 사고팔게 되었다.

 확산되는 세계화의 영향

흔히 세계화는 경제 격차를 낳는다고 한다.

확실히 다국적 기업의 경영자는 세계의 부자 순위에 오를 정도로 엄청난 부를 소유하고 있으며 저소득층과의 격차가 확대되고 있다. 그러나 세계화가 의미하는 바의 본질은 '세계의 단일화'이므로 기본적으로는 '섞여서 평균화'되는 것이다. 가난했던 나라는 저렴한 인건비라는 장점 때문에 외국의 투자가 집중되어 공장을 지을 수 있다. 반면 이른바 선진국의 저소득층은 자신의 일자리

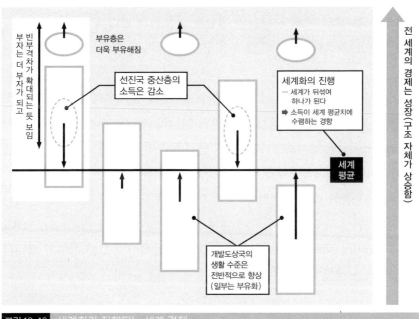

그림 10-10 세계화가 진행되는 세계 경제

를 인건비가 싼 나라 사람들에게 빼앗기거나 자신들이 창출하는 서비스를 다국적 기업에 빼앗기면서 점점 소득이 감소한다.

또 전 세계에서 AI(인공지능)와 자동화 기술이 발달하면서 원래는 인간이 해오던 일이 기계로 대체되는 '제2의 공동화'도 발생하고 있다.

세계는 세계화로 인해서 급속히 평균화되고 가난한 나라 사람들은 더 잘 살게 되고, 원래 잘 사는 나라의 사람들은 더욱 풍요로워진다. 그러나 전 세계의 부를 흡수하는 초부유층이 등장하기 때문에 외형적인 격차는 더욱 확대된다. 그리고 그 구조를 유지한 상태에서 세계 전체의 경제 규모는 확대되지만 때때로 과도한 생산과 투자가 거품을 낳고 그 영향이 확산되면서 글로벌 경제위기가 발생한다. 이것이 현재 사회의 모습이다.

지속 가능성을 추구하다

세계화가 진행되고 있는 현대의 사회, 경제를 파악하는 데 빼놓을 수 없는 단어가 지속 가능한 발전 목표(Sustainable Development Goals, SDGs)이다. 경제발전과 기술혁신으로 사람들의 생활은 풍요롭고 편리해졌지만 풍요로움의 이면에는 환경과 빈곤, 인권 문제 등 인류 공통의 숙제들도 여전히 남아있다.

이러한 문제는 세계화로 인해서 개발도상국뿐 아니라 모든 나라의 문제로 존재한다. 빈곤 문제는 개발도상국뿐만 아니라 선진국에서도 발생하며 이민자에 대한 인권 문제도 전 세계에서 발생하고 있다. 환경오염도 국경을 넘어 확산되어 국가 간 마찰을 낳고 있다. 그런 이유로 UN은 지속 가능한 발전이라는 공동의 목표를 세웠다. 모든 나라의 공통 과제인 빈곤, 기아, 에너지, 인권, 환경 등의 17개 항목에 대해 2030년까지 시행할 계획이다. SDGs는 국가, 기업, NGO, 교육 분야 등 다양한 분야에서 이상을 이루기 위해서 행동하고 전 세계 국가들이 협력하면서 경제발전을 이루어야 한다고 호소한다.

데이터라는
돈의 새로운 모습

 ## 돈의 역사는 신용을 부여하는 방식의 역사

그동안 나는 이 책에서 돈의 모습에 대해서 자주 다루었다. 돈은 신용이 형태를 바꾼 것이라고 이야기했듯이, 돈의 역사는 '돈에 어떻게 신용을 부여했는가'에 관한 역사이다.

처음에는 금화나 은화 등 가치 있는 금속의 무게를 재서 일정한 중량이 있음을 새기는 방식으로 신용을 부여했다.

화폐가 많이 필요할 때면 금이나 은에 다른 금속을 섞어 가치를 부풀렸다. 당연히 화폐 가치는 순수 금속이 가진 가치보다 떨어지지만 국가가 발행했다는 신용에 의해서 그 액면으로 유통되면서 가치를 고수할 수 있었다.

그리고 지폐가 등장했다. 지폐는 저렴한 종이로 만들어지지만 금화의 액면과 지폐 액면이 연동되는 금본위제를 채택하여 지폐를 언제든지 금과 교환할 수 있도록 종이에 신용을 부여한 것이다.

그러나 닉슨 쇼크 이후 돈은 금과 완전히 분리되고 관리통화제도로 이행했다. 정부가 돈의 유통량을 제대로 통제하고 있다는 신용으로 돈에 가치를 부여하는 구조가 되었다.

 ## 현금 없는 시대에서 가상화폐의 시대로

이렇게 발전해온 돈의 역사가 이제 한 단계 더 나아가고 있다. 하나는 캐시리스(Cashless)화이다. 현금이라는 존재를 없애고 '데이터'만 교환하면서 결제하는 것이다.

생각해보면 우리의 실생활에서도 월급도 은행 계좌로 직접 입금되고, 집세나 관리비도 은행 계좌에서 바로 인출된다. 뿐만 아니라 신용카드나 포인트로 상품을 구매하는 것이 일상이 되었다. 캐시리스화는 현금을 일일이 세는 사회적 비용을 극적으로 줄여주었고, 돈의 흐름을 쉽게 파악할 수 있으므로 탈세와 범죄를 방지하는 이점도 존재한다. 그런 이유에서 지금은 대부분의 국가들이 캐시리스화를 추진하고 있다. 데이터로 돈을 주고받는 방식이 정착되면, 은행의 기능은 대폭 축소되고 우리 사회가 존재하는 형태에도 변화가 찾아올 것이다.

이러한 캐시리스화는 어디까지나 국가가 신용을 부여한 통화를 데이터로 치환한 것이지만 지금은 신용을 부여하는 또다른 방식이 등장했다. 바로 데이터상으로 돈을 만들어내는 기술, 즉 가상화폐(암호화폐)이다. 가상화폐는 블록체인(Block Chain)이라는 기술로 데이터 위조를 방지함으로써 신용을 창출한다. 이 가상화폐는 아직 보편적으로 유통되지는 않고 있지만 이제 자산의 한 형태로 자리를 잡아가고 있다.

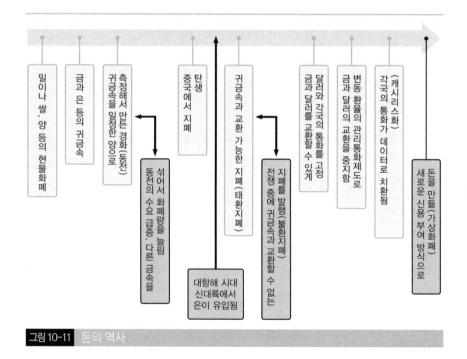

그림 10-11 돈의 역사

맺음말

이 책을 집필 중이던 2020년 봄, 신형 코로나바이러스가 유행하면서 세상이 발칵 뒤집혔다. 전 세계 사망자 수는 70만 명에 달하고 일본에서도 1,000명 이상이 사망했다. 정부가 긴급사태를 선포하고 전국적으로 외출 자제 요청을 하면서 거리의 인파는 크게 줄고 생활방식도 완전히 바뀌었다.

코로나 팬데믹은 경제에도 짙은 그늘을 드리웠다. 기업의 파산과 업종 변화에 관한 뉴스가 연일 보도되어 '코로나 후의 세계'를 추측하며 경제에 어떤 영향이 있는지 예측하느라 각종 언론은 분주한 모습이다. 정부가 모든 국민에게 일정액의 지원금을 지급하는 기본소득을 실시하자는 논의가 여러 나라에서 이루어지고 있다. '코로나 쇼크'라고 할 수 있는 이런 충격이 일시적인 것인지, 아니면 그후의 세계를 영구히 바꿔버릴지는 이 책을 쓰고 있는 시점에서는 아직 확실하지 않다. 이 유행이 경제 역사의 한 페이지를 기록할 날이 올 수도 있다.

이러한 커다란 변화를 겪으면서 생각해본 것이 있다. 바로 세계는 하나로 이어져 있으며 이제 모든 문제는 한 나라의 문제가 아니라 지구 규모에서 생각해야 한다는 것이다. 한 나라의 위기는 전 세계의 위기와 직결된다. 그것을 해결하려면 세계적인 시야를 가진 전 세계의 사람들이 협력해야 하지 않을까? 이 책이 여러분의 시야를 넓히는 데 도움이 된다면 참으로 기쁘겠다.

마지막으로 내가 근무했던 여러 학교들에서 만난 제자 여러분께 깊이 감사한다. 여러분과 수업을 하면서 이 책을 집필할 때 도움이 될 만한 힌트를 여러 개 얻었다. 넓은 사회로 뻗어나가는 여러분에게 이 책이 자본주의 사회에서 생존하는 힘이 되기를 바라는 마음으로 이 책을 썼다. 여러분에게 감사의 말과 성원을 함께 보낸다.

2020년 9월
야마자키 게이치

찾아보기